REDLINE | VERLAG

ASHLEY GOODALL

# DAS PROBLEM MIT WANDEL

Warum Veränderung nicht immer Verbesserung bedeutet – und die menschliche Natur oft überfordert

**Bibliografische Information der Deutschen Nationalbibliothek**
Die Deutsche Nationalbibliothek verzeichnet diese Publikation in der Deutschen Nationalbibliografie. Detaillierte bibliografische Daten sind im Internet über https://dnb.de abrufbar.

**Für Fragen und Anregungen**
info@m-vg.de

**Wichtiger Hinweis**
Ausschließlich zum Zweck der besseren Lesbarkeit wurde auf eine genderspezifische Schreibweise sowie eine Mehrfachbezeichnung verzichtet. Alle personenbezogenen Bezeichnungen sind somit geschlechtsneutral zu verstehen.

1. Auflage 2025

Türkenstraße 89
80799 München
Tel.: 089 651285-0


Diese Ausgabe wurde in Absprache mit Little, Brown and Company, New York, New York, USA, veröffentlicht. Die englische Originalausgabe erschien 2024 bei Little, Brown Spark unter dem Titel *The Problem with Change.*



Übersetzung: Martin Bayer
Redaktion: Christiane Otto
Umschlaggestaltung: Sabrina Pronold
Satz: Kerstin Stein
Druck: GGP Media GmbH, Pößneck
Printed in Germany

ISBN Print 978-3-86881-984-7
ISBN E-Book (EPUB, Mobi) 978-3-96267-628-5

# Inhalt

*Für Tina*

*Es war einmal ein Mann in Sung, der war traurig darüber, dass sein Korn nicht wuchs, und zog es in die Höhe. Ahnungslos kam er nach Hause und sagte zu den Seinigen: Heute bin ich müde geworden, ich habe dem Korn beim Wachsen geholfen. Sein Sohn lief schnell hinaus, um nachzusehen, da waren die Pflänzchen alle welk. Es gibt wenige Leute auf der Welt, die nicht dem Korn beim Wachsen helfen wollen.*

MENZIUS (MÈNGZǏ, 372–289 V. CHR.), II.A.2[1]

# I. LEBEN IM MIXER

Nehmen wir einmal an, nur als Beispiel, Sie lesen eines Freitagnachmittags, kurz vor dem Wochenende, in einer Kurzmeldung im *Wall Street Journal*, die Firma, für die Sie arbeiten, befinde sich in fortgeschrittenen Verhandlungen, über deren Inhalt nichts weiter verlautet wird, mit ihrem größten Konkurrenten. 48 Stunden, viele Textnachrichten an und von Ihren Kollegen und wenige konkrete Auskünfte später kommt dann am Sonntagabend die offizielle Pressemeldung: Die beiden Unternehmen schließen sich zusammen. Es folgt eine Flut von Rundmails Ihrer Chefs, die allesamt sowohl »erwartungsvoll« wie »begeistert« über diese Neuigkeit sind – ein paar finden sogar »neue Energie«. Die folgende Arbeitswoche verbringen Sie und Ihre Kollegen mit fieberhaften Spekulationen, nur kurz unterbrochen von den Fanfaren beim Großen Einmarsch der Unternehmensberater, und so beginnt eine Zeit des Hin und Her in Ungewissheit, während das Genehmigungsverfahren der Kartellbehörde läuft.

Schließlich steigt der weiße Rauch aus dem amtlichen Kamin, der Firmenzusammenschluss wird abgesegnet. Die zäh dahintropfende Ungewissheit der letzten Monate wird jäh von geschäftiger Betriebsamkeit und weiteren Begeisterungsbekundungen aus der Chefetage abgelöst, die den nun anstehenden Großen Umbau einleiten. Das neue Leitungsteam wird bekannt gegeben und gibt seinerseits bekannt, dass seine Mitglieder die nächsten Wochen auf der großen Zuhörtour verbringen und dann die ihnen Unterstellten neu organisieren werden und so weiter und so fort, wobei jede Bekanntmachung zu weiterem Zuhören und Umbau führt, der seinerseits noch mehr Umbau auslöst. Wo man einmal dabei ist, werden die Schlechten Alten Namen verschiedener Abteilungen kurzerhand über Bord geworfen und durch die Offensichtlich Besseren Neuen Namen ersetzt, was mit allgemeinem Beifall begrüßt wird. Sie selbst schauen zu und staunen, dass in der alten Welt – jetzt nur noch eine ferne Erinnerung – alles derart schlecht war, dass es eines so großen Umbaus bedarf, um es wieder ins Gleis zu bringen, aber alle anderen scheinen überzeugt, das sei genau der richtige Weg, alles sei jetzt so viel sinnvoller, und ehrlich gesagt frage man sich ja, wieso man sich die ganze Zeit mit dem alten Zustand abgefunden habe.

Ihr Chef sitzt jede Woche stundenlang in Meetings fest, um die Einzelheiten Ihrer neuen Abteilung zu regeln, und hat kaum noch Zeit, um Sie auf dem Laufenden zu halten. Bei der ständigen »Reise nach Jerusalem« finden sich einige Ihrer Kollegen plötzlich ohne einen Stuhl wieder, packen still und leise ihre Sachen und gehen. Einer der Chefs im neuen Führungsteam kündigt seinen sofortigen Rückzug an, eine willkommene Gelegenheit, das Führungsteam noch perfekter – und begeisternder – zu machen, so perfekt, wie es sich niemand hätte vorstellen können, als vor wenigen Monaten das alte neue Führungsteam aufgestellt wurde.

Dann stellt sich heraus, dass die Strategie, die zum Unternehmenszusammenschluss geführt hat, nicht mehr so gut ist, wie man dachte, und dass eine neue, die alle inzwischen bewirkten Verbesserungen berücksichtigt, *noch* viel besser wäre. Neue Jubelfanfaren kündigen den Einzug der Rivalisierenden Unternehmensberater an, der wiederum zu neuer intensiver Betriebsamkeit in Besprechungsräumen und einer eigenen PowerPoint-Vorlage führt, die der neuen Strategie ein einheitliches Image geben soll. Dann wird sie feierlich enthüllt, und den Mitarbeitern wird eingeschärft, jeder müsse die Geschichte der neuen Strategie erzählen können; das Führungsteam und die Unternehmensberater scheinen absolut überzeugt, entscheidend für die neue Strategie sei massenhafte Rezitation, und die haben schließlich längere Jobtitel als Sie.

Dann kommt zutage, dass bei einem neuen Unternehmen, neuen Namen und neuem Führungsteam mit einer neuen Strategie, und natürlich der neuen PowerPoint-Vorlage, die alte Arbeitsweise ein bisschen abgegriffen wirkt und aufgeräumt werden muss, und damit beginnt die Arbeit am Modell. In diesem Modell sind die Mitarbeiter nicht mehr regional, sondern funktional organisiert – allerdings natürlich regional funktional, sonst wäre es ja sinnlos –, während alle, die bisher direkt der Zentrale unterstanden, jetzt einer neuen Gruppe funktionaler Integrationskomitees unterstehen, die für die Einführung und Überwachung von Service-Level-Agreements und einheitlicher Standards verantwortlich sind. Letztere helfen den Mitarbeitern, die letzte Woche noch problemlos miteinander zusammenarbeiteten, das auch weiterhin zu tun, aber grundsätzlich besser.

Um die Bildung von Silos zu verhindern – die offensichtlich bisher mehrmals von selbst entstanden waren –, wird das Unternehmen die Chefbüros neu verteilen und sämtliche Mitarbeiter auf andere Plätze und in Großraumbüros setzen, wegen der Zusammenarbeit. Weil inzwischen Berichte über Ermüdungserscheinungen bei den Mitarbeitern im Führungsteam einlaufen – wie nicht anders zu erwarten angesichts der harten Wirklichkeit in der dynamischen Businesswelt von heute – wird ein Festivaltag ausgerufen, an dem bekannte Vordenker den Mitarbeitern ihre Gedanken vortragen und der in einer Keynote-Session gipfeln soll, bei der der Berühmte Wellnessguru und der Berühmte Motivationsredner die Zuhörer abwechselnd auffordern, tief ein- und auszuatmen und ihren Geist zu leeren oder laut zu schreien und ihren Geist mit Alphamännchen-Energie zu füllen.

Um die vielen Tausend Einzelfragen des Modells zu klären, schwärmen die diversen Beraterteams im gesamten Unternehmen aus und veranstalten Mitarbeiterversammlungen, damit alle verstehen, wie sie von jetzt an arbeiten sollen. Und während die letzte dieser Mitarbeiterversammlungen zu Ende geht, werden die Teilnehmer von einer Meldung im *Wall Street Journal* abgelenkt, die auf ihren Smartphones erscheint: Es gebe Gerüchte, das Unternehmen wolle sich in zwei Teile spalten …

Das ist natürlich übertrieben, aber nicht völlig aus der Luft gegriffen: Das Leben in vielen Firmen heutzutage kommt einem wie eine endlose Abfolge von Umwälzungen vor, die jeweils eine Flut weiterer Veränderungen, Umbauten und Reformen auslösen, die wieder und wieder alle Puzzlestücke neu und anscheinend wünschenswerter zusammenlegen. Das ist das Leben im Mixer. Und auch wenn nicht immer alle Knöpfe des Mixers gleichzeitig gedrückt werden – nicht jede Fusion wird zum Beispiel von einem Umbau gefolgt, und nicht jeder Strategiewechsel führt zu einem Wechsel des Betriebsmodells –, hält doch kaum ein Unternehmen lange ohne zumindest einen kleinen Umsturz hier und ein bisschen Pürieren dort durch.

Ich habe das in den letzten 20 Jahren selbst miterlebt. Als frischgebackener Managementberater saß ich in einem Abteil des Großraumbüros bei unserem Klienten, während die Ankündigung einer Fusion das Leben der Mitarbeiter um mich herum auf den Kopf stellte. Als untergeordneter Personaler sah ich zu, wie das Ergebnis der Arbeit eines ganzen Jahres Dutzender Mitarbeiter in den Papierkorb wanderte, weil eine neue Chefin alles auf ihre Art erledigt haben wollte. Bei meinem langsamen Aufstieg in der Hierarchie sammelte ich weitere Erlebnisse dieser Art, große wie kleine: Frustration über eine neue Technologie, die eingeführt wurde, obwohl die alte einwandfrei funktioniert hatte, oder über ein neues Genehmigungsverfahren, das alles aufhielt; die Verlegung einer Abteilung in ein anderes Gebäude im Namen der Effizienz, und dann wieder zurück ins alte, ohne dass jemand den Grund genau angeben konnte; und alle die Neuerfindungen und Transformationen und Neustarts und Neuanfänge und rosigen Versprechungen und genervten Gesichter. Und schließlich, als Personalchef bei Deloitte und später Cisco, erlebte ich den Abgrund, den ein Wandel oft erzeugt, unmittelbarer denn je: Die Chefs sind ungeduldig und frustriert, weil die Fußsoldaten mit den Reformen nicht mitkommen; die Mitarbeiter sind ausgelaugt von der neuesten Initiative oder Innovation und frustriert darüber, dass sie nicht einfach mit der Arbeit weitermachen können.

Diese Erfahrungen haben mich skeptisch gegenüber dem Wandel gemacht. Nicht immer, aber immer dann, wenn ich sah, dass Wandel um des Wandels willen betrieben wurde oder nur Verschlechterungen statt Verbesserungen brachte oder die Lage unübersichtlicher machte, anstatt sie zu klären. Natürlich hatte ich bereits zu Anfang meiner Karriere gelernt, immer schön zu sagen, wie begeistert ich über den Wandel sei und wie ungeheuer wohl ich mich in ungewissen Situationen fühle – wie es viele von uns zu sagen gelernt hatten –, aber mit den Jahren musste ich mir eingestehen, dass die Wahrheit komplizierter war. In den zwei Jahrzehnten meines Arbeitslebens in Großunternehmen hatte ich Wandel miterlebt, der zweifellos zu besseren Leistungen, besserer Arbeit und besserem Betriebsklima geführt hatte, und ich hatte jede Menge Wandel miterlebt, der für alle Beteiligten zur Katastrophe geriet und die einzelnen Mitarbeiter, die Teams und letztlich das ganze Unternehmen schwer belastete. Aber niemand schien je den Grundsatz infrage zu stellen, Wandel sei immer und unbedingt eine gute Sache.

Also machte ich mich daran, der Sache auf den Grund zu gehen. Dieses Buch enthält die Entdeckungen, die ich dabei machte.

Auf den folgenden Seiten befassen wir uns mit der Geschichte der Vorstellung, dass Umwälzungen immer wirklich gut und wirklich unverzichtbar sind. Wir erfahren, wie die Wirkungen des Wandels auf das Tier namens Mensch zustande kommen und warum Wandel uns so tiefgreifend aus der Bahn wirft. Wir fragen uns, was unsere Bereitschaft, alles auf den Kopf zu stellen, in großen wie in kleinen Unternehmen, über unsere Vorstellung des Menschen als Arbeitskraft aussagt. Und dann schauen wir uns an, was man stattdessen tun kann: wie wir unsere Arbeitsplätze und unsere Teams mit einem größeren Gefühl der Stabilität absichern können und wie wir dadurch die unerwünschten Wirkungen umwälzenden Wandels abfangen oder uns wenigstens eine festere Grundlage geben können, auf der wir uns ihnen stellen können.

Aber anfangen wollen wir nicht mit der generischen Geschichte eines Wandels wie der Satire zu Anfang, sondern mit realen Fallbeispielen.

Robin wurde von einem Arbeitsplatz, den sie mochte, auf eine vielversprechende Stellung bei einem anderen Unternehmen in den USA abgeworben, wo ihr freie Hand für Innovationen mit der Unterstützung ihres unmittelbaren Vorgesetzten, ihres Abteilungsleiters und des CEO versprochen wurde.* Nach einigen Monaten kündigte ihr Abteilungsleiter jedoch unerwartet, und ein kommissarischer Vertreter nahm seinen Platz ein, während die Suche nach einem Nachfolger begann. Sechs Monate später war die Stelle immer noch ausgeschrieben, und jetzt kündigte auch Robins unmittelbarer Vorgesetzter. Wieder einige Monate danach wurde auf einer Mitarbeiterversammlung ein neuer Abteilungsleiter angekündigt, aber diese Bekanntgabe wurde in letzter Minute aus unklaren Gründen widerrufen und die Stelle abermals ausgeschrieben. Noch einige Monate später –

* Die Namen derjenigen, die mir für dieses Buch ihre Erlebnisse in der Arbeitswelt erzählt haben, habe ich geändert und gelegentlich ihre Worte lesbarer und klarer gestaltet, weil man nicht immer in Absätzen und Sätzen spricht, aber gewöhnt ist, sie beim Lesen vorzufinden. Die Menschen, die ich Ihnen in diesem Buch vorstelle, sind jedoch alle ebenso real wie ihre Geschichten.

inzwischen ein ganzes Jahr nach dem Abschied des Abteilungsleiters – erhielt der kommissarische Vertreter die Stelle regulär. Und abermals einen Monat darauf verkündete der neue Vorgesetzte eine funktionale Neuorganisation, und Robin erfuhr, dass ihre Stelle gestrichen und sie nicht mehr gebraucht wurde.

Robin erzählte mir, die ständige Ungewissheit über eine so lange Zeit hinweg habe dazu geführt, dass man kaum noch etwas geschafft habe, weil niemand wusste, wie lange es noch dauern würde, bis der neue Vorgesetzte antrat, und ob er eine Strategieänderung durchführen würde. Außerdem hatte Robin sich ihr Team auf der Grundlage einer neuen Sichtweise ihrer Funktion aufgebaut und musste es jetzt zusammenhalten, während sie ihre eigenen Zweifel hinunterschluckte. Sie sei sich, so sagte sie, »ständig wie eine Betrügerin vorgekommen«, während sie versuchte, die Energie und Motivation des Teams zu erhalten. »Ich kam mir vor, als hätte ich Integritätslecks«, schilderte sie mir. »Ich konnte nicht mehr behaupten, hundertprozentig hinter dem Weg des Unternehmens zu stehen, weil ich nicht wusste, wohin er führte.«

Es war ein Freitagnachmittag im Juni, und Sergeis Arbeitswoche ging gerade zu Ende (»Ich erinnere mich an die Daten«, sagte er, »dann ich habe da immer noch ein Trauma«), als völlig unerwartet eine E-Mail kam, die eine Mitarbeiterversammlung ankündigte. Dort erfuhren er und sein Team, dass ihr Unternehmen aufgekauft worden war. Sergei leitete die rumänische Niederlassung eines internationalen Konzerns, ihm waren etwa 2000 Mitarbeiter unterstellt. Außer der einfachen Ankündigung gab es kaum Informationen, also lud er seine Spitzenleute übers Wochenende zu sich nach Hause ein. »Wir besprachen bei Bier und Wein, was da wohl auf uns zukam«, erinnerte er sich. »Mein Team war ein bisschen ängstlich, einfach wegen der Ungewissheit.« Dann mussten sie auf den Beschluss der Anteilseigner warten, der den Aufkauf absegnen würde. Die folgenden sechs Wochen waren die schlimmsten: »Ich musste mit meinem Team reden, auch mit der Belegschaft insgesamt, aber vor allem mit meinem Team. Alle möglichen Szenarien kamen auf, weil es eine Leere gab, es fehlten die Informationen.«

Als die Aktionäre dem Aufkauf endlich zustimmten, war der amtlichen Bekanntmachung zu entnehmen, dass die gesamte Führungsebene des Konzerns gehen würde. Sergei versuchte, seinen neuen Chef ausfindig zu machen: »Ich fing an, irgendwelche Leute auf LinkedIn anzuschreiben, weil die neue Führungsstruktur nicht bekannt gegeben wurde. Ich schrieb: ›Hallo, ich bin Sergei aus Rumänien. Sind Sie zufällig mein neuer Boss?‹« Schließlich meldete sich jemand aus Deutschland und erwiderte, er sei zwar tatsächlich Sergeis neuer Chef, wisse aber selbst noch nicht mehr, weil an den internationalen Kommunikationsabläufen noch gearbeitet werde. Einige Wochen später kam eine Massen-E-Mail mit angehängtem PowerPoint-Organisationsdiagramm für die neue Hierarchie. Und dann, endlich, eine E-Mail vom neuen direkten Vorgesetzten. Angehängt war eine Liste aller 2000 Mitarbeiter, die Sergei unterstellt waren, und der neue Chef hatte eine einfache Bitte: Bitte sagen Sie mir innerhalb von drei Tagen, welche davon wir feuern können. »Das«, so Sergei, »war unser erster offizieller Kontakt.« Er kündigte einige Wochen danach.

Am stärksten im Gedächtnis geblieben ist ihm eine Art trauriger Hoffnung. Als er und sein Team zuerst von der Veränderung hörten, erinnert er sich, war die vorherrschende Emotion der einfache Wunsch: »Vielleicht bleibt ja bei uns alles, wie es ist.«

Peter arbeitet in Südafrika in der Finanzbranche. Vor einigen Jahren wechselte die Bank, für die er arbeitet, ihr Arbeitsmodell für eine Abteilung, die den wichtigsten Kontakt zwischen Fachbankern und Kunden bildete. Sie wollte erfahrenere Mitarbeiter im Kundenkontakt, weil das Team, das ihn bisher handhabte, nicht die richtige Ausbildung und die erforderlichen Fähigkeiten habe. Die Betreffenden wurden daher fast alle entlassen (beziehungsweise »retrenched«, wie der gängige Euphemismus in Südafrika lautet), ihre Aufgaben großenteils auf andere Teams verteilt und neue, besser qualifizierte Mitarbeiter eingestellt, um die betreffende Funktion zu betreuen. Peters Team gehörte zu denen, die neue Zuständigkeiten übertragen bekamen. Er erinnerte sich: »Mir wurde bloß gesagt: ›Sie übernehmen den Bereich Betriebskapital.‹ Wir hatten keine Ahnung vom Kreditwesen – wir wussten gar nicht, was wir taten. Und letztlich mussten die Kunden die Folgen eines kompletten Zusammenbruchs der Kreditvergabe an Unternehmen tragen.« Vor allem aber sorgte das neue Modell für enorme Verwirrung hinsichtlich der Zuständigkeiten für die einzelnen Sachgebiete, so Peter. »Ich verbrachte den halben Arbeitstag mit Streitereien, Diskussionen, Wortgefechten und Abwehrschlachten – mit den Kollegen –, anstatt meine Arbeit zu erledigen und mich um die Kunden zu kümmern.« Es ging immer darum, wer wofür zuständig sei. Das ging fast zwei Jahre lang so, »mit Debatten darüber, wer etwas erledigen solle, das liegen geblieben war, oder man wurde wegen eines Fehlers rundgemacht, obwohl man keine Ausbildung im betreffenden Bereich hatte.« Peter kündigte schließlich.

In der Rückschau wundert er sich, dass überhaupt irgendjemand das Chaos, die Konflikte zwischen den Kollegen und die Intrigen hingenommen hat. Und er fragt sich, ob die Bank wirklich bekam, was sie wollte - »Sie bekamen die Mitarbeiter, die sie wollten, aber zu welchem Preis?« Die Neueingestellten waren erfahrener und konnten gut mit Kunden umgehen, aber ihnen fehlte die Kompetenz für die Arbeit hinter den Kulissen, wie sie die frühere Abteilung unbemerkt erledigt hatte, um alles am Laufen zu halten, »die unvorhersehbaren Kleinigkeiten«, die, wenn sie liegen bleiben, »das Verhältnis zum Kunden zerstören oder für Chaos sorgen«. Das neue Modell hatte nur eine Art Probleme gegen eine andere ausgetauscht, weil es diese unsichtbare Zusammenarbeit im Netzwerk der einzelnen Teams nicht anerkannte – die Art Arbeit, die, so Peter, in keiner Tätigkeitsbeschreibung erwähnt wird.

Christian arbeitete bis vor Kurzem bei einem Hersteller für Medizintechnik in Deutschland, einem kleinen Familienbetrieb, in dem es auch familiär zuging. Die Firma stellte nur ein einziges Produkt her und vertrieb es über ein Netzwerk aus Gesundheitsdienstleistern in ganz Europa. Wie es sich ergab, entwickelte sich dieses Gerät, als Anfang 2020 die Covid-19-Epidemie über Europa hinwegfegte, plötzlich von einem Nischenprodukt zu einem, das in vielen Situationen unentbehrlich war. Die Nachfrage explodierte, und die Firma hatte zwar zu kämpfen, um in einer für alle sehr belastenden Zeit die Aufträge erfüllen zu können, profitierte aber am Ende enorm. Wegen der Seuche sanken die Kosten – Dienstreisen fielen aus, und Werbung wurde überflüssig –, während der Umsatz sich vervielfachte. Die Eigentümer schauten in die Zukunft nach der Epidemie und sagten sich, dass jetzt die beste Zeit sei, um die Firma zu verkaufen und sich zur Ruhe zu setzen. Sie fanden einen Käufer – ein größeres, durch Hedgefonds unterstütztes Unternehmen in derselben Branche –, und die Übernahme wurde besiegelt, mit der Idee eines raschen Börsengangs des vergrößerten Unternehmens im Hintergrund. Christian, der zum Leitungsteam des Familienunternehmens gehörte, versicherte den Mitarbeitern, die Eigner hätten ihm gesagt: »Für uns ändert sich nichts. Bleiben Sie gelassen. Alles ist in Ordnung.«

Sieben Wochen später, an einem Sonntagabend, bekam Christian eine Textnachricht der neuen CEO mit der Einladung zu einer Videokonferenz. Als er sich zuschaltete, sah er sich der gesamten globalen Führung des Mutterkonzerns gegenüber. Die CEO gab bekannt, der Börsengang sei gestrichen, stattdessen werde das Unternehmen – das neue, vergrößerte Unternehmen – an einen noch größeren Konzern verkauft. Die CEO selbst, die für den Börsengang eingetreten war, glaubte, damit sei ihre Position untragbar geworden, und trat zurück. Ein neuer Chef wurde eingesetzt. Eine Reorganisation lief an, und auf Betreiben diverser Unternehmensberater führte das Unternehmen eine Matrixstruktur ein, was bedeutete, dass der ehemalige kleine Familienbetrieb keine Kontrolle mehr über seine eigene Werbung und seine Forschung und Entwicklung hatte. Christians Kompetenzen wurden eingeschränkt. Als einige Probleme mit Arbeitsverträgen der Mitarbeiter auftauchten, wurde ihm die Führung des Teams anvertraut, das sie lösen sollte; gleichzeitig sollte er sich Gedanken über die Organisation der neuen, kombinierten Vertriebsabteilung machen. Und dann, als die Probleme mit den Arbeitsverträgen gelöst waren und Christian kurz davorstand, die neue Struktur des Vertriebs anzukündigen, wurde er zu einer Besprechung mit dem Deutschlandchef des Konzerns und seinem Personalleiter gebeten – und entlassen. Seinen Laptop und das Smartphone musste er sofort zurückgeben, sodass er auf der zweieinhalbstündigen Heimfahrt keine Möglichkeit hatte, seine Frau anzurufen und ihr zu sagen, was geschehen war. Wenn er heute diese Geschichte eines Wandels erzählt, der zu einem größeren Wandel führte, der wieder zu einem noch größeren führte, kommentiert er bitter, dass er wohl nicht falscher habe liegen können, als er die Mitarbeiter beruhigte, es werde sich nichts ändern.

Sarah arbeitet in der Personalabteilung. Vor einigen Jahren wurde ihr Arbeitgeber von einem größeren Unternehmen aufgekauft und die Personalabteilungen zusammengelegt. Sie selbst behielt zwar ihren Arbeitsplatz, aber viele Kollegen entschlossen sich zu gehen. »Ich verlor mein gesamtes Netzwerk«, erzählte sie mir. »Es war ziemlich verstörend.« Die Vernichtung der informellen Netzwerke macht sie auch für den Exodus der Kollegen verantwortlich: »Wir knüpfen Netzwerke, um uns im Unternehmen zurechtzufinden – wir finden damit den Weg, um ans Ziel zu kommen. Und wenn dieser Weg nicht mehr da ist und man ihn neu aufbauen muss, ist das ein großes Problem. Ich glaube, daran lag es, dass so viele Leute gesagt haben: ›Ich tue mir das nicht mehr an – zu mühsam, zu aufwendig. Ich will nicht so viel Zeit für den Wiederaufbau opfern.‹«

Matt erinnerte sich an die lähmende Wirkung eines neuen Produkt-Portfolios der Firma auf sein Marketingteam: »Die Leute in meinem Team reagierten wie ein Reh im Scheinwerferlicht. Sie erstarrten richtig.« Weder er noch sein Team wussten, ob sie das Marketing für die neuen Produkte übernehmen sollten, oder ob diese Produktlinie getrennt vermarktet werden sollte – und niemand konnte es ihnen sagen. Die Situation war verwickelt, erklärte er, weil die neuen Produkte dasselbe Marktsegment bedienten wie andere, für die sein Team verantwortlich war. »Sollten wir diese Produkte weiter bewerben, oder sollten wir das Marketing für sie zurückfahren? Das wirkte sich nicht nur darauf aus, wie wir über die neue Produktlinie redeten, sondern auch negativ auf unsere Arbeit mit den nahe verwandten anderen Produkten im Portfolio.« Diese Ungewissheit und die unklaren Signale dauerten ein Jahr lang an.

Niamh sagt im Scherz, dass es nur wenige Monate im Jahr gibt, in denen man überhaupt in Ruhe arbeiten kann: Mitte November denken alle schon nur noch an die Weihnachtszeit. Anfang des Jahres kommen dann die Nachrichten über die diesjährigen Umwälzungen im Unternehmen, in den Betriebsabläufen oder wo immer die Kugel im Roulettespiel der Veränderungen gerade gelandet ist, und die folgenden Monate gehen dann für deren Bewältigung drauf. Im Sommer gibt es eine große Hetze, um das Geschäftsjahr mit möglichst guten Zahlen abzuschließen, dann folgt die Urlaubszeit, danach drei Monate produktiver Arbeit, und dann geht alles von vorne los. »Warum«, fragt sie, »muss es unbedingt jedes Jahr Veränderungen geben, und warum muss jedes Jahr etwas Neues ausprobiert werden? Warum können wir nicht einfach akzeptieren, dass alles gut läuft und es so lassen?«

Linda hat so viele Veränderungen in ihrer Karriere miterlebt – Fusionen, Abspaltungen, Neuorganisationen, Aufkäufe, Entlassungswellen und Führungswechsel –, dass sie ein Spreadsheet angelegt hat, um nicht den Überblick zu verlieren. Im Lauf von 24 Jahren hat sie bei zwölf verschiedenen Arbeitgebern insgesamt 44 solcher Umwälzungen notiert.

Judith hat in zehn Jahren 19 verschiedene Abteilungsleiter gehabt.

Julies Firma wechselte in einem Jahr viermal den CEO.

Roberto hat gelernt, dass Veränderungen manchmal aus dem Nichts kommen, und achtet genau darauf, wie sich seine Chefs verhalten. »Ich merke inzwischen den Managern an, was ihr Verhalten zu bedeuten hat«, sagte er. »Solange sie ständig Textnachrichten schicken und kommunizieren, ist alles in Ordnung. Aber wenn sie plötzlich nicht mehr zu sehen sind oder ich eine oder zwei Wochen nichts von ihnen höre, fange ich an, mir Sorgen zu machen. Das ist wie bei einem Tsunami, wenn das Wasser zuerst zurückweicht. Man sieht kein Wasser mehr, und dann kommt die Flutwelle – ganz plötzlich schlägt sie zu. Also werde ich nervös, wenn alles ruhig ist.«

Kathy weiß inzwischen, was es bedeutet, wenn ihr Chef nicht mehr mit ihr redet, während eine Entlassungswelle bevorsteht: Sie gehört zu den Gekündigten. In der Geschäftswelt heißt das »auf der Liste stehen«.

Melissa erlebte die Auswirkungen großmaßstäbiger Umwälzungen auf die Teams aus der Finanz-, Rechts- und Personalabteilung, die oft alles am Laufen halten, am eigenen Leib mit: »Eines Tages brach ich in Tränen aus. Ich sagte mir, ich halte das nicht mehr aus. Ich schaffe es einfach nicht mehr.«

Christine erinnerte sich, dass sie einige Wochen, nachdem ihr Arbeitgeber aufgekauft worden war, gesagt bekam, die Mikrowellenöfen im Büro müssten ausgetauscht werden, weil sie nicht dem Standard entsprächen. Sie fragte sich, ob das mitten in einer Phase großer Ungewissheit und Sorgen um die Zukunft wirklich so wichtig sei, wenn die vorhandenen Mikrowellenöfen doch einwandfrei funktionierten. Der Satz wurde zum geflügelten Wort: In den folgenden Monaten sagten ihre Kollegen, die lieber gingen, gerne, sie »entsprächen wohl nicht dem Standard«.

Daniel zweifelt an den wahren Motiven hinter den vielen Neuorganisationen, die er schon miterlebt hat: »Manchmal glaube ich, die Bosse wollen alles neu aufstellen, weil sie das für ein Zeichen von Fortschrittlichkeit halten – wenn sie nichts verändern, leidet ihr Image.«

Angela schaltete sich der vierteljährlichen Betriebsversammlung per Videokonferenz zu, um das gewohnte Update des CEO ihrer Firma an die 5000 Mitarbeiter zu hören. Der CEO begrüßte die Versammelten, gab bekannt, er werde durch einen anderen ersetzt, stellte seinen Nachfolger kurz vor, sprach seinen Dank aus und verließ das Podium.

Nancy hatte den Drang, sich vor ihre Untergebenen zu stellen: »Ich versuchte, mein Team zu beschützen: Ich gebe euch Deckung und schütze euch vor diesem Angriff, der uns von denen da oben zugemutet wird.« Nancy ist Abteilungsleiterin.

Und Leslie hat die »toxische Positivität« satt – wenn sie, besonders von Managern und Chefs, zu hören bekommt, jede Veränderung bringe auch etwas Positives, oder man könne aus ihr für die Zukunft lernen, oder wenn sich eine Tür schließe, öffne sich immer eine neue. »Manchmal«, vertraute sie mir an, »möchte ich am liebsten sagen: ›Könnt ihr euch nicht einfach verpissen?‹«

Ich habe mit Dutzenden Betroffenen über das Thema Veränderungen in Unternehmen gesprochen. Interessant war, dass ich gar nicht gefragt hatte, was sie daran *schlecht* fanden, sondern neutral nach einem Bericht ihrer Erlebnisse. Bis auf wenige Ausnahmen (zu denen wir gleich noch kommen) waren die Erfahrungsberichte aber in überwältigendem und auffälligem Ausmaß negativ.

Die einzelnen Berichte hatten bestimmte Punkte gemeinsam. Viele, wenn auch nicht alle, begannen mit einer Fusion, einem Aufkauf oder einer Abspaltung – diesen wie von Götterhand verfügten Maßnahmen, wie aktivistische Investoren, Investmentbanker und Unternehmensberater sie lieben. Fast bei allen ging es um eine Reorganisation oder einen Führungswechsel. Viele berichteten von Entlassungswellen und ihren Auswirkungen, aber die Entlassungen selbst waren selten das Hauptereignis – meistens wurden sie von einer Neuorganisation, einem Wechsel in der Chefetage oder einer Fusion beziehungsweise einem Aufkauf ausgelöst. Mehrere Betroffene schilderten, wie die Arbeitsumgebung die unruhige Weltlage der letzten Jahre noch verschlimmere. Einer meinte: »Alle sind sowieso verunsichert, weil die Welt da draußen so unvorhersehbar geworden ist. Und dann kommen sie zur Arbeit und sagen: ›Was, hier ist auch alles ungewiss? Muss das sein?‹«

Die Geschichten, die ich hörte, erzählten von Veränderungen, die sich über Monate, gewöhnlich sogar Jahre hinzogen. Man stellt sich Veränderungen gerne als punktuelle Ereignisse vor, aber in der Arbeitswelt sind sie inzwischen kontinuierlich geworden; wenn das Unternehmen nicht gerade eine neue Initiative startet, heißt das nur, dass es noch die letzte verdaut.

Und in keiner einzigen dieser Geschichten überlegte es sich ein Chef jemals anders, wenn er einmal einen Kurs eingeschlagen hatte. Großmaßstäbige Veränderungen in Unternehmen haben vielmehr alle eines gemeinsam: Einmal ausgelöst, verselbstständigen sie sich. Anscheinend gibt es keine Möglichkeit, auf halbem Weg innezuhalten und sie wieder rückgängig zu machen. Unternehmen und Chefs werden gleichermaßen zu Gefangenen ihrer eigenen Reforminitiativen. Manchmal wollen sie sogar überhaupt nicht zurück: Viele der Verantwortlichen in diesen Geschichten glauben anscheinend, zu den eigenen Überzeugungen zu stehen bedeute, standhaft die wachsenden Beweise zu ignorieren, dass die Sache schiefgeht.

Das alles – die Ungewissheit, der Aufruhr, die Erschöpfung, die Machtlosigkeit, die Entfremdung und die kleine, schwache Hoffnung, dass am Ende alles in Ordnung komme – sind die Realität jedes Firmenumbaus, und es gibt kaum ein Gespräch darüber, in dem nicht infrage gestellt wird, ob diese Art des Wandels, wie sie heute üblich ist, denn bei alledem etwas Gutes sei, und auch, ob der Wandel an sich etwas vorbehaltlos Gutes sei. Das gilt nicht nur für die Betroffenen, sondern auch für die Firmen, die solchen Wandel betreiben. Wenn man mit den Leuten vor Ort redet, hört man nichts von mehr Innovation, Produktivität oder Effizienz, sondern von verzweifelten Bemühungen, das Schiff auf Kurs und über Wasser zu halten. Kaum zu überschätzen, wieweit der Wandel inzwischen die Arbeit bestimmt, so gründlich haben unsere Vorstellungen über die unbezweifelbaren Vorteile des Wandels unsere Arbeitsplätze und das Denken derjenigen durchdrungen, die sie gestalten.

Aber einige der Gespräche, die ich führte, zeigten auch das Bewusstsein für eine komplexere Realität. Am Ende der Aufzählung einer Umwälzung nach der anderen und ihrer kombinierten Auswirkungen auf Arbeitsmoral und geistige Gesundheit zögerte der Befragte oft, und ich fragte, ob er denn wirklich glaube, dass der Wandel, wie es einem immer eingeschärft wird, an sich eine gute Sache sei. Dann strahlte er und erklärte lächelnd, Ja, natürlich, denn Wandel sei entscheidend wichtig und ohne ihn wäre die Welt unendlich düster und traurig. »Ich glaube an Potenziale, ich glaube an Möglichkeiten«, sagte einer, »und Wandel ist einfach die Voraussetzung, um Potenzial freizusetzen. Also bin ich bereit, die Möglichkeiten innerhalb des Wandels zu sehen.« Aber wenn ich dann nachhakte, wie er denn diese Haltung im Licht seiner tatsächlichen, gerade erzählten Erlebnisse rechtfertige – also angesichts der Realität anstatt der Idealvorstellung des Wandels –, fiel ihm das sehr schwer.

Das deutet auf eine Zwickmühle im Herzen des Wandels hin. Die meisten Manager setzen umwälzende Veränderungen in der Firma nicht in Gang, weil es ihnen Spaß machte, die Mitarbeiter zu quälen. Die Betroffenen haben Mühe, ihre konkreten Erfahrungen mit dem Wandel mit ihrer intuitiven Erkenntnis in Einklang zu bringen, dass er manchmal sein Gutes hat – oder es zumindest haben sollte –, und die meisten von uns würden wohl zustimmen, dass Wandel manchmal notwendig ist, denke ich. Warum also ist etwas angeblich so Gutes in der Praxis oft ein solches Elend? Und wie kam es überhaupt, dass wir alle angefangen haben, den Wandel für etwas unzweifelhaft Gutes zu halten?

# II. DER KULT UMS AUFMISCHEN

Im Wirtschaftsleben genießt das Aufmischen (*disruption*) geradezu Kultstatus.

Der Prophet des Aufmischens, der verstorbene Clayton Christensen, behauptete 1997 in seinem Buch *The Innovator's Dilemma: Warum etablierte Unternehmen den Wettbewerb um bahnbrechende Innovationen verlieren*, es sei das unentrinnbare Schicksal großer, etablierter Firmen, von kleinen Start-ups zum Frühstück verspeist zu werden. Weil kleine Unternehmen sich nicht um die Bedürfnisse einer etablierten Kundschaft kümmern müssen, so Christensen, und weil sie nicht an denselben Profitabilitätsmaßstäben wie die eingeführten Mitbewerber gemessen werden, haben sie größere Freiheit für Innovationen, für neue Wege, neue Kunden zu gewinnen, und sich dann wie zappelnde Lachse ihren Weg stromaufwärts zu bahnen, bis sie die bisherigen Marktführer verdrängt haben. So kommt es zum Dilemma im Titel des Buchs: Das Management großer, etablierter Unternehmen bereitet dadurch, dass es die Erwartungen erfüllt und im Interesse der Kunden und des Gewinns agiert, unvermeidlich seinen eigenen Untergang vor.

Der Weg zur Erlösung, den Christensen den Managern anbot, bestand darin, selbst Umwälzungen in Gang zu setzen, bevor es jemand für sie übernahm (und sie die Folgen tragen mussten). Sie sollten kleine Firmen mit der Möglichkeit zur Innovation gründen, sie vom Rest des Unternehmens abschirmen und sie damit von dessen Zwängen befreien und dann die neuen Produkte und Märkte, die daraus hervorgingen, ausbauen. Sie sollten die Kräfte des Aufmischens für sich einsetzen, anstatt unter ihren Folgen zu leiden.

Christensen hatte also ein Muster in den Branchen erkannt, die er untersucht hatte, und eine Reaktion darauf gefunden, die in einer Anzahl der betroffenen Fälle geholfen hatte. Das war völlig legitim; seine Daten hätten ebenso akzeptiert oder angezweifelt werden können wie sein Rezept. Aber was danach folgte, führte zu Problemen, weil das Muster und das Rezept dagegen zu einem Slogan wurden: *Disrupt yourself* – mische dich selbst auf.

Wie es so oft passiert, machte die Prägung eines griffigen Schlagworts diese Vorstellung sehr verführerisch. Sie konnte nicht nur auf eine lange geistige Ahnenreihe verweisen – schon 1942 hatte der Wirtschaftswissenschaftler Joseph Schumpeter geschrieben, der grundlegende Mechanismus des Kapitalismus sei Tod und Ablösung des Alten und Erschöpften durch das Neue, ein Vorgang, den er »schöpferische Zerstörung« nannte, und Charles Darwin hatte bereits lange vorher gezeigt, dass der grundlegende Mechanismus des Lebens überhaupt in der Ausrottung schlecht angepasster Spezies durch besser angepasste besteht –, sondern bot Managern die Möglichkeit, etwas, das sie bisher als Bedrohung wahrgenommen hatten, als Vorteil gegenüber der Konkurrenz aufzufassen. Wer sich am besten selbst aufmischte, so schien es, würde am Ende als Sieger hervorgehen. Es dauerte nicht lange, bis aus einer spezifischen Beobachtung über neue Mitbewerber in etablierten Märkten ein angebliches Allheilmittel für große Bereiche der Wirtschaft überhaupt wurde, aus dem noch einige ähnliche Ideen abgeleitet wurden – dass zum Beispiel schneller immer gleich besser ist oder dass das erste Unternehmen auf einem Markt, das seinen Umsatz maximiert, sich immer durchsetzt und man an die Gewinne später noch denken kann –, die zusammen eine neue Orthodoxie der Betriebswirtschaft bilden. Wandel ist unvermeidlich; man kann ihn entweder selbst anstoßen oder fällt ihm zum Opfer; und wenn man ihn selbst anstößt, ist man ziemlich automatisch auf der Siegerstraße.

Dabei war Christensens Rezept durchaus kritisiert worden. Jill Lepore zum Beispiel hatte schon 2014 im *New Yorker* geschrieben, Innovation durch Aufmischen sei »historisch überholt, eine zeitgebundene Idee … das Ergebnis eines unruhigen, ungewissen Moments, der schlecht für Prophezeiungen taugt«, und beschrieb, wie weitverbreitet und tief verwurzelt die wahre Lehre des Aufmischens inzwischen dennoch sei.[2] Die wenigen warnenden Stimmen scheinen jedoch kaum etwas bewegt zu haben – ebenso wenig wie die zahlreichen Erkenntnisse der Sozialwissenschaft zu den schädlichen Wirkungen allgegenwärtiger und dauernder Instabilität auf den Menschen, wie wir noch sehen werden. Ob Christensen jetzt mit seinen Ansichten über Tod und Leben von Großkonzernen recht hatte oder nicht – seine Thesen erzeugen weiterhin eine enorme Flut des Aufmischens, die schon lange über den Bereich seiner ursprünglichen Untersuchung hinausgeht und inzwischen als Rechtfertigung für *jede* abrupte Veränderung oder Transformation oder

Neuerfindung im Geschäftsleben gilt. Das ist alles *unvermeidlich*, hören wir. An den Wirtschaftsfakultäten der Universitäten Stanford, Cornell, Columbia oder Harvard, um nur einige zu nennen[3], kann man inzwischen Seminare im Aufmischen belegen, und es ist eine nette Meta-Ironie, dass diese Institutionen selbst jetzt kräftig aufgemischt werden (und sich zweifelsohne redlich mühen, sich selbst aufzumischen)[4]. Auf der Titelseite der *Harvard Business Review* liest man, wie wichtig es sei, die Frage zu stellen: »Wie gut kann sich Ihr Unternehmen verändern? Sie können Ihre Anpassungsfähigkeit verbessern!«, oder wie man »Ein Führungsteam für die Transformation« aufbaut, denn »Die Zukunft Ihres Unternehmens hängt davon ab«. Und wenn Sie einen Katechismus des Chaos brauchen, können Sie inspirierende Plakate kaufen und die Wahlsprüche skandieren: *Fail fast* (»Schnell scheitern«); *disrupt or be disrupted* (»Mische auf, oder du wirst aufgemischt«), *move fast and break things* (»Handele schnell und ohne Rücksicht auf Verluste«). Man kann sich kaum noch an Zeiten erinnern, in denen Unternehmen nicht nach diesem Grundsatz geführt wurden.

Während wir alle damit beschäftigt waren, uns eifrig selbst aufzumischen, haben wir allerdings aus den Augen verloren, dass *Veränderung* etwas anderes als *Verbesserung* ist. Bevor Aufmischen zum Dogma wurde, dachten Unternehmer gewöhnlich: *Wir müssen dieses Problem beheben, also müssen wir uns verändern*. Inzwischen wird umgekehrt argumentiert: *Wir müssen uns verändern, weil dann alle Probleme von selbst verschwinden*. Bevor Aufmischen zum Dogma wurde, bestand die Aufgabe eines Managers darin, Probleme zu erkennen und zu beheben, und alles, was in Ordnung war, einfach laufen zu lassen. Inzwischen besteht die Aufgabe eines Managers darin, alles immerfort zu verändern, denn wenn wir nichts verändern, wird jemand anders alles verändern, und dann geschehen alle möglichen bösen Dinge. Es geht nur noch darum, alles in Bewegung zu halten. Die Einführung des Dogmas vom Aufmischen hat damit auch zu einer schleichenden Bedeutungserweiterung geführt: Unbemerkt, direkt vor unserer Nase, erhielt das ganze Wortfeld »Veränderung« – Innovation, Aufmischen, Verändern, Erneuern, Transformieren, Aktualisieren, Neuerfinden, Neudenken, Auffrischen – eine einzige, gemeinsame, nicht infrage zu stellende Konnotation: *besser!*

In der Realität ist das nicht ganz so einfach. Nehmen wir Fusionen und Aufkäufe als Beispiel. Seit Langem ist nachgewiesen, dass die meisten Fusionen und Aufkäufe zu einer Wertminderung führen: Eine Studie ergab, dass in 60 Prozent der Fälle die Anteile an Wert verlieren[5], eine andere Schätzung setzte diese Zahl irgendwo zwischen 70 und 90 Prozent an[6]. Oder denken Sie an Massenentlassungen. Jeffrey Pfeffer, Professor an der Stanford University, hat ausführlich und überzeugend über ihre Auswirkungen und ihren Sinn geschrieben, nicht nur in menschlicher Hinsicht (wo sie, wie er deutlich an Beispielen zeigt, kaum zu rechtfertigen sind), sondern auch in pflichtbewusst-kapitalistisch-anteilseigner-wertsteigernder Hinsicht (wo sie doch eigentlich leicht zu rechtfertigen sein sollten). Zu dieser zweiten Frage des wirtschaftlichen Werts von Entlassungswellen meint Pfeffer: »Entlassungen führen oft nicht zu Kostensenkungen … Entlassungen steigern nicht die Produktivität. Entlassungen lösen nicht das oft zugrunde liegende Problem, das häufig in einer ineffizienten Strategie, einem Verlust von Marktanteilen oder ungenügendem Umsatz besteht.«[7]

Aber selbst wenn das nicht immer zutrifft – selbst wenn es Fälle einer gut durchgeführten Reorganisation oder Unternehmenstransformation gibt, die wirklichen Nutzen bringen –, bleibt offensichtlich, dass eine verstärkte Berücksichtigung der menschlichen Kosten infrage stellen würde, inwieweit eine Veränderung ein Unternehmen wirklich besser dastehen lassen und uns zu einem genaueren Verständnis führen würde. Wie wir gerade gesehen haben, erkennen die Betroffenen, mit denen ich sprach, die Notwendigkeit von Verbesserungen in der Welt an und wissen, dass Verbesserungen eine Veränderung bedingen, aber sie sind auch klug genug, um zu verstehen, dass Veränderungen nicht automatisch eine Verbesserung bedeuten – dass die Kurve danach nicht automatisch steigt. Sie können sich also nach Verbesserung sehnen und gleichzeitig die (oft negativen) Auswirkungen von Veränderungen beklagen. Aber diese Doppelnatur des Wandels, diese Bedingtheit, diese Eigenschaft, sich mal so und mal als das Gegenteil zu zeigen, wird dauernd von der einfacheren, verführerischeren Vorstellung überrollt, dass Veränderungen gut sind – und das größtenteils, weil diese Idee psychologisch sehr attraktiv ist.

Umfassende Veränderungen versprechen einem Unternehmensführer die Gelegenheit zu entschiedenem Handeln in einer Rolle, bei der Ursache und Wirkung oft schwer zu unterscheiden sind. Die Liste der konkreten Maßnahmen, die ein Chef wirklich ergreifen kann, ist nämlich überraschend kurz: Er kann Ressourcen verschieben; er kann Prioritäten vorgeben; er kann das Unternehmen nach außen vorteilhaft repräsentieren; und er kann sich seine unmittelbaren Mitarbeiter aussuchen. Aber er kann natürlich nicht herumlaufen und die Produkte selbst anbieten oder sie herstellen oder die Computerprogramme dazu schreiben. Seine Aufgabe besteht darin, *andere* zu ermutigen, zu unterstützen, zu fordern, damit sie das alles erledigen, und so verbringt er sein ganzes Arbeitsleben weit hinter der Frontlinie. Einen großen glänzenden Hebel der Veränderung zu ziehen gibt ihm mit einem Schlag etwas Wichtiges und Entscheidendes zu tun, lässt ihn auf dramatische Weise das Steuer ergreifen, und das Bewusstsein, dass Veränderung ja automatisch als etwas Gutes gilt, macht diese Aussicht doppelt verführerisch.

Die Annahme, die grundlegende Aufgabe eines Managers bestehe darin, einen entscheidenden Wandel herbeizuführen, ist inzwischen in das Rollenverständnis fest eingebaut. Manager bekommen gesagt, sie sollen die ersten 90 Tage auf einem neuen Posten damit verbringen, einen Umbauplan auszuarbeiten, um ihn am 91. Tag anlaufen zu lassen, ob er gebraucht wird oder nicht. Die Firmen versetzen ihre Manager alle paar Jahre reihum auf andere Posten, damit sie alle Bereiche eines großen Unternehmens möglichst gut kennenlernen, und jede solche Rotation löst einen neuen 90-Tage-Plan und eine weitere Lawine von Veränderungen aus. Dass Robins kommissarische Vorgesetzte eine Neuorganisation anordnete, sowie sie den Posten auf Dauer erhielt, lag einfach daran, dass das so üblich ist.

Weil er erwartet wird und als eine gute Sache gilt, ist ein Wandel dieser Art der absolut einfachste Weg für Manager. Anstatt sich mit der Schaffung echter Verbesserungen herumzuplagen, muss der Manager lediglich ein paar Neuorganisationen oder »transformative« Aufkäufe anordnen, ein paar Monate lang erklären, wie ungeheuer visionär das alles ist, und darauf achten, dass er schon in die nächste Abteilung versetzt ist, wenn sich der Staub wieder legt. Und wenn er es schafft, beim Erklären möglichst oft das Wort »aufmischen« zu gebrauchen, bekommt er Business-Guru-Extrabonuspunkte. Vor ein paar Jahren galt es in bestimmten Kreisen als cool, sich als *Change Agent* zu bezeichnen; inzwischen sehen diese »Veränderer« alle traurig und lahm aus gegen die *Disruptors*, die »Aufmischer«, die jetzt in Mode sind.

Und außerdem umweht eine Aura des Heldentums diese Aufmischer. Wer ein Wagnis eingeht und scheitert, wird gelobt, wie mutig er gewesen sei, und gefragt, was er daraus gelernt habe, aber noch niemand hat sich einen Namen damit gemacht, dass er gesagt hat: »Wir lassen alles, wie es ist, und schauen mal, wie weit uns das bringt.« Die Vorstellung, dass man sein eigenes Unternehmen untergraben muss, um zu überleben, ist sogar derart radikal, dass sie zwangsläufig für genial gehalten wird: Nur die kühnsten und mutigsten Denker würden es wagen, wie ein Ninja ihr Unternehmen zu retten, indem sie dessen wichtigste Produkte in Gefahr bringen. Wir Normalen können da nur zuschauen und staunen.

Wie das bei großen, klärenden Ideen zu sein pflegt, haben sich diese Fixierung auf Wandel und das Aufmischen und die dazugehörigen Handlungen in immer mehr Aspekte unseres Arbeitsalltags eingeschlichen. Sie hat nicht nur zu ständigen Neuorganisationen und Führungswechseln und Strategiewechseln und neuerfundenen Patentrezepten und Aufkäufen und Fusionen und neuen Operationsmodellen und dergleichen geführt, sondern auch zu Software, die sich über Nacht wie durch Zauberei von selbst aktualisiert, sodass man am Dienstagmorgen zunächst nach den Buttons suchen muss, die man am Montagabend noch auswendig fand, und deren Funktion gut in den Arbeitsablauf eingebaut war; ebenso führt dies zu neuer Büroeinrichtung, die den Mitarbeitern aus Gründen, die unklar bleiben, ohne Möglichkeit, sich dazu zu äußern, aufgezwungen wurde und bedeutet, dass alle ihre Sachen ein- und wieder auspacken und umziehen müssen und nichts und niemand mehr zu finden ist; und auch zum Hackathon beim vierteljährlichen Offsite-Seminar, das nicht mit einer Aufgabenstellung beginnt, sondern mit der Aufforderung, das erste, was einem in den Sinn komme, neu zu erfinden; und auch zur neuen Kaffeemaschine, deren Bedienung niemand durchschaut – ein kleiner Mückenstich der Frustration und Störung nach dem anderen, jeder ein bisschen mehr Sand im Getriebe des Arbeitsablaufs.

So umfassend ist die Herrschaft des Aufmischens inzwischen, dass es an Ketzerei grenzt, sich gegen sie auszusprechen, so total hat sie den Geist der Arbeit kolonisiert, dass sie von allen als unvermeidlich hingenommen wird, ob sie etwas über die Geschichte dieser Idee wissen oder nicht. Sie hat ihre Ursprünge hinter sich gelassen und sich als unanfechtbare Wahrheit etabliert, befreit vom Ballast des Nachweises ihrer Richtigkeit. Christensens Fallgeschichten von den Minimühlen, Festplatten und Baggern haben wir inzwischen weit hinter uns gelassen, ebenso wie die Idee einer kleinen Gruppe Neuerer, die sich, getrennt vom Rest des Unternehmens, an ein neues Produkt oder einen neuen Markt herantasten. Was einmal als Modell für Verbesserungen begann, hat inzwischen Metastasen in jeden Bereich des Arbeitsalltags geschickt. Aufmischen ist alles – das ist nun mal so.

Wandel im großen Stil ist erforderlich, und zwar ständig; Wandel ist das Rezept für Gewinn; und wenn man nicht laufend alles umstößt, verliert man. So lauten die Gebote des Kults ums Aufmischen. Und die Auswirkungen auf den Menschen in der Arbeitswelt sind erschreckend.

# III. DAS PROBLEM MIT WANDEL

Wenn man die Auswirkungen des Wandels auf uns alle begreifen will, stellt man ihn sich am besten als eine Serie von Trennungen vor, die bestehende Verbindungen zerstören. Wandel zerstört unsere Verbindung zur Zukunft und schafft damit Ungewissheit. Er zerstört unsere Fähigkeit, diese Zukunft zu gestalten, und stellt unser individuelles Handlungspotenzial infrage. Er zerstört unsere Verbindung zu anderen Menschen und gefährdet unser Zugehörigkeitsgefühl. Er zerstört unsere Verbindung zur Umgebung und macht uns heimatlos. Er zerstört die Verbindung zwischen unserer Tätigkeit und den Ergebnissen und nimmt uns das Gefühl, etwas Sinnvolles zu tun. Und er zerstört die Verbindung zwischen unseren Fähigkeiten und dem, was sie bewirken, und stellt so unsere Kompetenz infrage.

Alle diese Verbindungen können natürlich, wenn man genug Zeit und Mühe investiert, neu aufgebaut werden – und dieser Neuaufbau ist manchmal nützlich. Aber die menschlichen Kosten des Aufmischens am Arbeitsplatz sind dennoch beträchtlich und verstecken sich meist hinter Deckbegriffen wie »sinkende Arbeitsmoral« oder »ungenügender Arbeitseinsatz«, hinter Anspielungen auf mentale Erkrankungen oder hinter stillen Kündigungen. Viele Betroffene spüren allgemein, dass Ereignisse am Arbeitsplatz verschiedene Stresserscheinungen auslösen können – und kennen einige persönliche und spezifische Beispiele dafür –, aber die Kosten des Lebens im Mixer werden erst richtig deutlich, wenn man sich genau anschaut, *warum* und unter welchen Umständen das geschieht.

Wir wollen uns diese menschlichen Kosten in fünf Kategorien genauer anschauen, angefangen mit den Auswirkungen ungewisser Zukunftsaussichten auf den Menschen, wenn zum Beispiel nicht klar ist, welche Auswirkungen die neueste Initiative haben wird, wenn nicht klar ist, wer jetzt gerade der Vorgesetzte ist oder wie lange er bleiben wird. Dann schauen wir uns die Auswirkungen fehlender Kontrolle über unsere Umgebung an, wenn man zum Beispiel erfährt, dass Änderungen bevorstehen, ohne dass man selbst mitbestimmen kann, wie und inwieweit sich etwas ändert. Als dritten Punkt betrachten wir die Bedeutung unserer sozialen Beziehungen und wie es sich auf uns auswirkt, wenn sie zerstört werden, wenn zum Beispiel Teams auseinandergerissen und Unternehmenshierarchien neu aufgebaut werden. Viertens beschäftigen wir uns mit unserer Bindung an bestimmte Orte und Lebensrhythmen und die Auswirkungen auf uns, wenn uns diese Orte und Rhythmen genommen werden, zum Beispiel bei einer Versetzung in ein anderes Büro oder einem physischen Umbau des Büros mit neuem Grundriss. Und zum Schluss nehmen wir uns des Sinns der Arbeit an und fragen, was er bewirkt und wie wichtig er für uns ist – und wie der Wandel auch darauf herumtrampelt.

## *Das Problem mit der Ungewissheit*

Wenn man Menschen als Teilnehmer an psychologischen Versuchen gewinnt und ein bisschen unter Druck setzt, erfährt man alles Mögliche über das innerste Wesen des Menschen – zum Beispiel über unsere Neigung, Verhaltensweisen anderer Menschen nachzuahmen, oder unwillkürlich anzunehmen, dass die meisten anderen die eigene Meinung teilen oder dass jemand, der in einer Sache kompetent ist, das auch in anderen ist. Außerdem entdeckt man, dass unter der Oberfläche vieler dieser Eigenschaften eine gemeinsame Grundlage verborgen ist: Ungewissheit mögen wir gar nicht.

Elektroschocks mögen wir auch nicht besonders, was (wie man mit Bedauern feststellt) dazu führt, dass sie in der Ungewissheitsforschung eine große Rolle spielen. In einer Studie von 1992 zum Beispiel verabreichten die Versuchsleiter zwei Gruppen von Probanden jeweils 20 elektrische Schläge, entweder starke oder mäßige.[8] Die Teilnehmer in der ersten Gruppe erhielten drei starke Stromschläge, die zufällig mit 17 mäßig starken abwechselten, während die der zweiten Gruppe 20 starke und keine mäßig starken bekamen. Man könnte glauben, die Teilnehmer in der zweiten Gruppe, die ausschließlich starke Stromschläge versetzt bekamen, hätten sich schlechter gefühlt, aber tatsächlich zeigten die in der ersten Gruppe, die nicht wussten, wie schmerzhaft der nächste Stromschlag ausfallen würde, signifikant stärkere Belastungssymptome.

In der neueren Forschung ist das Verhältnis zwischen Stress und Ungewissheit (wieder mit Elektroschocks) quantifiziert worden; dabei stellte sich heraus, dass die Stressbelastung am höchsten ist, wenn die Ungewissheit – nicht der Schmerz – am größten ist.[9] Man sollte denken, dass gute Nachrichten das Beste sind, schlechte Nachrichten das Schlimmste und keine Nachrichten irgendwo in der Mitte – unsere Neigung, schlechte Nachrichten lieber zu verhehlen und stattdessen lieber der Hoffnung Ausdruck zu geben, spiegelt jedenfalls diese Ansicht wider. Aus den Forschungsergebnissen geht jedoch hervor, dass keine Nachrichten für uns als Menschen tatsächlich schlimmer sind als schlechte Nachrichten, besonders, wenn unklar ist, wie sich die Angelegenheit weiterentwickeln wird.

Um zu verstehen, warum das für uns so eine Belastung ist, besonders im Beruf, vergegenwärtigt man sich am besten die wichtige Unterscheidung zwischen Furcht und Angst. Der Psychologe Martin Seligman formuliert sie so: »Furcht ist ein negativer emotionaler Zustand mit Bezug auf einen Gegenstand, zum Beispiel die Furcht vor tollwütigen Hunden; Angst ist ein eher unspezifischer, oft chronischer Zustand, der nicht an einen bestimmten Gegenstand gebunden ist.«[10] Furcht und Angst unterscheiden sich also darin, dass die Furcht ein Ende hat. Wenn der tollwütige Hund davonläuft, um eine andere arme Seele zu ängstigen, haben wir keine Furcht mehr, weil der Gegenstand der Furcht nicht mehr vorhanden ist. Wenn sich aber der Stress nicht direkt auf einen Gegenstand bezieht, dann kann man auch nichts entfernen, um ihn zu beenden. Das ist das besonders Tückische an der Ungewissheit: Sie ist unbegrenzt.

Seligman schildert ein Experiment an Laborratten, um das Problem der Endlosigkeit zu verdeutlichen. Der Versuch war wie folgt aufgebaut: Zwei Gruppen Versuchsratten wurden darauf dressiert, einen Hebel zu drücken, um Futter zu erhalten. Das Verhalten des Hebeldrückens wurde als Signal gewertet, dass es den Ratten in der betreffenden Gruppe gut ging. Anschließend wurde den Ratten beider Gruppen im Lauf mehrerer Tage jeweils eine Anzahl elektrischer Schläge verabreicht. Bei der ersten Gruppe ging diesen Schlägen jeweils ein einminütiges Signal voraus, an dessen Ende der Stromstoß erfolgte. Bei der zweiten Gruppe dagegen kamen die Stromstöße in zufälligen Abständen: Auch hier wurde das Signal gegeben, aber es bestand kein Zusammenhang zwischen dessen Auslösung und dem Zeitpunkt des Elektroschocks.

Anfänglich zeigten die Ratten in beiden Gruppen dieselbe Reaktion: Beide hörten auf, den Hebel zu drücken, und zeigten damit Stress an. Mit der Zeit lernten die Ratten in der Gruppe mit dem verlässlichen Signal, dass sie auch keinen Elektroschock erhielten, solange es kein Signal gab. Wenn das Signal ausblieb, drückten sie wieder den Hebel – machten also, in Laborrattenbegriffen ausgedrückt, mit ihrem Alltag weiter – und hörten damit erst auf, wenn es wieder einsetzte. Die Ratten in dieser Gruppe zeigten also Furcht vor dem Signal und keine Furcht, wenn das Signal ausblieb.

Den Ratten der zweiten Gruppe dagegen fehlte ein unmittelbarer Bezugsgegenstand für ihre Furcht, weil es keinen verlässlichen Zusammenhang zwischen Signal und Stromschlag gab. Diese Ratten fingen während des gesamten Experiments nicht wieder an, den Hebel zu drücken, um Futter zu erhalten, im Gegensatz zu denen der ersten Gruppe. Stattdessen, so Seligman, »drängten sie sich während der gesamten Versuchssitzung jeweils in einer Ecke zusammen und zeigten chronische Furcht oder Angst. Anders als die Gruppe mit den verlässlichen Signalen entwickelten die Ratten in der Gruppe mit den unzuverlässigen Signalen schwere Magengeschwüre.«[11]

Seligman gewann aus diesen Versuchen eine Erkenntnis über das Gefühl der Sicherheit. Um chronische Furcht zu beenden, braucht es einen Beweis, dass die Bedrohung vorüber ist – der tollwütige Hund ist weitergerannt, das Stromschlagsignal ist nicht mehr zu hören. Er formulierte darauf die *Sicherheitssignal-Hypothese:* »Im Gefolge traumatischer Ereignisse bleiben Menschen und Tiere dauerhaft ängstlich, außer bei Auftreten eines Reizes, der zuverlässig Sicherheit anzeigt. Bei Fehlen eines solchen Sicherheitssignals verharrt der Organismus im Zustand der Angst beziehungsweise chronischen Furcht.«[12]

Nun ist es ziemlich einfach, ein solches Sicherheitssignal zu schaffen, wenn man es mit Laborratten zu tun hat, weil das Experiment eine absichtlich vereinfachte Umwelt schafft. Sicherheitssignale für Menschen am Arbeitsplatz zu schaffen, ist dagegen sehr schwierig, und zwar eben weil der Wandel am Arbeitsplatz oft grenzenlos ist. Denken Sie an Sergeis klägliche Hoffnung, alles werde einfach so bleiben, wie es war – eine Hoffnung, die er übrigens bereits direkt nach dem Einsetzen der Veränderungen äußerte, die ihn und sein Team trafen. War das nicht, anders ausgedrückt, die Hoffnung auf ein Sicherheitssignal? Aber es kam keines. Oder erinnern Sie sich an Christian und seinen Drang, den Mitarbeitern zu versichern, nichts werde sich verändern und sie sollten gelassen bleiben. War das nicht ein Versuch, ihnen ein Sicherheitssignal zu geben? Der Versuch scheiterte, weil die folgenden Ereignisse ihn Lügen straften. Jeder mit ein bisschen Erfahrung im Land des Aufmischens weiß, dass Versprechungen, nichts werde sich ändern, schnell dahingesagt sind, und Versicherungen, das Schlimmste sei überstanden, selten zutreffen. Das liegt übrigens nicht immer am bösen Willen, sondern oft einfach daran, dass die Lücke zwischen unserem natürlichen Drang, anderen Menschen zu helfen, und unserer Fähigkeit, die betreffenden Ereignisse zu kontrollieren, größer ist, als wir uns vorstellen. Wenn der Flaschengeist des Wandels einmal losgelassen ist, kann man für nichts mehr garantieren.

Das Problem mit der Ungewissheit am Arbeitsplatz ist das Problem einer Umwelt mit wenigen glaubwürdigen Sicherheitssignalen – und ohne diese führt Wandel leicht zu chronischen Angstzuständen.

Außer mit Magengeschwüren reagieren wir auf Ungewissheit typischerweise mit nachlassender Rationalität. Wir versuchen alles, um zur Berechenbarkeit zurückzufinden, und klammern uns dann oft an die erstbesten konkreten Antworten, die wir hören, und lassen sie nicht mehr los. Die Psychologen Arie Kruglanski und Donna Webster beschreiben in einem Artikel von 1996, wie das Bedürfnis nach einem Abschluss (*closure*) – mit anderen Wort, nach einem Ende der Ungewissheit – »die Entscheidungen und Präferenzen des Menschen zugunsten abgeschlossener Handlungen beeinflusst und negative Affekte bei Bedrohung oder Unterhöhlung des Abschlusses einer Handlung auslöst, dagegen positive Affekte bei Beschleunigung oder Erreichen des Abschlusses«.[13] Wir neigen, anders ausgedrückt, von Natur aus dazu, nach Gewissheit zu streben, wenn sie fehlt, und uns besser zu fühlen, wenn wir sie finden. Kruglanski und Webster führen weiter aus, dass Menschen mit einem erhöhten Bedürfnis nach Abschluss oft »hartnäckig an Informationen festhalten, die zu Anfang einer Abfolge erscheinen, und damit unzugänglich für spätere Daten werden«[14].

Sie bezeichnen diese verringerte Zugänglichkeit für rationale Daten als *seizing and freezing*, »Packen und Festhalten«.

Diese unvernünftige Selbstfestlegung lässt sich auch bei einer Reihe anderer menschlicher Verhaltensweisen beobachten. Gewöhnlich betrachtet man sie nicht im Zusammenhang mit der Ungewissheit, aber man erkennt darin jeweils leicht, wie der menschliche Geist versucht, sich einen Weg zurück auf sicheren Boden zu bahnen, und damit auch, wie tief verwurzelt unser Bedürfnis nach Gewissheit ist. Nehmen wir zum Beispiel die Vermessenheitsverzerrung (*overconfidence bias*), bei der wir die Wahrscheinlichkeit überschätzen, mit einer Ansicht recht zu haben. Will unser Unterbewusstsein damit nicht nur unser Gefühl der Gewissheit stärken? Oder den Ankereffekt (*anchoring and adjustment bias*), der darin besteht, dass man sich zu entschieden auf die erste erhältliche Information über etwas festlegt und neu hinzukommende Informationen nur ungenügend in seine Ansichten einbaut. Klammert man sich damit nicht bloß an das Erstbeste, das die Ungewissheit verringert, selbst wenn das später zu Problemen führt? Oder nehmen wir die Bestätigungsverzerrung (*confirmation bias*), bei der man Informationen, die die eigene Meinung bestätigen, übermäßiges Gewicht beimisst – wieder eine Folge des Bedürfnisses nach Festigung der Gewissheit. Oder die Status-quo-Verzerrung (*status quo bias*), bei der man am bestehenden Zustand festhält und jede Abweichung davon als Verschlechterung empfindet. Oder sogar den Attributionsfehler (*fundamental attribution error*), bei dem man den persönlichen Eigenschaften eines Handelnden übermäßiges Gewicht bei der Erklärung seiner Handlungen zuweist (»er hat so gehandelt, weil sein Charakter so und so ist«) und die situations- oder umweltbedingten Faktoren unterschätzt

(»er hat so gehandelt, weil die Umstände so und so waren«). Spiegelt das nicht die menschliche Neigung wider, bewusste menschliche Entscheidungen zu sehen, wo keine sind, und uns damit die beruhigende Gewissheit zu geben, dass wir nicht den Umständen ausgeliefert sind? Es sieht so aus, dass man immer, wenn man etwas findet, das der Ungewissheit entgegenwirkt oder sie verringert, krampfhaft daran festhält und sozusagen die geistige Zugbrücke hochzieht, um sich vor neuen Informationen oder anderen Erklärungen abzuschirmen, damit die Umwelt nicht ungewisser aussieht, als man sie sich wünscht.

Natalie, eine der Betroffenen, die ich zum Thema Veränderungen in Unternehmen befragte, hatte dem Fusionsintegrationsteam einer australischen Firma angehört. Die Aufgabe dieses Teams bestand darin, nach der Fusion die einzelnen Abteilungen der beiden Vorgängerunternehmen zusammenzuführen. Sie nahmen sich eine Funktion nach der anderen vor; der ganze Prozess zog sich über Monate hin. Wenn Natalies Team in einer Abteilung eintraf, sagte das den Mitarbeitern also, dass Veränderungen unmittelbar bevorstanden, aber nicht, wann das geschehen und worin sie bestehen würden. Mit anderen Worten, es war ein klassisches Lehrbuchbeispiel für Ungewissheit ohne absehbares Ende (und außerdem dafür, wie solche Umbauten in großen Unternehmen gewöhnlich durchgeführt werden). Natalie erzählte, wie sich überall, wo ihr Team auftauchte, dieselben Symptome zeigten: nachlassende Motivation, mehr Mitarbeiter mit Leistungsproblemen, steigender Krankenstand, mehr Urlaubsgesuche, sinkende Produktivität. Die Ungewissheit, so sagte sie mir, machte die Leute »total verrückt«.

Dank Seligman, Kruglanski und Webster können wir den Ursprung und die Art dieser »totalen Verrücktheit« erkennen.

Grenzenlose Ungewissheit – die wir uns als die Möglichkeit umwälzender Veränderungen in Verbindung mit dem Fehlen jedes glaubwürdigen Signals vorstellen können, dass sich die Zustände wieder normalisieren werden – führt zu einem hohen Maß an Stressbelastung. Gleichzeitig treibt einen das Bedürfnis nach einem Ende der Ungewissheit dazu, sich an alles zu klammern, was eine Rückkehr der Gewissheit verspricht, wie irrational auch immer es sein mag.

Und das passiert ständig am Arbeitsplatz. Wenn man die E-Mail oder Textnachricht bekommt oder die Benachrichtigung von einem Teamkollegen auf dem Bildschirm erscheint, der fragt, ob man die Neuigkeit schon gehört habe, oder die Einladung zur unerwarteten Videokonferenz am Freitagabend einläuft, dann zeigt das sofortige Beißen im Magen, das sofortige Verblassen aller anderen Gedanken, die sofortige Hoffnung, dass sich die große Neuigkeit als belanglos herausstellen möge, die alle auftreten, bevor man noch weiß, was vorgeht und ob überhaupt etwas vorgeht, dass die Ungewissheit zu Besuch gekommen ist, mitsamt allen Begleiterscheinungen. In mehreren Millionen Jahren der Evolution hat sich der Mensch zu einem Wesen entwickelt, das ihr in bemerkenswertem Ausmaß absolut abgeneigt ist; aber wenn wir anfangen, aufzumischen und umzugestalten, stellt sich als Allererstes die Ungewissheit ein und widersteht allen Versuchen, sie zu vertreiben.

## *Das Problem mit dem Kontrollverlust*

Wenn man unter Ungewissheit das Gefühl versteht, das einen angesichts des Bewusstseins einer Neuigkeit überkommt, von der man noch nicht weiß, worin sie besteht, dann ist das Gefühl, das ihr auf den Fersen folgt – sowie man erfährt, inwiefern die Zukunft sich ändert –, das des Kontrollverlusts. Ein auffälliges Merkmal der meisten Umgestaltungen in Unternehmen ist, dass die Betroffenen nicht entscheiden können, ob sie mitmachen möchten oder nicht. Die Bedingungen unseres Arbeitslebens werden vielmehr ohne unsere Zustimmung verändert, und dadurch werden wir zum einen daran erinnert, dass wir weniger Kontrolle über unsere Arbeitsumgebung haben, als wir uns einbilden, und zum anderen, dass das geringe Maß an Kontrolle, das wir tatsächlich ausüben, schlagartig noch weiter verringert wird.

Wenn sich diese Erfahrung wiederholt – das heißt, wenn man immer wieder mit den Grenzen der eigenen Handlungsmöglichkeiten konfrontiert wird –, stellt sich ein bemerkenswerter Effekt ein. Das Experiment, das diesem Effekt den Namen gab, ist einer jener Klassiker der experimentellen Psychologie des späten 20. Jahrhunderts, die ebenso faszinierend wie erschreckend wirken (wie zum Beispiel Versuche, in denen Versuchsteilnehmer glaubten, sie folterten einen Menschen im Nebenraum, oder sich Freiwillige der psychologischen Umwelt eines Gefängnisses aussetzen ließen).[15] Es geht um Hunde.*

---

* Um es deutlich zu sagen: Die Versuchsleiter schrieben später selbst, »die Hundeexperimente waren für uns beide ein sehr belastendes Erlebnis. Wir sind beide Hundeliebhaber und hörten auf, mit Hunden zu experimentieren, sobald wir konnten, und setzten stattdessen Ratten, Mäuse und Menschen in den Versuchen zur Hilflosigkeit ein, mit genau demselben Ergebnismuster.« Siehe Steven F. Maier und Martin E. P. Seligman, »Learned Helplessness at Fifty: Insights from Neuroscience«. S. 350 in: *Psychological Review* 123 (2016).

Wie so oft war das Ergebnis, dem dieses Experiment seine Berühmtheit verdankt, nicht das, was die Versuchsleiter eigentlich erforschen wollten. Sie hatten ursprünglich den Zusammenhang zwischen Furcht und Lerneffekt erforschen wollen; insbesondere wollten sie überprüfen, ob man Hunden beibringen kann, elektrische Schläge zu vermeiden. Zunächst banden sie dazu einen Hund in einer Hängematte fest und setzten ihn einem Signalton aus, dem ein Stromstoß folgte. Dadurch sollte er lernen, dass nach dem Ton ein elektrischer Schlag kam (genauso, wie Pawlow viele Jahre zuvor seinen Hunden beigebracht hatte, dass auf einen Klingelton Futter folgte). Dann setzten sie den Hund in eine sogenannte Shuttlebox. Das ist, vereinfacht ausgedrückt, eine Umgebung, in der das Versuchstier durch eine einfache physische Handlung einem bestimmten Reiz entgehen kann. Im Fall der Hunde hieß das, ein Teil des Bodens der Shuttlebox konnte unter Strom gesetzt werden, und der Hund konnte dem Schlag dadurch entkommen, dass er über eine Barriere in den anderen Teil sprang, dessen Boden nicht unter Strom stand. Und *vor* diesem Versuch und der Einführung der Hängematte hatten die Hunde in der Shuttlebox das auch getan – sie hatten nach wenigen Durchgängen gelernt, dass sie dem Stromschlag entgehen konnten, nachdem er eingesetzt hatte, indem sie über die Barriere sprangen, und dass es noch besser war, schon während des Signaltons und bevor der Stromschlag einsetzte, darüber zu springen, weil sie dann den Schmerz völlig vermeiden konnten.

Diejenigen Hunde aber, die zuvor den Signalton mit Stromschlag in der Hängematte erlebt hatten, verhielten sich völlig anders. Hier die Beschreibung einer typischen Reaktion durch die Versuchsleiter:

> *Die ersten Reaktionen auf den Stromschlag in der Shuttlebox glichen sehr denen eines naiven Hundes: Er lief ungefähr 30 Sekunden lang aufgeregt umher. Aber dann hörte er auf, sich zu bewegen: Zu unserer Überraschung legte er sich hin und winselte leise. Nach einer Minute schalteten wir den Strom ab; der Hund hatte die Barriere nicht übersprungen und war dem Stromschlag nicht entkommen. Im nächsten Durchgang handelte der Hund genauso: Er zappelte zunächst ein wenig, gab nach einigen Sekunden aber anscheinend auf und akzeptierte den Stromschlag passiv. Auch in allen weiteren Durchgängen entzog sich der Hund dem Stromschlag nicht.*[16]

Der Unterschied, so ging den Psychologen auf, bestand in der anfänglichen Konditionierung in der Hängematte. Damit hatten sie dem Hund unbeabsichtigt nicht nur gezeigt, dass auf den Signalton ein Stromschlag folgte, sondern auch, dass er diesem Schlag nicht entkommen konnte, weil es für ihn in der Hängematte anders als in der Shuttlebox keine Möglichkeit dazu gab. Als der Hund also in der Shuttlebox weitere Signaltöne und Stromschläge erlebte, nahm er an, auch diesen könne er nicht entkommen – auch wenn das nicht zutraf. Der Hund hatte gelernt, dass er hilflos war – daher die Bezeichnung dieses Effekts als *erlernte Hilflosigkeit* –, und das konnte er, einmal gelernt, offenbar nicht mehr einfach vergessen.

Das Hilflosigkeitsexperiment ist seitdem vielfach wiederholt worden: mit Katzen, Fischen, Ratten, Affen und, für unsere Zwecke am bedeutsamsten, mit Menschen. Für die menschlichen Versuchsteilnehmer wurden Stromschläge und

Shuttlebox durch ein lautes Geräusch und ein Gerät ausgetauscht, mit dem man den Lärm durch eine kleine Fingerbewegung abschalten kann. Die Ergebnisse bleiben dieselben – Menschen, denen zuvor beigebracht wurde, dass sie keine Kontrolle haben, versuchen trotz des geringen benötigten Aufwands nicht, diese dennoch auszuüben, und ertragen stattdessen sanftmütig die Konsequenzen.

Versuchspersonen dagegen, die gelernt haben, dass sie die Kontrolle haben, zeigen bessere Leistungen, auch wenn sie sie nicht ausüben. Bei einem der berühmteren dieser Versuche fanden die Forscher heraus, dass die Teilnehmer in einer Reihe Aufgaben produktiver waren, wenn sie den Lärm, der in den Raum eingespielt wurde, in dem sie sich befanden, abschalten konnten, auch wenn sie von der Möglichkeit, ihn abzuschalten, keinen Gebrauch machten.[17]

Sowohl die Hunde in der Shuttlebox als auch die menschlichen Versuchsteilnehmer, die dem lauten Geräusch ausgesetzt waren, konnten in der Realität dem Schmerz, den sie erlebten, entgehen: Der Unterschied bestand darin, dass die Hunde glaubten, sie könnten es nicht, während die Menschen wussten, dass sie es konnten. Die große Belastung für den Hund besteht also nicht in der *Tatsache* der Unentrinnbarkeit, sondern in seinem *Glauben* daran; und was dem Menschen bessere Leistungen ermöglichte, war nicht die *Tatsache*, dass er den belastenden Reiz kontrollieren konnte, sondern sein

*Wissen* um diese Tatsache. Es kommt also darauf an, *wie* man etwas wahrnimmt.*

Martin Seligman, einer der beiden Leiter des ursprünglichen Versuchs (und identisch mit dem Martin Seligman, dem wir schon einige Seiten weiter oben begegnet sind), fasst die erlernte Hilflosigkeit so zusammen:

> *Erlebt ein Organismus ein Trauma, das er nicht kontrollieren kann, schwindet seine Motivation, auf folgende Traumata zu reagieren. Selbst wenn er reagiert und diese Reaktion den traumatisierenden Reiz beendet, hat er Schwierigkeiten, zu lernen, wahrzunehmen und zu akzeptieren, dass seine Reaktion die Ursache war. Auch sein emotionales Gleichgewicht wird gestört: Verschiedene Indikatoren zeigen das Vorherrschen von Depression und Angstgefühlen.*[18]

Auf die Gefahr hin, melodramatisch zu klingen: Als »traumatisch« beschrieben auch die Betroffenen, die ich zum Wandel

---

* Spätere Untersuchungen Maiers und Seligmans zum *neuronalen* Mechanismus dieses Phänomens haben übrigens gezeigt, dass er anscheinend andersherum wirkt. Die unbeeinflusste Reaktion auf ein negatives Erlebnis ist demnach passives Erdulden; was der Organismus erlernt, ist vielmehr, ob er die Fähigkeit hat, etwas daran zu ändern. Seligman und Maier schreiben: »*nichts im Gehirn wird durch Kontrollverlust selektiv eingeschaltet, das Wissen um eine Kontrollmöglichkeit schaltet nur etwas ab*« (Hervorhebung des Autors) Das Ergebnis ist äußerlich jedoch in beiden Fällen das gleiche: Wenn wir ein Entkommen aus einer unangenehmen Situation für unmöglich halten, versuchen wir es auch gar nicht erst. Seligman und Maier schließen daraus, dass Organismen sowohl psychisch wie neuronal »für die Dimension der Kontrolle empfänglich sind und dass diese Dimension entscheidend ist«. Siehe Maier und Seligman, »Learned Helplessness at Fifty«, 360.

am Arbeitsplatz befragte, vielfach ihre Erfahrungen, und in keinem ihrer Berichte ist viel von der Möglichkeit die Rede, ihn zu kontrollieren. Es ist nicht nur schwierig, Sicherheitssignale für die Mitarbeiter zu schaffen, wenn ihr Arbeitgeber Veränderungen durchführt, sondern auch, ihnen das Gefühl zu geben, sie hätten die Dinge in der Hand, wenn alle Indizien dagegensprechen. Die Umstände solcher Umwälzungen steigern vielmehr das Gefühl der Machtlosigkeit bei den Betroffenen, anstatt es zu verringern. Entscheidungen werden von oben aufgezwungen – die neue Hierarchie oder Unternehmensstrategie wird als fertiges Produkt verkündet –, und kaum jemals erfahren die Betroffenen, dass über etwas beraten wird, bevor sie das Ergebnis dieser Beratungen und inwiefern es sie betrifft mitgeteilt bekommen. Wenn die Chefs bei Mitarbeiterversammlungen auftreten oder in die einzelnen Abteilungen kommen, um »zuzuhören«, geht es hauptsächlich darum, die Befürchtungen und Ängste der Betroffenen zu zerstreuen – sie werden nicht in die Beratungen miteinbezogen, wie der Wandel aussehen soll, sondern sollen nur über ihre Fragen und Einwände hinwegkommen. So gut wie nie resultieren die Lokaltermine, Feedback-Versammlungen und Fragestunden in der Erkenntnis der Chefs, dass diese ganze Aufmischerei keine gute Sache ist und man doch besser alles so lässt, wie es war, und nicht mehr darüber redet. Der Beitrag der Mitarbeiter wird als Instrument eingesetzt, um den Wandel voranzutreiben, und nicht, um die Mitwirkung der Mitarbeiter an der Gestaltung des Wandels in mehr als nur oberflächlicher Weise widerzuspiegeln.

Die lästige Erscheinung, dass Menschen, die keine Kontrolle über etwas haben, einfach aufgeben, ist wohl ein Grund für den großen Verkaufserfolg von Spencer Johnsons *Die Mäusestrategie für Manager* von 1998, einer Parabel über Mäuse mit eingebautem Ratgeber für Unternehmer, die bei Managern sehr beliebt war.[19] Das Buch erzählt auf wenigen Dutzend fröhlichen Seiten die Geschichte zweier Mäuse und zweier »Zwergenmenschen«, die in einem Irrgarten wohnen und deren Nahrungs-, Glücks- und Lebensquell – Käse – eines Tages plötzlich verschwunden ist. Einer der Zwergenmenschen namens »Grübel« ärgert sich so darüber, dass er in Untätigkeit verfällt. »Knobel«, der andere, zieht seine Laufschuhe an und sprintet los, um neuen Käse zu suchen. Unterwegs schreibt er aufbauende Sprüche an die Wände des Irrgartens, in der Hoffnung, dass Grübel sie eines Tages findet und aus ihnen neuen Mut schöpft: »Wenn du aufhörst, Angst zu haben, fühlst du dich gut!«; »Je schneller du den alten Käse fahren lässt, desto schneller findest du neuen Käse.« Weil Knobel sich dem plötzlichen und willkürlichen Entzug seines Käses rasch anpassen kann, findet er neuen Käse und kann mit seinem Leben weitermachen.

Die grundlegende Botschaft des Buchs lautet, dass es die Aufgabe der Zwergenmenschen sei, den Wandel hinzunehmen, der ihnen von oben aufgezwungen wird – ihre Unsicherheit und ihre offensichtliche Machtlosigkeit zu überwinden und sich fröhlich auf die Suche nach etwas Neuem zu machen. Dadurch würde gelöst, was vielen Managern der damaligen Zeit – nach den Absatzzahlen des Buchs zu urteilen – als das größte Problem des Wandels erschienen sein muss, nämlich, dass die Betroffenen ihn ablehnten und sich sehr überwinden mussten, ihn anzunehmen.* Das Buch wurde berühmt dafür,

* Gleichzeitig ist das ein Beispiel für die Erscheinung des sogenannten »Wandelwiderstands« (*change resistance*).

dass Manager es an die Mitarbeiter verteilten, deren Leben sie soeben mit Massenentlassungen oder einem Umbau des Unternehmens auf den Kopf gestellt hatten.

Nun gibt es eine reale Fassung von *Die Mäusestrategie für Manager*, mit Ratten statt Mäusen und Menschen im Irrgarten und ohne die fröhlichen Sprüche, in jeder anderen Hinsicht aber ziemlich identisch. Die Forscher brachten den Ratten zunächst bei, wo sie in ihrem Irrgarten Futter finden würden, und entfernten es dann – und dieser Futterentzug war, wie schon aus früheren Experimenten bekannt (und auch nicht weiter überraschend), eine frustrierende Erfahrung für die Ratten. Allerdings hatten diese eine Möglichkeit, ihrer Frustration zu entrinnen, indem sie aus dem Teil des Irrgartens heraussprangen, in dem sich ursprünglich das Futter befunden hatte. Versuchsratten, die zuvor Elektroschocks ausgesetzt gewesen waren, denen sie entkommen konnten (wie in den zuvor geschilderten Versuchen), fanden diesen Ausweg leicht, während die anderen Ratten, die gelernt hatten, dass sie den Stromschlägen nicht entrinnen konnten, auch hier passiv blieben und nicht zu fliehen versuchten. Erlernte Hilflosigkeit gegenüber Stromschlägen machte sie also auch hilflos gegenüber Frustration.[20]

In der Realität war die Hilflosigkeit der Ratten also kein Ergebnis einer Unfähigkeit, ihre Denkweise den neuen Gegebenheiten anzupassen, beziehungsweise, wie es in *Die Mäusestrategie* ausgedrückt wird: »Wenn du dich nicht veränderst, stirbst du aus«.[21] Sie entsprang vielmehr daraus, wie diese Ratten zuvor behandelt worden waren, und aus ihrer Erfahrung, dass sie die Umgebung nicht kontrollieren konnten. In der Realität sollte man daher vielleicht den Betroffenen nicht predigen, als Reaktion auf ihren schwindenden Handlungsspielraum ihre Denkweise anzupassen, sondern lieber dafür sorgen, dass sie diesen Handlungsspielraum behalten. Keine Jubelpostille aus der Chefetage kann die Auswirkungen ständiger Beschneidung unserer Handlungsfreiheit ausgleichen.

Es geht hier auch nicht bloß darum, wie sich die Betroffenen fühlen oder wie sie handeln. Kontrollverlust hat auch körperliche Folgeerscheinungen und sie sind keine Kleinigkeit. Jeffrey Pfeffer führt Belege dafür an, dass unter den verschiedenen Übeln, denen wir bei der Arbeit ausgesetzt sind, mangelnde Handlungsfreiheit noch schlimmere Auswirkungen als das Passivrauchen hat, was körperliche und geistige Gesundheit, Krankheitsanfälligkeit und Sterblichkeit angeht, und dass sie stärker mit Herzkrankheiten korreliert, als wenn man selbst raucht.[22] Rein sachlich gesprochen sollte es uns lieber sein, wenn unser Arbeitgeber Zigarettenrauch durch die Klimaanlage in die Büros bläst, als dass er uns das Mitspracherecht bei der Gestaltung des Arbeitsplatzes entzieht.* Diese und andere gesundheitsschädigende Wirkungen entstehen im Gefolge von Veränderungen in den endokrinen Drüsen wegen des Kontrollverlusts – unter anderem durch verstärkte Ausschüttung der Hormone Adrenalin (das zu Bluthochdruck und Herzleiden führt) und Cortisol (das die Verarbeitung von Cholesterin und anderen Fetten durch den Stoffwechsel sowie die Regulierung des Blutdrucks behindert).[23] Kontrollverlust schädigt außerdem das Immunsys-

* Alle Mikromanager, aufgepasst!

tem[24] und erhöht laut einer erschreckenden Studie aus Wisconsin sogar die Sterblichkeit.[25]

Nicht viele Betroffene, mit denen ich über Wandel am Arbeitsplatz sprach, erzählten positive Geschichten. Eine dieser wenigen behandelte die Abtrennung eines Unternehmensteils, der an einen Hedgefonds verkauft wurde. Dessen Inhaber versicherten, man wolle das Unternehmen weitgehend in Ruhe lassen und sich auf die vierteljährlichen Vorstandssitzungen und die regelmäßigen Rücksprachen mit dem CEO beschränken; die Mitarbeiter würden kaum etwas von den neuen Eignern bemerken. So kam es dann auch, und in der Folge fühlten die Mitarbeiter ihre Eigenständigkeit sogar gestärkt, mit positiven Ergebnissen. »Wir konnten expandieren«, erzählte mir Amy. »Wir bauten eine neue Produktionsstätte und vergrößerten eine bestehende. Sie sagten, wir könnten selbst entscheiden, was wir tun wollten, und auch den Zeitplan selbst bestimmen – der Plan kam von uns selbst. Wir hatten freie Hand. Ich fand das richtig gut.«

Kontrolle über die Umwelt zu haben, ist für den Einzelnen wie die Gemeinschaft ein wichtiger positiver Anreiz. In diesem Fall erlebten Amy und ihre Kollegen, dass sie größeren Handlungsspielraum hatten, und wurden dadurch motiviert, das neue Unternehmen zum Erfolg zu führen – weil sie merkten, *dass ihre Bemühungen wirklich etwas bewegten*. Und weil viele Mitarbeiter so dachten, wurde ihr Gefühl gesteigerter Handlungsfreiheit bei jeder Gelegenheit von den anderen verstärkt, eine Art selbstverstärkender Rückkopplung des selbstbestimmten Handelns – das genaue Gegenteil von Hilflosigkeit.

Natürlich bedeutet der Eintritt in ein Unternehmen zwangsläufig, dass man einen Teil seiner Handlungsfreiheit aufgibt – wenn in einem Unternehmen alle tun und lassen können, was sie wollen, ist es kein Unternehmen mehr. Aber alle vorliegenden Daten zeigen, dass es zwischen dieser freiwilligen teilweisen Unterordnung einerseits und dem zwangsweisen totalen Entzug aller Handlungsfreiheit andererseits einen Spielraum gibt, in dem Motivation, Zusammenarbeit und Gesundheit zu finden sind.

## *Das Problem mit der Bindungslosigkeit*

Im antiken Stadtstaat Athen wurden die Bürger einmal jährlich befragt, ob es jemanden gebe, den sie für eine Bedrohung ihrer Demokratie hielten. Stimmten sie mehrheitlich mit Ja, folgte eine zweite Abstimmung, in der bestimmt wurde, wer zu bestrafen sei, und dabei kratzte jeder Bürger* den Namen dessen, den er für eine Bedrohung hielt, auf eine Tonscherbe (griechisch *ostrakon*); daher kommt die Bezeichnung dieses Verfahrens als Ostrakismos oder Scherbengericht. Die Tonscherben wurden gesammelt und gezählt, und wer die meisten Stimmen erhielt, musste Athen auf zehn Jahre verlassen und ins Exil gehen. Eine solche reale Vertreibung aus der Gemeinschaft als Strafe wird heute nur noch selten praktiziert, aber sozialer Ausschluss ist so gebräuchlich wie eh und je und heißt

* Nur »Bürger«, keine »Bürgerinnen« – Frauen hatten kein Bürgerrecht.

im Englischen auch heute noch so wie damals in Athen: *ostracism*.

Um dieses moderne Scherbengericht experimentell zu untersuchen, schicken wir aber niemanden mehr ins Exil, sondern bedienen uns eines Computerspiels namens *Cyberball* (mich erinnert der Name immer an das gleichnamige, kultige Videospiel von 1988). Die Regeln sind einfach – nach dem Einloggen sieht man sich zwei oder drei Avataren von Mitspielern gegenüber und fängt an, ihnen Bälle zuzuwerfen und zugeworfene Bälle zu fangen. Wenn man den Ball fängt, kann man entscheiden, welchem der Mitspieler man ihn zuwirft. Der Haken ist, dass man schon nach kurzer Zeit keine Bälle mehr zugeworfen bekommt, und irgendwann geht einem auf, dass man aus dem Spiel ausgeschlossen worden ist. Weiter geht einem vielleicht dann auch auf, dass man an einem psychologischen Experiment teilnimmt: Die Mitspieler sind nicht real, sondern vom Computer simuliert, und die verschiedenen Tests und Fragen, die man vor und nach dem Spiel absolviert, sollen feststellen, wie man auf diesen Ausschluss aus der Gemeinschaft reagiert.*

In einer Metastudie (also einer Studie über andere Studien) von 120 solcher Cyberball-Experimente untersuchte ein Forscherteam, wie verstörend genau dieses Gefühl des Ausgeschlossenseins wirkte. Es war bereits bekannt, dass es, wie sie schrieben, »eine Wirkung auf den Menschen hat, ausgeschlossen zu werden – sowohl auf ihre psychische Funktionsfähig-

* Wenn Sie genau aufgepasst haben, wird Ihnen auffallen, dass man beim athenischen Scherbengericht den Ausschluss ausdrücklich mitgeteilt bekam, während man ihn in *Cyberball* selbst bemerken muss.

keit (beispielsweise eine Stimmungsverschlechterung) wie auf bestimmte Verhaltensweisen gegenüber anderen (beispielsweise gesteigertes Misstrauen oder aggressives Verhalten)«.[26] Die Frage war nun, wie groß dieser Effekt ausfiel. Weil die zugrunde gelegten Einzelstudien die Auswirkungen eines Ausschlusses aus der Gemeinschaft auf verschiedene Weise gemessen hatten – manche mit physiologischen Reaktionen wie einer Veränderung der Körpertemperatur oder des elektrischen Hautwiderstands, andere mit psychischen Reaktionen wie Veränderungen der Selbstsicherheit oder der Verärgerung, und wieder andere registrierten eine Veränderung von Verhaltensweisen, zum Beispiel der Bereitschaft zu spenden oder anderen zu helfen –, verallgemeinerten die Forscher die Ergebnisse, indem sie jeweils die Standardabweichung vom Normalwert feststellten.[27] Das sagte ihnen, wie *ungewöhnlich* der jeweilige Wert war. Sie fanden heraus, dass die unmittelbare Auswirkung eines Ausschlusses aus der Gemeinschaft, die genau in dem Augenblick eintritt, in dem man ihn bemerkt, eine negative Abweichung von 1,36 gegenüber dem Standardwert für die jeweilige Messgröße war, die nach Abklingen des unmittelbaren Erkenntnisschocks immer noch 0,73 gegenüber dem Vergleichswert betrug, wie er am Anfang des Experiments festgestellt worden war.[28] Um es statistikfrei auszudrücken: Eine Standardabweichung von 1,36 entspricht zum Beispiel bei einem erwachsenen Briten einem Gewichtsverlust von 15 Kilo[29], eine bedeutende Veränderung also.

Die Psychologen Roy Baumeister und Mark Leary trugen in einem bahnbrechenden Aufsatz von 1995 eine Fülle von Belegen dafür zusammen, was sie den »universellen menschlichen Drang nach einem Minimum an dauerhaften, positiven und wichtigen persönlichen Beziehungen« nennen.[30] Sie schildern außerdem einige der negativen Wirkungen, die eintreten, wenn dieses Bedürfnis unerfüllt bleibt oder bestehende soziale Bindungen zerrissen werden – ein Beispiel dafür ist natürlich, wenn man aus einer Gemeinschaft ausgeschlossen wird wie nach dem Scherbengericht, aber viele andere Beispiele sind typische Begleiterscheinungen von Umwälzungen am Arbeitsplatz. Und sie prägen einen Namen für diesen Komplex zusammengehöriger Forschungsergebnisse: die *Zugehörigkeitshypothese* (*Belongingness Hypothesis*). Weil das Gefühl »dazuzugehören« für die menschliche Gesundheit so wichtig ist und weil die menschlichen Bindungen, aus denen diese Zugehörigkeit besteht, durch organisatorische Veränderungen am Arbeitsplatz so oft zerstört werden – zum Beispiel, wenn Teams auseinandergerissen oder ganze Firmen neustrukturiert werden – und weil die negativen Auswirkungen dieser Veränderungen den Verantwortlichen oft völlig entgehen, wollen wir uns die Zugehörigkeitshypothese hier einmal genauer anschauen.

Baumeister und Leary zeigen, dass das Bedürfnis nach Zugehörigkeit zwei Bestandteile hat: Wir brauchen erstens *häufige und angenehme* und zweitens *stabile und dauerhafte* Interaktionen mit anderen Menschen. Die Autoren drücken es so aus: »Der Mensch braucht die Gewissheit einer zwischenmenschlichen Bindung, die sich durch Stabilität, emotionale Teilnahme und Andauer in der vorhersehbaren Zukunft auszeichnet.«[31] Sie begründen diese untrennbaren Bedürfnisse mit unserer Entwicklungsgeschichte als Spezies: Persönliche Beziehungen mit nur einem dieser Merkmale (Häufigkeit der Interaktion oder Stabilität) hätten einen geringeren Überlebenswert, sodass man erwarten kann, die Evolution fördere die Entwicklung von Beziehungen mit beiden Merkmalen.

Baumeister und Leary erklären, der Mensch sei von Natur aus und ununterdrückbar ein soziales Wesen, das zur Gruppenbildung neigt – Kleingruppen, die durch persönliche Interaktion von Angesicht zu Angesicht geprägt sind, gibt es schon, seit es überhaupt Menschen auf der Welt gibt. Unsere Gruppen sind uns enorm wichtig, und wenn ihre Zerschlagung droht, reagieren wir mit Stress. Das Ende einer Beziehung berührt uns schmerzlich, und wenn wir damit konfrontiert werden, dass eine Gruppe auseinandergeht, der wir angehören, selbst eine, die von Anfang an ausdrücklich nur vorübergehend zusammengehörte (ein Projektteam oder eine Trainingsgruppe zum Beispiel), geben wir uns viel Mühe, einander zu überzeugen, dass die Gruppe irgendwie weiter bestehen wird. Wir versprechen einander, in Kontakt zu bleiben und demnächst ein Ehemaligentreffen abzuhalten, und wir tauschen unsere Kontaktdaten aus (in diesem Licht betrachtet zeugt ein Großteil der Nachrichten auf LinkedIn für die Macht unserer Gruppen und unseren Wunsch, an Beziehungen für immer festzuhalten). Mehr noch, wir handeln genauso, wenn die Beziehung oder Gruppe, die zu Ende geht, keinen praktischen Nutzen für uns hatte und rein sozial war. Wir sind also traurig, wenn wir uns von unseren Nachbarn oder dem Kollegen am Schreibtisch nebenan verabschieden müssen.

Kognitivpsychologisch gesehen sind unsere sozialen Gruppen ein Objektiv, durch das wir die Welt erkennen und verstehen. Alle, die nicht zur Gruppe gehören, sehen wir vereinfacht, alle Gruppenangehörigen dagegen als komplexere Persönlichkeiten. Innerhalb der Gruppe ordnen wir gerne jedem

Angehörigen einige Sachgebiete zu, in denen er sich unserer Meinung nach gut auskennt, und verlassen uns dann darin auf dessen Fachwissen. Das zeigt sich zum Beispiel bei Ehepaaren, wenn die beiden Partner jeweils unwillkürlich bestimmte Aufgaben übernehmen, weil sich mit der Zeit herausgestellt hat, dass sie zu »ihrem Bereich« gehören. Wenn das richtig gemacht wird – wenn die Aufgabenverteilung innerhalb einer Gruppe auf Befähigung oder Begeisterung beruht und nicht etwa auf Dienstalter oder Klischeevorstellungen –, ist es ein entscheidender Beitrag zur Leistungssteigerung: Die effektivsten Teams sind meist diejenigen, in denen jedes Mitglied das Gefühl hat, es kann das, was es am besten kann, sehr häufig tun. Arbeitsgruppen geben uns nicht nur Unterstützung bei allem, worin der Einzelne *nicht* gut ist, sondern bieten ihm auch eine Bühne, um das, *worin* er gut ist, vorzuführen. Solche Gruppen sind entscheidend für die erfolgreiche Durchführung von Aufgaben – eine Optimierungsmaschine für unsere Fähigkeiten.

Selbst unsere Ideale formulieren wir in sozialen Begriffen. Wer sich die ewige Seligkeit vorstellt – wer sich also ein Bild vom Jenseits machen will –, bevölkert sie meist unwillkürlich mit den Familienangehörigen und Verwandten, mit anderen Gläubigen und mit einer Gottheit, die liebevoll über die versammelten Massen wacht.[32] Der Himmel, das sind andere Menschen!

Die Folgen fehlender Zugehörigkeit dagegen umfassen Stress, erhöhte Sterblichkeit, Immunschwäche, größere Wahrscheinlichkeit für eine Einweisung in die Psychiatrie, höhere Straffälligkeitsrate, größere Neigung zu Mitgliedschaft in problematischen Gruppen wie Gangs und Sekten und (wie nicht anders zu erwarten nach dieser Aufzählung) vermindertes Glücksgefühl.

Unsere Einsamkeit – so sollte man einen Mangel an Zugehörigkeitsgefühl nämlich bezeichnen – kommt vielleicht daher, dass uns ein guter Freund fehlt, was dazu führt, dass unsere Arbeitsmoral angesichts alltäglicher Probleme wie eines verärgerten Kunden oder einer unmöglich einzuhaltenden Deadline ins Wanken gerät. Die Erscheinung der sogenannten »Arbeitsehe«, der vertrauensvollen Freundschaft mit einem Kollegen, ist ein Zeichen für diese durch freundschaftliche Zusammenarbeit gesteigerte Widerstandskraft, ebenso wie das aus einem Unternehmen belegte Forschungsergebnis, dass sich ein Burn-out bei einem Mitarbeiter am besten nicht aus schlechter Bezahlung, ausbleibender Beförderung und nicht einmal aus mangelnden Aufstiegsmöglichkeiten voraussagen ließ, sondern daraus, ob der unmittelbare Teamleiter des Betreffenden in den vorangegangenen zwei Jahren gewechselt hatte.

Einsamkeit kann auch das Ergebnis der Zerstörung unserer sozialen Bindungen sein, die uns aus der Bahn wirft. Studien an Schülern nach einem Schulwechsel legen nahe, dass Schüler, die von einer Schule an eine andere wechseln, besonders innerhalb des laufenden Schuljahrs, etwa drei Monate Lese- und Mathematikkenntnisse verlieren, weil sie ihr soziales Gewebe zerreißen und neu aufbauen müssen.[33] Eine Studie aus Chicago ergab, dass Schüler, die bis zur 6. Klasse viermal oder öfter die Schule gewechselt hatten, bis zu einem Jahr hinter ihren Klassenkameraden zurückgeblieben waren.[34]

Woher auch immer Einsamkeit kommt und was sie verursacht – Einsamkeit und ihren Preis versteht man am besten nicht aus dem Mangel an Sozialkontakten an sich, sondern als Fehlen einer *bestimmten Art* stabiler und dauerhafter Beziehungen. Ob man sich einsam fühlt oder nicht, hängt nicht davon ab, wie viel Zeit man in Gesellschaft anderer Menschen verbringt, sondern davon, ob einem die Art angenehmer, dauerhafter und stabiler Beziehungen fehlt, die ein Zugehörigkeitsgefühl herstellen. Man kann, wie viele Leser vermutlich aus eigener Erfahrung wissen, auch in einem überfüllten Raum alleine sein.

Oder in einer überfüllten Firma. Eine Beraterin, die Manager coacht und die ich interviewte, erzählte mir, dass Manager – die man sich doch in ständigem Sozialkontakt mit anderen und im Mittelpunkt der Aufmerksamkeit vorstellt – sich bei ihrer Arbeit oft besonders einsam fühlen und das den ständig wechselnden Menschen um sie herum und dem Zwang zuschreiben, immer gut gelaunt und positiv zu wirken, der ihre Authentizität beeinträchtige. Beides zusammen erschwert die Bildung und Aufrechterhaltung verlässlicher, vertrauensvoller Sozialbeziehungen stark. Zwar gab es diese Erscheinung des »Ganz oben ist es am einsamsten« schon vor der Covid-19-Epidemie, aber die jahrelangen Verbote und Einschränkungen persönlicher Kontakte und Reisen sowie das Aufkommen der massenhaften Heimarbeit haben sie in noch nicht ausreichend erforschter Weise verschärft.

Das alles will besagen, dass Zugehörigkeit ein für die menschliche Gesundheit ungeheuer wichtiges Gefühl ist – sie steht in engem Zusammenhang mit unserem Denken, Fühlen, Verhalten und Wohlbefinden. Wir brauchen sie ständig und verlieren sie nur sehr ungerne. Wenn sie uns irgendwo verweigert wird, suchen wir sie woanders. Und wir können dieses Bedürfnis nicht einfach abschalten, so sehr das auch die Umbesetzungen bei Teams und ihren Leitern erschwert.

Unser Bedürfnis dazuzugehören ist ein grundlegender und unauslöschlicher Teil unseres Wesens.

Das hat dazu geführt, dass der Mensch bemerkenswert gut im Knüpfen von immer mehr sozialen Bindungen geworden ist. Der Anthropologe Robin Dunbar macht einen faszinierenden (und sehr reizvollen) Mechanismus für dieses Schmieden von Zugehörigkeitsbindungen aus: In einem Aufsatz von 2004 beschreibt er Klatsch und Tratsch als wichtiges Mittel für das Zustandekommen sozialer Bindungen mit anderen Menschen. Seine Argumentation lautet, dass es in der gesamten Evolutionsgeschichte der Primaten schon immer von Vorteil war, Gruppen zu bilden, um sich gegen Raubtiere zu verteidigen; und je größer die Gruppe, desto besser. Eine große Gruppe hat jedoch auch wieder ihre Nachteile, hauptsächlich die Notwendigkeit, eine große Anzahl sozialer Bindungen zu pflegen, um Ordnung und Zusammenhalt der Gruppe aufrechtzuerhalten. Die verbreitetste Methode unter unseren nächsten Verwandten im Tierreich, den nichtmenschlichen Verwandten, besteht in der gegenseitigen Fellpflege – aber man kann eben jeden Tag nur eine begrenzte Anzahl Cousins, Lieblingstanten und Geschwister auf Läuse absuchen, wenn man auch noch Zeit braucht, um sein Futter zu suchen. Die Einschränkungen, die der gegenseitigen Fellpflege inhärent sind (man kann sie nur jeweils einem Einzelnen und nur persönlich zukommen lassen) beschränken ihrerseits die Höchstgröße von Primatengruppen. Die Evolution brauchte also eine effektivere Methode zur Schaffung und Pflege der Bindungen zwischen Gruppenmitgliedern, um immer größere Gruppen bilden zu können, die immer besseren Schutz vor Raubtierangriffen gewährten. Die Lösung, die sie fand, war die Sprache. Konnte ich als Primat zuvor nur jeweils einem Mitprimaten das Fell pflegen, so konnte ich als *sprachbegabter* Primat mit mehreren gleichzeitig sprechen – Sprachgebrauch ist, wie man im Geschäftsdeutsch sagt, ausbaufähig. Daraus, dass die Sprache für uns diese Rolle eines sozialen Bindemittels übernimmt, folgt auch, dass der Gegenstand unserer Gespräche miteinander eine Rolle für die Stärke unserer sozialen Bindungen hat. Und worüber sprechen wir? Meistens nicht darüber, wie man den Toaster repariert oder wie man am besten von Aberystwyth nach Betws-y-Coed fährt – mit anderen Worten, über praktische oder fachliche Belange. Vielmehr sind zwei Drittel unserer Gespräche sozialer Natur – wir reden darüber, was wir von Ereignissen halten, was jemandem passiert ist und was jemand anders angestellt hat. Mit anderen Worten: Wir tratschen.

Das ist, wie noch einmal betont sei, kein eitler Zeitvertreib, sondern wichtig für unser Wesen als Mensch und den Zusammenhalt unserer Gesellschaften. Dunbar schreibt: »Klatsch und Tratsch, im weiteren Sinn des Gesprächs über soziale und persönliche Themen, sind eine grundlegende Voraussetzung des Menschseins. Könnten wir nicht über diese Themen sprechen, wären wir auch nicht fähig, die bestehende Gesellschaft aufrechtzuerhalten.«[35] Klatsch und Tratsch haben über ihre Hauptfunktion als Bindemittel für soziale Beziehungen und damit ihren Beitrag zu unserem Zugehörigkeitsgefühl noch andere Funktionen. Dunbar vermutet, dass sie auch dazu dienen, Trittbrettfahrer in der Gesellschaft auszumachen – Mitglieder, die keinen Beitrag zur Gruppe leisten –, während andere Forscher eine zentrale Rolle beim Erlernen erwünschter Verhaltensweisen und Normen vermuten. Interessanterweise tratschen wir nicht nur über schlechte Nachrichten, sondern etwa ein Drittel der so ausgetauschten Berichte besteht aus Beispielen für positives Verhalten, und diese Beispiele wiederum dienen dazu, Einvernehmen darüber zu schaffen, »was hier üblich ist«.[36]

Weil ich Ihnen und Ihren Freunden erzählen kann, was ein Dritter mir darüber erzählt, was er über diesen Jemand gehört hat, den wir alle kennen, ist Tratsch nicht nur ausbaufähig, sondern *exponenziell* ausbaufähig: Er kann nicht nur mehr als einer Person gleichzeitig erzählt werden, sondern dies muss nicht einmal von Angesicht zu Angesicht geschehen. Mit Klatsch und Tratsch kann man also wirklich große Gruppen versammeln, und das wiederum hat die Entwicklung des menschlichen Gehirns beeinflusst. Dunbar meint: »Die kognitiven Anforderungen des Tratschens sind der wahre Grund, warum der Mensch ein so großes Gehirn entwickelt hat.«[37]

Was unser Gruppenverhalten angeht, haben wir Menschen seitdem nie einen anderen Weg eingeschlagen. Aus Dörfern werden Städte, aus Städten Metropolen, die sich zu Staaten, zu Ländern, zu ganzen Kontinenten verbinden, und denen allen wir uns in gewisser Weise verbunden fühlen. Aber auch diese sehr großen Gruppen sind weiterhin auf unser Bedürfnis nach sozialen Bindungen und menschlichen Beziehungen im kleinen, vertrauten Rahmen gegründet. Genauer müsste man also sagen, dass wir nicht wirklich gelernt haben, große Gruppen zu bilden, auch wenn es oberflächlich so aussieht, sondern vielmehr Gruppen zu bilden, die aus kleineren Gruppen bestehen, und aus diesen kleineren Gruppen wiederum noch kleinere Gruppen von Gruppen von Gruppen. Das ist die wahre Geschichte des Dazugehörens – wie immer es nach außen wirken mag, es ist immer lokal. Unsere Gruppen, die aus Gruppen bestehen, sind durch Sprache, durch Klatsch und Tratsch und durch die kulturellen Normen miteinander verbunden, die mit diesen Techniken übertragen werden, aber dennoch können wir erst dann zur größeren Versammlung gehören, wenn wir einer der kleineren angehören, aus denen sie besteht. Der irische Staatsmann und Philosoph Edmund Burke wusste das schon 1790, als er schrieb: »Die kleine Gemeinschaft zu lieben, der wir innerhalb der Gesellschaft angehören, ist der erste Grundsatz (der Keim sozusagen) allen gesellschaftlichen Engagements.«[38]

Aber am Arbeitsplatz verstehen wir das alle völlig falsch. Irgendwie scheinen wir zu dem Schluss gekommen zu sein, dass in einem Unternehmen, das Tausende Angestellte beschäftigt, diese Angestellten einander allesamt kennen und bereits soziale Bindungen miteinander eingegangen seien und man sie daher ohne große Verluste beliebig innerhalb des Unternehmens versetzen kann, sodass man Teams und Abteilungen reibungslos ständig auflösen und neu formieren kann. Im Prinzip verstehen wir zwar, wie wichtig das Zugehörigkeitsgefühl ist, aber wir legen den falschen Größenmaßstab an. Wir sprechen davon, einer Firma oder einem Unternehmen anzugehören – obwohl die Forschung zeigt, dass Zugehörigkeit etwas anderes bedeutet –, und übersehen dabei, wie wichtig die Zugehörigkeit zu einer kleinen, lokalen Gruppe eng miteinander verbundener Mitglieder ist. (Das ist einer der vielen Gründe dafür, warum gut zusammenarbeitende Teams so wichtig für ein gutes Betriebsklima sind, warum der Festivaltag für das gesamte Unternehmen, der die kollektive Zugehörigkeit stärken soll, ohne sich an die Kleingruppen zu richten, sich in seinem Bemühen, die Motivation der Mitarbeiter zu heben, so merkwürdig gezwungen ausnimmt und warum es einem eine so viel größere innere Befriedigung gewährt, mit den befreundeten Kollegen erstmal einen trinken zu gehen, wenn eine große Umwälzung verkündet wird.) Den Sinn der gemeinsam im Büro verbrachten Zeit sehen wir in Zusammenarbeit und Innovation, während ihre wichtigste Funktion in Wirklichkeit der Aufbau menschlicher Bindungen ist, was zu einem großen Teil durch die nette und vergnügliche subversive Tätigkeit des Klatschens und Tratschens geschieht. Und weil wir nicht verstehen, wie wichtig kleine Gruppen und stabile Beziehungen für unser Zugehörigkeitsgefühl sind, zögern wir nicht, sie auseinanderzureißen, ihre Teamchefs auszuwechseln oder Mitglieder abzuziehen und hinzuzufügen, als ob die maßlosen Forderungen der Aufmischer auf einen Schlag die tiefen und langlebigen Bedürfnisse unserer Spezies nach Leben, Liebe und Gedeihen in Gemeinschaft mit anderen Menschen auslöschen könnten.

## *Das Problem mit der Heimatlosigkeit*

Im Mai 1862, etwas mehr als ein Jahr nach Beginn des amerikanischen Bürgerkriegs, machte sich das Büro des Surgeon General, des Obersten Stabsarztes der Unionsarmee, daran, die Qualität der Statistiken über Kranke und Verwundete zu verbessern, die bei ihm eingingen, um die medizinischen Versorgungs- und Betreuungsstandards zu optimieren. Dazu mussten sie zunächst die Kategorisierung der einzelnen Krankheiten, wie sie von den Feldärzten der verschiedenen Truppenteile berichtet wurden, standardisieren und vereinheitlichen.[39]

Das Büro probierte verschiedene Ansätze und entschied sich schließlich für eine Kategorisierung, die Dr. William Farr aus London entwickelt hatte und die das Spektrum der damals bekannten Krankheiten in verschiedene Klassen einteilte: zymotische, konstitutionelle und lokale Erkrankungen. Zymotische Krankheiten würden wir heute akute Infektionserkrankungen nennen, während konstitutionelle Krankheiten chronische Leiden wie Rheuma und Gicht umfassten. Unter den lokalen Krankheiten – nach *Schlaganfall* und *Kopfschmerz* und *Gehirnentzündung*, jenseits von *Epilepsie* und *Sonnenstich* und *Wahnsinn* und direkt vor *Neuralgie* und *Zahnschmerz* und *Lähmung* – fand sich der Name eines Leidens, das – wie sich einige Jahre später, nach beendetem Krieg und Einreichung und Auswertung aller Krankenstatistiken, herausstellen sollte – bei insgesamt 5537 Soldaten der Unionsarmee diagnostiziert wurde, von denen 74 daran starben.[40] Es hieß ganz einfach *nostalgia* – Heimweh.

Während die wissenschaftliche Erforschung des Zugehörigkeitsgefühls zeigt, wie sehr wir der Bindungen an andere Menschen bedürfen, befasst sich ein anderer Forschungszweig mit der Bindung an bestimmte Orte. Diese Forschungen mögen zwar weniger direkt für die Arbeitswelt relevant sein – unsere Arbeitsplätze sind ja nur eine Klasse von Orten, an denen wir unsere Zeit verbringen, Bürogebäude tendieren dazu, einander zu gleichen, und unser Arbeitgeber kann auch nicht so einfach bestimmen, in welcher Stadt wir wohnen und arbeiten, wie er die Zusammensetzung von Teams und die gestellten Aufgaben bestimmt –, aber es gibt dennoch einige lehrreiche Parallelen.

Zunächst einmal leiden wir genauso unter der Trennung von einem gewohnten Ort wie unter der Verletzung unseres Zugehörigkeitsgefühls zu anderen Menschen – und das ist die ursprüngliche Bedeutung der Bezeichnung *nostalgia.* Sie wurde im 17. Jahrhundert aus griechisch *nostos* »Heimkehr« und *algos* »Schmerz« geprägt, und so, als »Heimweh« im wörtlichen Sinn, ist sie hier auch gemeint – nicht als sanft melancholisches Sehnen nach der guten alten Zeit wie im entsprechenden Fremdwort *Nostalgie* des Deutschen, sondern als psychisches Leiden, das aus der Trennung von der Heimat entsteht. Zwar bedeutet *nostalgia* auch im Englischen heute eher *Nostalgie* als *Heimweh*, aber die Verbindung zwischen dem Menschen und seiner gewohnten Umwelt ist immer noch so stark wie damals.

Der beste Anhaltspunkt für die Stärke dieser Ortsbindung beim Menschen ist nicht die Größe der Gemeinschaft, die Kinderzahl seiner Familie oder die Einheitlichkeit des sozialen und wirtschaftlichen Status der Bewohner, sondern einfach die Dauer seines Aufenthalts dort (einschließlich seiner Vorfahren); die Zeit ist eine Dimension unserer Beziehung zu einem Ort, und zeitliche Stabilität bedeutet dem Menschen viel.[41] Daraus folgt auch, dass man umso mehr an einem Ort hängt, je länger man sich dort aufhält, und dass diejenigen, die sich am längsten an einem Ort (ob Wohnung oder Arbeitsplatz) aufgehalten haben, die Auswirkungen einer Trennung von diesem Ort am intensivsten erleben.

Unser Heimatgefühl ist eng mit den anderen Faktoren geistigen Wohlbefindens verflochten, die wir bereits kennengelernt haben. Auch hier ist Handlungsfreiheit wichtig: Orte, die einem gehören (und über die wir deshalb mehr Kontrolle haben), liegen einem eher am Herzen als bloß gemietete. Das Zugehörigkeitsgefühl, im Sinn eines verstärkten Gemeinschaftsgefühls, ist ein Maß für die Verbundenheit mit einem Ort. Auch das Sicherheitsgefühl ist wichtig, und damit spielt auch das Fehlen von Ungewissheit eine Rolle.

Eine mögliche Erklärung für diese Ergebnisse besteht darin, dass Menschen ihre Bindungen an Orte ähnlich bilden wie Bindungen an andere Menschen. Der Psychologe John Bowlby stellte Ende der 1960er-Jahre eine Theorie menschlicher Bindungen auf, die ein Konzept der Erforschung der Umwelt von einer sicheren Heimatbasis aus zugrunde legt. Er schrieb: »Wir alle sind, von der Wiege bis zur Bahre, dann am glücklichsten, wenn das Leben als eine Reihe langer oder kurzer Vorstöße von der sicheren Basis unserer Bindungsperson(en) aus organisiert ist.«[42] Forscher auf dem Gebiet der Ortsbindung postulieren entsprechend, unser Gefühl der Bindung an einen bestimmten Ort sei das Produkt der Sicherheit, die er gewährt, und der Entdeckungsmöglichkeiten von ihm aus. Kinder zum Beispiel hängen eher an Orten, an denen sie draußen spielen und anschließend in die Sicherheit ihres Zuhauses zurückkehren können; ihre Entdeckungsvorstöße unter solchen Bedingungen sind Zeichen einer gesunden Entwicklung und der Herausbildung eines Gefühls der Kontrolle und Selbstsicherheit.[43] Wichtig dabei ist, dass sowohl Sicherheit wie Gelegenheit zu Neuentdeckungen geboten werden – Letztere alleine (wie potenziell alles Aufmischen), ohne Stabilität, erzeugt keine Bindungen.

Diese Theorie würde jedenfalls das Forschungsergebnis erklären, dass wir uns am meisten an unser Zuhause gebunden fühlen, wenn wir in einem sicheren Wohnviertel in einer gefährlichen Großstadt wohnen. Hier besteht eine produktive Spannung, und das legt außerdem nahe, dass es, wenn das Wohnviertel einem Team entspricht und die Großstadt einer Firma, die beste aller möglichen Welten sein könnte, als Mitglied eines stabilen Teams in einem innovativen Unternehmen zu arbeiten.

Wie man angesichts dieser Ergebnisse schon vermuten wird, führt eine gesunde Beziehung zu unserem Wohnort zu beträchtlichen Nutzeffekten. Laut einer Studie waren Menschen mit starker Bindung an ihre Umwelt »insgesamt mit ihrem Leben zufriedener, hatten ein stärkeres Bindungssozialkapital und waren stärker im Wohnviertel verwurzelt, interessierten sich mehr für die Herkunft ihrer Familie, vertrauten anderen Menschen mehr und waren allgemein weniger egozentrisch.«[44] Um es klar zu sagen: Die Frage, ob hier Kausalität oder Korrelation vorliegt, ist schwer zu entscheiden – es könnte genauso gut sein, dass zum Beispiel eine starke Verwurzelung im Wohnviertel unser Heimatgefühl an einem bestimmten Ort schafft, wie dass diese Verwurzelung entsteht, weil wir uns an einem Ort heimisch fühlen und dort bleiben möchten. Aber in welche Richtung auch immer der Kausalitätspfeil zeigt – klar ist jedenfalls, dass es ein Bündel verschiedenartiger Bindungen zwischen Menschen und Orten gibt, die gewöhnlich zusammen auftreten und dem Menschen zugutekommen.

Aber erst, wenn wir nach der Wirkungsweise unserer Ortsbindung suchen und uns fragen, wie das eigentlich alles zustande kommt, erkennen wir vollständig, wie tief wir mit unserer Umwelt verflochten sind, wie diese Verflechtung sich auch am Arbeitsplatz zeigt, und wie ein Wandel im Unternehmen sie zerschneidet.

Wenn wir Menschen mit unserer Umwelt interagieren, dann oft so, wie wir eigentlich immer handeln: Wir gewöhnen uns Handlungsroutinen an. Im kleinsten Maßstab ermöglichen sie uns, Alltagshandlungen wie Zähneputzen oder Licht einschalten fast unbewusst zu erledigen, während wir unser bewusstes Denken gewichtigeren Dingen zuwenden.

Diese kleinen Routinen gruppieren sich oft zu größeren Verhaltensmustern. Denken Sie an die Morgenroutine, bevor man aus dem Haus geht, um zur Arbeit zu fahren: Diesen Ablauf kann man als eine Reihe kleinerer Routinen auffassen, die nacheinander in einer bestimmten Reihenfolge ablaufen. Erst kommt die Unterroutine des Zähneputzens, dann die des Hinuntergehens in die Küche, dann die des Kaffeekochens und so weiter. Diese kleineren Bewegungen im Raum sind auf ein gemeinsames Endziel hin miteinander verbunden, und das bedeutet, dass man einen Großteil der täglichen Aktivitäten ausführen kann, ohne groß darüber nachzudenken. Die Stabilität, für die solche Routinen sorgen, dient mit anderen Worten als eine Art Fundament für höhere Denkfunktionen.

Jetzt stellen Sie sich vor, Sie schweben frühmorgens über einer Großstadtstraße und schauen mehreren Dutzend Menschen zu, wie sie ihre Alltagsroutinen durchführen. Hier ein Text der Autorin und Aktivisten Jane Jacobs, in dem sie beschreibt, wie das an einem bestimmten Morgen in Greenwich Village, New York, Anfang der 1960er-Jahre aussah:

> *Der Abschnitt der Hudson Street, in dem ich wohne, ist Tag für Tag Schauplatz eines verwickelten Bürgersteigballetts. … Mr. Halpert schließt den Handkarren der*

> *Wäscherei von seinem Ankerplatz an einer Kellertür los, Joe Cornacchias Schwiegersohn stapelt die leeren Lieferkisten des Lebensmittelladens auf, der Friseur stellt seinen Klappstuhl auf den Bürgersteig, ... Jetzt tröpfeln die Grundschulkinder auf dem Weg nach St. Luke's Richtung Süden; die Schüler auf dem Weg nach St. Veronica's überqueren die Straße in Richtung Westen und die auf dem Weg zur Grundschule Nr. 41 in Richtung Osten. Aus den Seitenkulissen treten zwei neue Akteure auf: Gut gekleidete und sogar elegante Frauen und Männer mit Aktentaschen kommen aus den Haustüren und Seitenstraßen ... Auch für mich wird es Zeit, zur Arbeit zu eilen, und ich vollführe mein übliches Abschiedsritual mit Mr. Lofaro, dem kleinen, stämmigen Obsthändler mit der weißen Schürze, der ein Stück weiter die Straße entlang vor seiner Ladentür steht, die Arme untergeschlagen, leicht breitbeinig, solide wie die Erde selbst. Wir nicken; wir werfen jeder einen kurzen Blick die Straße hinauf und hinab, nicken einander abermals zu und lächeln. Das tun wir jeden Morgen seit über zehn Jahren, und wir wissen beide, was es bedeuten soll: Alles in Ordnung.*[45]

Die einzelnen Unterroutinen (den Handkarren losschließen, die Lieferkisten aufstapeln) werden zu größeren Routinen verkettet, um die einzelnen Geschäfte für den Tag vorzubereiten oder um sich auf den Weg zur Schule oder an den Arbeitsplatz zu machen. Und diese größeren Routinen bilden wiederum gemeinsam eine kollektive Serie von Bewegungen, wobei die Beteiligten in Zeit und Raum zusammen- und wieder auseinanderfließen, um sich zu etwas zusammenzufügen, das über die

Existenz des Einzelnen hinausgeht. Es entsteht von selbst, nicht geplant; es erscheint nicht eines Tages aus dem Nichts, sondern entwickelt sich mit der Zeit; es kann nicht durch Befehl von oben verändert werden, ohne sein eigentliches Wesen zu verlieren. Und mit seinem rhythmischen Tanz schafft es ein Gemeinschafts-, Sicherheits- und Heimatgefühl.

Dieses Konzept der Alltagsroutinen, die sich zu immer größeren Mustern zusammenfügen, stammt vom Geografen und Phänomenologen David Seamon, und den zitierten Abschnitt von Jane Jacobs (den auch ich mir, als ich darauf stieß, sofort begeistert markiert habe, weil er etwas so zutiefst Menschliches so schön und einfach beschreibt) benutzt er als Beispiel für seine Erklärung. Auch Seamon nennt diese Erscheinung ein *Ballett*, ein perfekter Ausdruck, der ein Bild der Zusammenarbeit und Komplexität heraufbeschwört, in dem jeder Beteiligte eine Rolle zu spielen hat, gleichzeitig aber auch den Eindruck eines größeren Ganzen, der aus dem Gesamtbild entsteht, bei dem die ganze Balletttruppe über die Bühne gleitet, einen Eindruck, den sie als Einheit hervorruft, der aber über sie hinausgeht – und der eine eigene und vom Urheber getrennte Identität gewinnt.

Seamon schafft eigene Begriffe für diese strukturierte Wechselwirkung zwischen dem Menschen und seinen Orten, die sich voraussagbar jeden Tag aufs Neue abspielt. Die kleinsten Unterroutinen nennt er *Körperballett*, die größeren persönlichen Routinen *Raum-Zeit-Routinen* und die Kombination dieser Routinen in einem spezifischen Augenblick an einem spezifischen Ort *Ortsballett*. Diese ineinander verschachtelten Routinen sind wertvoll, glaubt er, weil sie uns durch fortdauernde und regelmäßige menschliche Handlungen mit Raum, Ort und Zeit verbinden.[46]

Man könnte nun annehmen, ein solches komplexes Gewebe aus Handlungsroutinen schränke in seiner Gesamtheit die Handlungsfreiheit des Einzelnen ein, aber paradoxerweise trifft das Gegenteil zu. Weil die Routinen einem auf den verschiedenen Ebenen ihrer Komplexität so viel Denkarbeit abnehmen, vom Arbeitsweg bis zum Bewusstsein, dass »alles in Ordnung« ist, schaffen sie Raum für Neues und gleichzeitig einen Hintergrund, vor dem sich das Neue abhebt. Die Regelmäßigkeit des Ortsballetts, so Seamon, »bietet eine Grundlage, auf der sich Überraschungen, Ungewohntes und Unerwartetes erheben können. ... Diese ortsgebundene Ordnung bildet ein Muster der Regelmäßigkeit, um das sich eine Abfolge wechselnder Ereignisse und Episoden abspielen kann. Ortsgebundenheit erfordert, mit anderen Worten, sowohl Regelmäßigkeit wie Abwechslung, Ordnung und Veränderung. Das Ortsballett ist eines der Mittel, durch die ein Ort diese Eigenschaften gewinnt.«[47]

Dieses Konzept unserer Beziehung zu Orten als Schauplatz von Ritualen erklärt, warum die Aufenthaltsdauer an einem bestimmten Ort bestimmt, wie stark man die Bindung an ihn empfindet. Rituale brauchen Zeit, um sich zu entwickeln, und je länger man an einem Ort wohnt, desto ausgereifter werden sie und desto stärker ist man in das tägliche Ortsballett eingebunden. Und diese Verbindung zwischen Zeit, Ort und Ritual erklärt, warum uns ein Umzug so belastet. Die polnische Forscherin Maria Lewicka schreibt: »Wenn Menschen umzuziehen gezwungen werden, verlieren sie nicht nur ihre Sozialkontakte oder den vertrauten Blick aus dem Fenster, sondern müssen ihre gesamten Alltagsroutinen und ortsspezifischen Gewohnheiten neu aufbauen. Manchen, besonders älteren Menschen, gelingt das nie vollständig.«[48]

Was die fünfeinhalbtausend Unionssoldaten krankmachte, war also nicht nur die Trennung von ihrem Zuhause, sondern die von ihnen mit diesem Zuhause verbundenen *Routinen*.

Und auch am Arbeitsplatz gibt es ein Ballett, vielleicht nicht von Tschaikowski oder Prokofjew, und kein Orchester spielt dazu, aber seine Choreografie ist genauso komplex wie auf der Bühne, und die Beteiligten gehen in Raum und Zeit genauso vollkommen aufeinander ein. Das kollektive Kopfnicken im Aufzug, wenn der Chef zusteigt. Der fröhliche Gruß, den man mit der Rezeptionistin wechselt. Das gleichzeitige Auftauchen laptopbewehrter Angestellter, die sich kurz vor der vollen Stunde auf den Weg zum Konferenzraum und der wöchentlichen Besprechung machen. Das allgemeine Durcheinanderreden bei der Videokonferenz, ein griechischer Dramenchor, der die Äußerungen der anderen Teilnehmer kommentiert. Einer meiner Kollegen rief jeden Tag, wenn er seine Ecke des Stockwerks erreicht hatte, mit seinem weichen schottischen Akzent »Morgen!« in die Runde, und dieser unbekümmerte Gruß definierte ihn, die Zusammenarbeit mit ihm, die Stätte dieser Zusammenarbeit und die Menschen darin, alles auf einmal.

Wenn man diese Zusammenhänge zerreißt – wenn man die Schreibtische im Großraumbüro für »bessere Zusammenarbeit« neu verteilt oder die Mitarbeiter in ein anderes Büro verlegt oder auf irgendeine andere Weise die Truppe der Schauspieler verändert, die sich zu einer bestimmten Zeit auf eine bestimmte Art an einem bestimmten Ort bewegen –, dann zerstört man damit auch das unsichtbare Gewebe einer Gemeinschaft, in der wir zu Hause sind und in der wir den Tanz unseres Alltags aufführen.

## *Das Problem mit dem Sinnverlust*

Sabine arbeitet für ein IT-Unternehmen in Deutschland. Eine Umbesetzung in der Führungsebene läutete für sie eine Zeit verminderter Entscheidungsbefugnisse ein. Ihr neuer Vorgesetzter war ein autoritärer Kontrolltyp, und Sabines Team, das daran gewöhnt war, die Zielsetzungen der Arbeit mitbestimmen zu können, sollte auf einmal nur noch Anweisungen entgegennehmen. »Wir arbeiteten weiter, so gut wir konnten«, erzählte mir Sabine, »aber niemand meldete sich mehr zu Wort oder glaubte noch daran, gehört zu werden.« Wie so oft, bedeutete weniger Handlungsfreiheit auch mehr Unberechenbarkeit: Weil das Team die Anweisungen von oben nicht mehr infrage zu stellen wagte, trauten sich Sabine und ihre Kollegen auch nicht mehr, nachzufragen, wenn sie etwas nicht verstanden, und konnten so die Strategie des neuen Vorgesetzten nicht nachvollziehen. Nach wenigen Wochen, so Sabine, sei sie »ausgetrocknet« gewesen. Die Auswirkungen zeigten sich nicht nur mental, sondern auch körperlich. Sabine und zwei ihrer Kollegen litten auf einmal unter Schwindelgefühlen und Übelkeit – so stark, dass sie die Arbeit unterbrechen und sich hinlegen mussten –, und das führt sie direkt auf die Machtlosigkeit und Ungewissheit zurück; die sie alle erlebten.

Bei unserer Untersuchung des Problems mit dem Wandel haben wir bereits gesehen, welche Auswirkungen es auf den Menschen hat, wenn er aus dem Netz seiner Sozialbeziehungen heraus- und von vertrauten Orten weggerissen wird; wir haben weiter gesehen, was passiert, wenn man gesteigerte Ungewissheit und Kontrollverlust erlebt, so wie es Sabine ergangen ist. Aber der Wandel schafft noch mindestens ein weiteres Problem, mit dem wir uns unbedingt befassen müssen. Sabine erzählte mir, der Führungswechsel habe letztlich dazu geführt, dass die Betroffenen nicht mehr wussten, wofür sie eigentlich arbeiteten, worin der Sinn ihrer Arbeit bestand. Sie beschrieb ihre Erfahrung als Beispiel dafür, was passiert, wenn es zu einem Wandel kommt und »die Leute keinen Sinn und Zweck« mehr in ihrer Tätigkeit erkennen können.

Wir Menschen sind als Spezies dadurch geprägt, dass wir immer einen Sinn in allem sehen wollen – wir bilden uns sogar ein, Muster zu erkennen, wo keine sind –, und die Erfüllung dieses Bedürfnisses, einen Sinn zu finden oder zu schaffen, ist wesentlich für unser Wohlbefinden. Über den Sinn und Zweck der Arbeit wird heute in großen Unternehmen unter den Bezeichnungen *Bedeutsamkeit, Zielgerichtetheit* oder *Inspiration* denn auch viel diskutiert. Gleichzeitig sind diese Wörter und ihr Inhalt allerdings bemerkenswert vage. Wir scheinen über den Sinn der Arbeit wenig mehr aussagen zu können, als dass sie (a) wirklich ungeheuer sinnvoll sein sollte und dass (b) die Menschheit voranzubringen immer eine gute Sache ist und jedes Unternehmen das auch tun sollte, zumindest dem Anspruch nach.

Keiner dieser Sprüche hilft uns – oder Sabine – dabei, die Vorstellung sinnvoller Arbeit zu definieren, ihren Wert zu bestimmen oder zu verstehen, wie Wandel und Umwälzungen im Unternehmen sie gefährden. Fangen wir also damit an, dass wir das Konzept in seine Bestandteile zerlegen – um zu klären, was *Sinn* eigentlich bedeutet.

Sabines Geschichte endet damit, dass die Arbeit des Teams ihres höheren Sinns beraubt wurde. Sie fängt allerdings, so meine ich, nicht damit an, sondern vielmehr mit einer Arbeit, die plötzlich für diejenigen, die sie verrichten, keinen Sinn mehr hat – nicht, weil sie zwecklos geworden wäre, sondern weil die Ausführenden sie nicht mehr verstehen. Das erste Element des Sinns einer Tätigkeit, im Grunde ganz einfach, aber leicht zu übersehen, besteht also darin, dass sie kohärent ist – dass ihre Teile nachvollziehbar miteinander zusammenhängen.

Die Wichtigkeit einer Sache oder eines Verhältnisses für Menschen kann man zum Beispiel dadurch einschätzen, was geschieht, wenn man sie ihnen wegnimmt. Manchmal werden wir dann ärgerlich und geraten unter Stress – etwa, wenn uns die Entscheidungsfreiheit oder die Heimat genommen werden. Manchmal aber besteht die Reaktion auch darin, dass man versucht, den Verlust auszugleichen und den ursprünglichen Zustand wiederherzustellen. Das ist zum Beispiel der Fall, wenn man eine wichtige Sozialbeziehung verliert und man versucht, eine neue zu bilden. Diese Reaktion – der Ausgleich eines Verlusts durch etwas anderes, das demselben Zweck dient – heißt *Substitution* und ist eines der Kennzeichen grundlegender menschlicher Bedürfnisse: Können wir es an einem Ort nicht erfüllen, versuchen wir es an einem anderen. Und dieses Muster – dieses Substitutionsmuster – erkennen wir auch in unserem Bedürfnis nach einem Sinn unserer Tätigkeit.

Die Forscher Steven Heine, Travis Proulx und Kathleen Vohs stellten in einem Artikel von 2006 ein *meaning maintenance model* auf, so ihr Begriff, ein »Modell für die Aufrechterhaltung des Sinns« also. Sie stellen dabei drei Thesen auf: Erstens, dass Sinn das sei, »was Menschen, Orte, Gegenstände und Vorstellungen auf erwartete und erwartbare Weise miteinander verbindet«.[49] Dieses Konzept wird als Kohärenz, Verbundenheit, Kongruenz oder Beständigkeit bezeichnet – es bedeutet, dass alles miteinander zusammenhängt. Zweitens zeigen die Autoren, dass der Mensch unermüdlich Sinn erzeugt: Wir »besitzen eine angeborene Fähigkeit, mentale Darstellungen erwarteter Beziehungen zwischen Menschen, Orten, Gegenständen und Vorstellungen auszumachen und selbst zu schaffen«.[50] Das ist der Grund, warum wir in Wolken Gesichter und in den Albedomustern des Mondes einen Mann erkennen, warum wir anfällig für Verschwörungstheorien sind und warum wir unser Weltbild gut zu Modellen und Theorien verallgemeinern und es damit leichter verarbeiten und weitergeben können. Drittens, so Heine und seine Kollegen, sei es, »hoch problematisch« für den Menschen, wenn unser Weltbild zerstört wird und das, was bisher kohärent war, auseinandergerissen wird. Man reagiert dann mit Entsetzen, Stress oder zum Beispiel mit Schwindel und Übelkeit. Man reagiert aber auch, indem man sich um *größere* Gewissheit in einem *anderen* Bereich des eigenen Lebens bemüht, damit die Summe der Verständlichkeit in der Umwelt gleich und die Gesamtmenge an Sinn erhalten bleiben.

Dieses Verhalten zur Aufrechterhaltung des Sinns ist natürlich eine Art Substitution – und sagt uns damit, dass auch unser Bedürfnis nach Zusammenhang in der Welt grundlegender Bestandteil des menschlichen Wesens ist. Außerdem mag es einem vielleicht nicht so vorkommen, aber unser Bedürfnis richtet sich auf Sinn *gleich welcher Art* und danach erst auf einen *bestimmter* Art. Heine und seine Kollegen schreiben, es sei »unzutreffend zu behaupten, dass der Mensch sich nur bestimmter Sachverhalte sicher sein muss, etwa der Annahme, dass man die richtige Lösung für Aufgabe A gefunden habe; vielmehr hat er anscheinend ein größeres Bedürfnis nach Gewissheit an sich, worin auch immer«.[51] Das lässt vermuten, dass unsere leidenschaftlichsten Glaubensannahmen, so seltsam das klingt, uns weniger darüber sagen, woran wir glauben, sondern eher, wie dringend wir leidenschaftlich an etwas glauben können wollen.

Diese Auffassung von *Sinn* als Maß der Integrität und Verständlichkeit der Umwelt ist nicht, was man gewöhnlich unter diesem Begriff versteht. So als Kohärenz und Kongruenz aufgefasst erscheint der Sinn eher als naher Verwandter der Gewissheit und Berechenbarkeit denn als die gewohnte Frage nach der Bedeutung. Wichtig ist er als Grundbedürfnis des Menschen allemal. Diskussionen über den Sinn übergehen oft die Frage, ob etwas für uns sinnvoll sei, und drehen sich stattdessen darum, ob der Sinn, den sie haben, uns genügend inspiriere – gewöhnlich geht es uns dabei weniger um Kohärenz als um Bedeutsamkeit. Aber die kann man ohne Kohärenz nicht haben: Ereignisse und Handlungen können nicht in eine bestimmte Richtung weisen, wenn sie aufgrund mangelnder Kohärenz gar keine Richtung haben; aus dem Chaos geht keine Zweckgerichtetheit hervor.

Und es sollte klar sein, dass man sich als Betroffener einer Umwälzung am Arbeitsplatz zunächst nicht fragt, inwieweit sich die Mission des Unternehmens geändert hat, sondern viel grundlegender, ob das neue Weltbild noch einen Sinn hat. Sergei zum Beispiel verbrachte nach der angekündigten Übernahme seines Unternehmens durch einen Großkonzern deshalb Wochen damit, seinen neuen Chef aufzuspüren, weil ihm ein entscheidender Baustein in seinem Weltbild fehlte, solange er nicht wusste, wer das war. Peter war nach der Einführung des neuen Modells auch deshalb so wütend auf seinen Arbeitgeber, weil niemand mehr seine Aufgabe kannte – auch hier war die Kohärenz der Arbeitsumwelt über Nacht verschwunden. Zu Beginn der Covid-Maßnahmen versuchte mehr als ein Kommentator das *new normal*, den neuen Normalzustand der Arbeitswelt, zu definieren – und dieser spezielle Ausdruck tritt im Gefolge vieler solcher umwälzender Ereignisse auf. »Normal« ist dabei natürlich das, was einen Sinn ergibt, was in unsere Kohärenzmodelle passt. Dass man also angesichts eines umwälzenden Wandels instinktiv nach neuen normalen Beziehungen, Ereignissen, Verbindungen und Kausalitäten greift, ist eine Sinnsuche in der grundlegenden Bedeutung des Worts.

Und natürlich hat *Sinn* auch noch eine weitergehende Bedeutung, ob nämlich ein Ereignis etwas *zu bedeuten* hat – in dem Sinne, dass noch etwas nachfolgt, dass es in einen größeren Zusammenhang gehört oder in eine bestimmte Richtung weist. Was es bedeutet, eben.

Hier tritt der menschliche Instinkt auf den Plan, sich Geschichten auszudenken und zu erzählen, denn mit unseren Geschichten – darüber, wer wir sind, wie wir sind und woher wir kommen, aber auch über unsere Arbeit, unser Unternehmen und wie es sich in die Welt einfügt – verbinden wir die Ereignisse in unserem Leben zu einem größeren Muster. Der Psychologe Thomas Gilovich schreibt: »Wir sind prädisponiert dafür, Ordnung, Muster und Bedeutung in der Welt zu sehen und finden Zufälligkeit, Chaos und Bedeutungslosigkeit unbefriedigend.«[52] Es fällt einem leichter, eine Liste von Gegenständen, Wörtern oder Zahlen auswendig zu lernen, wenn man sie in einen Zusammenhang bringen kann – Rekordhalter für Gedächtnisleistungen stellen also eigentlich Rekorde im Geschichtenerfinden auf. Geschichten sind unser Transportmittel für Wissen von einem Menschen zum nächsten und von einer Generation an die nächste. Mit Geschichten organisieren wir Ereignisse zu Abläufen: Das Konzept einer »Karriere« zum Beispiel ist im Grunde eine Geschichte des Arbeitslebens, die eine Reihe Ausbildungen und Tätigkeiten zu einer folgerichtigen Erzählung aneinanderreiht. Die Geschichten, die man sich ausdenkt, bestimmen auch die Entscheidungen, die man trifft: Ein Experiment mit Jurymitgliedern bei Gericht zeigte, dass fast drei Viertel von ihnen die Aussagen von Zeugen sowohl der Verteidigung wie der Anklage überzeugender fanden, wenn sie nicht in der zufälligen Reihenfolge des Auftretens der Zeugen vor Gericht, sondern gemäß der Abfolge im Tathergang vorgestellt wurden.[53] Außerdem orientiert man sich an den Geschichten, die man sich ausdenkt, für die Zukunft: Neuere Forschungen haben ergeben, dass der Mensch »sein Leben nicht nur in der Rückschau rekonstruiert, sondern dass die Geschichten, die er über sich selbst erzählt, sein Leben tiefgreifend gestalten.«[54]

Wenn wir mit unseren Geschichten Ereignisse verarbeiten und sie in ein größeres Muster einfügen können, wenn wir mit ihrer Hilfe die Hintergründe der Ereignisse verstehen und die Bedeutung der Dinge und ihre Auswirkungen erkennen können – dann helfen sie uns, indem sie uns erden und motivieren. Über dieses Gefühl der Verbindung zu etwas Größerem schrieb Viktor Frankl 1946 in seinem Buch *…trotzdem Ja zum Leben sagen*. Frankl, ein österreichischer Psychiater, der während des Zweiten Weltkriegs in insgesamt vier Konzentrationslagern inhaftiert war und den Tod seiner Eltern, seines Bruders und seiner ersten Ehefrau in diesen Lagern überlebte, schrieb, es habe tatsächlichen praktischen *Überlebenswert* und könne einem durch unvorstellbare Entbehrungen hindurchhelfen, wenn man einen Grund zum Weiterleben habe, das klare Bewusstsein einer Aufgabe, die man nur selbst erfüllen kann.[55] Ebenso charakteristisch ist die Verbindung zu etwas Größerem für die Transzendenz, die Abraham Maslow an die Spitze seiner berühmten Pyramide der menschlichen Bedürfnisse stellte und die er als »die absolut höchsten und umfassendsten oder holistischen Ebenen des menschlichen Bewusstseins« beschrieb, »die sich als Zweck statt als Mittel auf einen selbst, auf den Lebenspartner, auf die Menschheit, auf andere Arten, die Natur und das Weltall beziehen«.[56] Und ein wenig näher an der Erde, bei der Arbeit, »steigert sich das Potenzial dieser Arbeit, einen innerlich zu motivieren, beträchtlich«, wenn man eine Verbindung zu etwas Größerem darin findet.[57]

Ein Weg zu dieser außerkörperlichen Bedeutsamkeit ist für uns die Zugehörigkeit zu sozialen Gruppen. Unsere Gespräche mit den Menschen unserer Umgebung und die Beobachtung ihres Verhaltens helfen uns dabei, uns in einem größeren Zusammenhang zu verorten – damit helfen uns die anderen bei der Klärung unserer eigenen Identität und Bedeutung.[58] Aber soziale Gruppen klären nicht nur den Sinn, sondern verstärken ihn auch. Die Gruppen, denen man angehört, verlängern den Schatten, den man in der Welt wirft, sodass es etwas *bedeutet*, ein Brite zu sein, ein Personaler oder ein Amateurmusiker, weil das jeweils größere Identitäten als die rein persönliche sind.[59] Die Gruppenidentität wird auf einen zurückgeworfen – sodass das Gefühl der eigenen Bedeutung und das der Zugehörigkeit eng miteinander verflochten sind.

Sinn entsteht auch durch die eigene Tätigkeit und wie gut man in ihr ist. Die Forscher Brent Rosso, Kathryn Dekas und Amy Wrzesniewski fanden bei einer Durchsicht der Literatur zum Verhältnis von Sinn und Arbeit, dass das Gefühl, etwas Sinnvolles zu tun, zunimmt, wenn man spürt, »die Fähigkeit und Kompetenz zu haben, Veränderungen zu bewirken oder Kontrolle über die Umwelt auszuüben«.[60] Der Philosoph Bernard Williams nannte diese sinnstiftende Arbeit unsere »grundlegenden Projekte« – Unterfangen, die unsere spezifische Identität umschreiben und ausdrücken. Auch, wie wirkungsvoll diese Tätigkeit ist, spielt eine Rolle: Wie zu erwarten, finden wir unsere Arbeit sinnvoller, wenn wir sehen, dass wir in einer größeren Gruppe oder Organisation etwas Positives damit bewirken. Es verleiht Bedeutung, wenn man bei einer Tätigkeit gut ist.

Es sollte einen daher nicht überraschen, dass ebenso wie das Fehlen von Kohärenz vielfache negative Wirkungen auf den Menschen hat, auch das Fehlen von Bedeutsamkeit nicht ohne geistige und körperliche Folgen bleibt. Unsere Ansicht über die Bedeutsamkeit unserer Arbeit bestimmen sowohl Zufriedenheit wie Leistung am Arbeitsplatz.[61] Ohne ein klares Gefühl für die Bedeutsamkeit sinkt die Motivation. Und die Geschichten, die man sich über Kausalität und Zweckgerichtetheit ausdenkt, haben messbare Auswirkungen auf die Gesundheit. Wenn man sich selbst erzählt, dass man an einem negativen Ereignis nicht unbedingt schuld ist und dass ein negatives Erlebnis nicht bedeutet, dass man ein schlechtes Leben führt, wird man widerstandsfähiger und weniger anfällig für Depressionen; sich selbst an die eigene Handlungsfreiheit und seine Fähigkeit, Einfluss auszuüben, zu erinnern, hat ähnliche Wirkungen; wie man eine Krankheit für sich einordnet, beeinflusst die Aussicht auf Genesung.[62]

Sinn im Sinne von Bedeutung ist also sehr wichtig für uns. Man muss hier allerdings eine wichtige Unterscheidung beachten. Alle bisher gebrachten Beispiele für die positiven Wirkungen von Bedeutsamkeit treten dann auf, wenn das Gefühl der Bedeutsamkeit aus einem selbst kommt. Bedeutsamkeit und ihre positiven Wirkungen entstehen aus den Geschichten, die *man sich selbst erzählt*, aus den Aspekten unserer sozialen Beziehungen, die *wir wichtig finden*, aus *unserem eigenen Gefühl* von Handlungsfreiheit und Wirksamkeit. Die Verbindungen zwischen den Ereignissen und dem, was sie uns über die Welt sagen, entstehen in unserem eigenen Geist, und das muss auch so sein. Das erklärt das Paradoxon, dass manche Menschen in Arbeiten, die andere unattraktiv finden (sogenannte *schmutzige Arbeit*) einen Sinn finden: Es liegt daran, dass der Sinn nicht in der Arbeit an sich liegt, sondern in demjenigen, der den Sinn findet. Das erklärt auch, warum verschiedene Menschen in verschiedenen Dingen Transzendenz sehen. Und es erklärt, zumindest teilweise, warum die Bemühungen der Arbeitgeber, für ihre Angestellten die Bedeutung ihrer Arbeit zu definieren, oft so plump klingen.

Seit einigen Jahren veröffentlichen viele Firmen kurze Statements, mit denen sie die Bedeutung ihrer Tätigkeit formulieren wollen. Da überrascht es nicht, dass inzwischen auch Unternehmensberater den Chefs anbieten, ihnen bei der Abfassung dieser Statements zu helfen – aber die Ergebnisse dieser Bemühungen, ob auf dem eigenen Mist gewachsen oder vom Unternehmensberater vorformuliert, zeichnen sich nur dadurch aus, dass sie einen seltsam unberührt lassen. Hier ein paar Beispiele für die Sprüche, die sich die Berater für ihre eigenen Agenturen ausdenken. Accenture: »To deliver on the promise of technology and human ingenuity« (»Die Versprechen der Technologie und menschlichen Erfindungsgabe erfüllen«)[63]. EY: »Building a better working world« (»Eine bessere Arbeitswelt aufbauen«).[64] KPMG: »Inspire Confidence. Empower Change« (»Vertrauen erwecken. Wandel ermöglichen«).[65] Das sind Versuche, der eigenen Tätigkeit einen höheren philosophischen Sinn zu geben, aber sie gehören zu den eher nichtssagenden Beispielen für Werbeprosa und reißen niemanden vom Hocker. Das liegt zum Teil an der Überflutung mit solchen Taglines, die einem in der Geschäftswelt ständig begegnen, und dem kaum je angezweifelten Dogma, alles, was sich nicht in einem markigen Satz ausdrücken lasse, brauche man auch gar nicht zu sagen.* Zum größeren Teil liegt es aber an einem logischen Fehler: Dass der Sinn einer Tätigkeit so wichtig ist, heißt nicht, er müsse für alle Betroffenen derselbe sein, oder dass der Arbeitgeber uns vorsagen müsste, worin er bestehe, oder dass er dazu überhaupt in der Lage wäre. Der Sinn der Arbeit ist kein Firmeneigentum und wird einem nicht von jemand anderem angetackert, sondern gehört dem Einzelnen, und wer ihn finden will, muss ihn selbst entdecken.

---

* Ein PR-Profi aus der Wirtschaft sagte einmal zu mir: »Stichpunkte sind fürs Geschäft, Geschichten erzählt man beim Schlafengehen.« Ein ironisches Beispiel dafür, in welche Schwierigkeiten einen solche markigen Sätze bringen können.

Wenn wir uns den Sinn einer Sache unter diesen zwei Gesichtspunkten Kohärenz und Bedeutung vorstellen – ob etwas in sich stimmig ist und worauf es hinweist –, erkennen wir auch, dass sie einander ergänzen: Den ersten ohne den zweiten gibt es nicht; einen Sinn in etwas kann man erst erkennen, wenn man es versteht. Der Sinnverlust, der aus dem Wandel entsteht, ist zuerst ein Verlust der Kohärenz, der dann auch die Bedeutung untergräbt. Das heißt, dass Firmen und Manager den Schwund der Kohärenz in Zeiten des Wandels nicht durch Hinweis auf inspirierend gedachte Ideen und Projekte ausgleichen können – und es erklärt auch, warum Chefs, die fröhlich an den Schaltern des Mixers herumspielen, einen mit ihren Versicherungen, wie »begeistert« sie doch seien (offensichtlich beflügelt von der höheren Bedeutung dieser ganzen Aufmischerei), so nerven. Wenn nichts mehr einen Sinn ergibt, ärgert man sich über Behauptungen, wie ungeheuer bedeutsam alles sei.

Die Forschungsergebnisse, die wir uns angeschaut haben, weisen vielmehr auf eine bescheidenere Bedeutung des Begriffs Sinn; kein brausendes Oratorium, edle Taten, Friede, Freude und Eierkuchen ist gemeint, sondern einfach bloß, dass wir verstehen, wie die Welt um uns herum funktioniert und wie wir so in ihr leben und an ihr teilhaben können, dass wir uns mit ihr verbunden und in ihr verortet fühlen und den Verlauf der Zukunft ein bisschen so hinbiegen können, dass er uns richtig vorkommt.

Ungewissheit, Kontrollverlust, Bindungslosigkeit, Heimatlosigkeit, Sinnverlust: Das sind mehr oder weniger die psychischen Alltagsrealitäten eines Lebens im Mixer. Wir können sie uns auch als die Unkosten des Wandels vorstellen. Wenn es um die Kunden geht, sind Unternehmen und ihre Chefs immer sehr darauf bedacht, diese Unkosten zu berücksichtigen – sie geben sich zum Beispiel große Mühe, sie für Kunden, die *von* der Konkurrenz zu ihren Produkten wechseln, möglichst gering zu halten, für Kunden dagegen, die *zur* Konkurrenz abwandern, möglichst hoch –, sie machen sich aber viel weniger Gedanken um die Unkosten eines Wandels für die eigenen Mitarbeiter. Die Unkosten des Wechsels von einem Manager zum anderen oder von einem Team zum anderen, von einer Software zur anderen, von einer Arbeitsweise zur anderen oder von einer Strategie zur anderen – all das scheint in ihren Überlegungen keine große Rolle zu spielen.

Diese Kosten müssen nicht in Dollar oder in Unbequemlichkeiten bezahlt werden, sondern mit dem Verlust der Voraussetzungen, die der Mensch braucht, um arbeiten zu können. Das Problem mit dem Wandel besteht, kurz gesagt, darin, dass er einen Angriff auf alles darstellt, was uns im Leben Halt gibt. Um im Leben zurechtzukommen, braucht man ein Minimum an Gewissheit über die Zukunft, das Gefühl, sie mitbestimmen zu können, eine Verbindung zu den Menschen, die einen umgeben, eine Rolle im Alltagsballett der eigenen Umwelt und das Bewusstsein, dass die Ereignisse eine zusammenhängende Geschichte ergeben, die einem wiederum sagt, warum man das alles tut. Ohne diese Voraussetzungen werden wir aus der Bahn geworfen – und wir selbst, unsere Arbeitgeber, unsere Kollegen und unsere Freunde tragen die Kosten.

# IV. VON DER MASSENWARE ZUM MENSCHEN

Alle diese Forschungsergebnisse sagen uns also nichts weiter, als was uns das Leben selbst bereits sagt. Wir wissen aus eigener Erfahrung und Eingebung, dass Ungewissheit eine Belastung und Berechenbarkeit eine Beruhigung ist, dass Machtlosigkeit frustriert, während Handlungsfreiheit aufbaut, und dass Einsamkeit zermürbt, während das Gefühl der Zugehörigkeit den Menschen erdet. Dennoch haben wir uns aus irgendeinem Grund entschieden, dass diese grundlegenden Voraussetzungen menschlicher Leistungsfähigkeit am Arbeitsplatz entbehrlich sind. Dort gibt es also zwar Tischfußball und kostenlose Snacks, aber auch nur ein Ansatz von Menschlichkeit ist in der Arbeitswelt anscheinend schon zu viel verlangt.

Dabei sind diese Faktoren nicht nur als Voraussetzung seelischen Wohlbefindens wichtig – beziehungsweise, wenn sie fehlen, als Ursache von Stress –, sondern spiegeln auch unsere Arbeitsfähigkeit wider. Berechenbarkeit, Kontrolle, Zugehörigkeit, Verortung und Sinn kann man sich gemeinsam als das Gefühl vorstellen, die Arbeit sei der Mühe wert, weil das eigene Handeln Ergebnisse zeigt und etwas bewirkt, dass man sich am Arbeitsplatz auskennt und die Zusammenarbeit mit den Kollegen klappt und dass die eigene Leistung ein sinnvoller Beitrag für das Wohl der Menschheit ist. Das ist nicht nur, was wir allen unseren Mitarbeitern am Arbeitsplatz wünschen, sondern sogar ein *Mindeststandard* für ihre Befindlichkeit. Ihnen diese Voraussetzungen nicht zu gewähren, bedeutet, die Grundlagen menschlicher Leistungsbereitschaft und -fähigkeit zu gefährden.

Aber genau das tun wir, immer und immer wieder. Es besteht ein Widerspruch zwischen unserer Auffassung des Menschen bei der Arbeit und der tatsächlichen Art und Weise, wie Menschen arbeiten – es gibt, mit anderen Worten, ein Problem mit unserem Modell des Menschen als Arbeitskraft, nämlich dass es eine armselige Repräsentation für Menschen aus Fleisch und Blut ist.

Der Chicagoer Wirtschaftswissenschaftler Milton Friedman schrieb 1970 in einem Kommentar für die *New York Times*, der Chef eines Unternehmens habe einzig und allein darauf zu achten, den Kurs der Unternehmensaktie und die Dividenden für die Anteilseigner zu erhöhen.[66] Die Arbeit eines Managers bestehe nicht darin, zum Beispiel Arbeitsplätze zu schaffen, Diskriminierung zu bekämpfen oder die Umweltverschmutzung zu verringern; tue er dies dennoch, maße er sich eine Entscheidung an, die den Anteilseignern überlassen bleiben solle. Wenn diese zum Beispiel für eine gute Sache spenden wollten, könnten sie ja die Dividenden ihrer Investitionen dazu verwenden. Das sei nicht Sache des Unternehmens, und wenn es sich dennoch sozial engagiere, dann sei es darin zwangsläufig weniger effizient als die Investoren selbst. Ein Unternehmen dagegen, das sich auf die Wertsteigerung der Anteile konzentriere, werde ganz automatisch in sozial sinnvolle Maßnahmen investieren, sofern diese langfristig für das Unternehmen und damit seine Anteilseigner von Nutzen seien – und mit derselben Begründung solle das Unternehmen auch nur solche Investitionen in seine Belegschaft tätigen, die im Interesse der Anteilseigner seien, und keine anderen. Die Interessen der Anteilseigner wären damit eine Art magisches Skalpell, das alles unerwünschte Fett wegschneidet, wie es sich unter ideologisch verweichlichten Chefs ansammelt.

Diese Operation war in gewisser Hinsicht außerordentlich erfolgreich. Als Friedman seinen Kommentar verfasste, gingen 50 Prozent der Gewinne von Aktiengesellschaften an die Anteilseigner, und die andere Hälfte kam der Belegschaft, Forschung und Entwicklung und anderen Langzeitinvestitionen zugute. 40 Jahre später gingen 91 Prozent der Gewinne an die Aktionäre, für alle anderen und alles andere blieben noch ganze 9 Prozent.[67] Friedmans Name ist dadurch zwar zu einem inzwischen etwas altmodischen Symbol für einseitig ideologische Haltung geworden, aber seine Denkweise herrscht nach wie vor uneingeschränkt – wir leben in der Welt, die er sich ausgedacht hat. Firmenchefs und Manager richten ihr Augenmerk immer noch und vor allem anderen auf die Wall Street und sorgen sich, ob sie im laufenden Quartal die Vorgaben schaffen, ob Effizienz und Gewinnspanne den Ansprüchen der Aktionäre genügen, ob die Aktie hoch genug bewertet ist. Und sie mögen zwar allgemein und unverbindlich zustimmen, dass auch die Bedürfnisse der Mitarbeiter nicht unwichtig seien, aber im Zweifel sind die finanziellen Zwänge immer noch wichtiger. Das ganze menschliche Zeug ist Nebensache.

Aber Friedman gab uns noch mehr als eine (eng gefasste) Definition des Begriffs Erfolg. Er zementierte auch die Ansicht, dass sich der Erfolg eines Unternehmens ausschließlich im Gewinn ausdrücke. Wenn es einzig und allein auf die Höhe der Dividende und den Aktienkurs ankam, dann waren die einzigen Zahlen, auf die man zu achten hatte, diejenigen, die diese Werte ausdrückten – also Geldbeträge. Das hatte zur Folge, dass die meisten Firmen und ihre Personalabteilungen seitdem hartnäckig versuchen, alle menschlichen Unkosten und Vorteile als Geldsummen auszudrücken. Eine Investition in Fortbildungsmaßnahmen wird also mit einem hypothetischen Profit von soundso viel Prozent veranschlagt. Oder eine Wellnessinitiative wird mit einem Rückgang von Kündigungen in bestimmter Höhe veranschlagt, sodass die Kosten für Neueinstellungen um einen bestimmten Dollarbetrag sinken. Aber im Grunde weiß jeder, dass diese Dollars der vermutlich in Zukunft höheren Produktivität oder vermutlich in Zukunft eingesparten Ausgaben nicht dasselbe wie Dollars sind, die sich tatsächlich auf dem Firmenkonto befinden und für diese Initiative ausgegeben werden müssen, wodurch sich sehr real der laufende Gewinn verringert.

Weil wir keine Methode kennen, um spezifisch und detailliert zu messen, inwieweit wir unseren Mitarbeitern geben, was sie brauchen, und wie sie sich fühlen, haben wir ein System, das diese Faktoren gar nicht oder nicht ausreichend erkennt. Wir können zwar messen, wie gut sich die Mitarbeiter engagieren, aber nur wenige Firmen können das nach Teams oder Monaten getrennt, und noch weniger können die täglichen Schwankungen messen. Außerdem fehlt uns, wie Marcus Buckingham und ich in einem anderen Buch dargestellt haben, immer noch eine glaubwürdige und zuverlässige Methode, um die Leistung des Einzelnen zu messen, so absurd das klingen mag.[68] Unsere Messmethoden für finanzielle Faktoren sind sehr genau – Dollars können wir zählen, ihren Fluss nachverfolgen und ihre Vermehrung messen, alles mit fantastischer Genauigkeit. Unsere Messmethoden für menschliche Faktoren dagegen sind viel vager. Sie können uns vielleicht sagen, was allgemein vor einigen Monaten passiert ist, ermöglichen aber keine genaue Analyse. Das heißt im Endeffekt, dass wir gezwungen sind, sie in finanzielle Begriffe zu übersetzen, ironischerweise selbst dann, wenn es uns eigentlich darum geht, den Menschen an die erste Stelle zu setzen. Die bekannte Behauptung »Menschen sind unser wichtigstes Kapital« ist schließlich auch nur ein Beispiel für die Notwendigkeit, alles in Zahlen auszudrücken, die man ins Hauptbuch schreiben kann. Menschen sind natürlich kein Kapital, und Kapital ist auch nicht alles, worauf es ankommt – aber uns fehlen die Ausdrücke dafür ebenso wie die Möglichkeiten, danach zu handeln.

Das führt dazu, dass wir den Menschen als Arbeitskraft beklagenswert unvollständig verstehen und bewerten. Menschen – oder das Humankapital, wenn man so will – sind Posten wie alle anderen Posten in der Produktion. Sie haben kaum spezifische Eigenschaften, abgesehen davon, wie viel sie kosten, und jenseits davon ist alles vage, unklar und ein bisschen nervig.

Und dieses engstirnige Denken setzt sich immer weiter fort. Bei der Berufung neuer Unternehmensführer ist es zum Beispiel schwer, diejenigen auszusortieren, die ihre guten finanziellen Ergebnisse durch Ausbeutung statt Unterstützung ihrer Mitarbeiter einfahren – mit anderen Worten, diejenigen mit dem allersimpelsten und rücksichtslosesten Menschenbild. Weil wir Wertschöpfung vorrangig in finanziellen Ergebnissen messen, geraten wir in große Versuchung, gelegentliche persönliche Indiskretionen oder enttäuschende Leistungen im Bereich der ach so vagen Messwerte für Menschenführung zu übersehen, wenn die Umsatz- und Gewinnzahlen, die ein Bewerber vorweisen kann, so unwiderstehlich eindeutig sind. Unser System fördert herausragende Personalführung längst nicht so energisch wie herausragendes Finanzmanagement. Und deshalb kommt es dann zu Fällen wie dem CEO dreier Großkonzerne, der in einer Textnachricht gestand: »Ehrlich gesagt hasse ich diesen ganzen Menschenführungskram.«[69]

Unser Modell des Menschen als Arbeitskraft umfasst nicht nur seine Darstellung – als Zahlen auf einem Spreadsheet oder in einer Datenbank, die hauptsächlich spezifizieren, wie viel er kostet –, sondern auch seine Motivation. Anders als Geldkapital hat das Humankapital anscheinend so etwas wie freien Willen, und deshalb spielen unsere Vorstellungen darüber und die Möglichkeiten, ihn zu beeinflussen – allgemeiner gesagt, unser Menschenbild überhaupt – in diesem Modell ebenfalls eine große Rolle. Diese Vorstellungen scheinen in jedem Menschen zu schlummern, um schlagartig zum Vorschein zu kommen, sowie man ihn zum Manager macht, was ihn dann zu allen möglichen verrückten Entscheidungen treibt. Dazu gehört zum Beispiel die Vorstellung, dass Menschen wie Münzautomaten funktionieren, wenn man Geld einwirft, dass sie an Problemen und Schwierigkeiten wachsen, dass Kritik sie zu besseren Leistungen antreibt, dass ihre Arbeitsleistung unabhängig von ihrem seelischen Befinden ist (»Erst die Arbeit, dann das Vergnügen«), dass der Chef alles am besten weiß und seinen Mitarbeitern daher nicht geben soll, was sie *wollen*, sondern was sie seiner Ansicht nach *brauchen*, und dass er sie notfalls dazu zu zwingen soll, dass man Mitarbeitern nicht trauen kann und man sie ständig überwachen muss, damit sie nicht aus dem Ruder laufen, dass die Aufgabe eines Managers darin besteht, ständig die Verhältnisse zu verändern und dadurch gleichzeitig bei den Mitarbeitern die Spreu vom Weizen zu trennen, und natürlich, dass man jedes Problem durch Aufmischen lösen kann und Widerstand der Belegschaft gegen Wandel ein Teil des Problems ist.

Einige dieser Ideen müssen wir uns genauer anschauen. Die These, Menschen funktionierten wie Münzautomaten und seien hauptsächlich vom Verlangen nach Geld getrieben, hat Chip Heath 1999 in einem Aufsatz ausführlich untersucht.[70] Heath sah sich die Auffassungen von »Laien« zur Motivation an – also genau die Art Ansichten, die wir hier meinen – und entdeckte ein sehr aufschlussreiches Muster. Befragt man Menschen nach ihrer *eigenen* Motivation (die sie ja zwangsläufig gut kennen), nennen die meisten *intrinsische* Beweggründe für ihre Tätigkeit – zum Beispiel, dass man sich gut dabei fühle –, und geben an, diese hätten eine höhere Priorität als *extrinsische* Beweggründe wie Bezahlung oder Beförderung. Befragt man sie aber nach der Motivation *anderer* Menschen, kehren sie dieses Verhältnis um und mutmaßen, andere Menschen seien eher durch die Aussicht auf Geld und Ruhm motiviert und weniger durch den Nutzen ihrer Arbeit. Und je weniger man über den Betreffenden weiß, desto mehr unterstellt man ihm extrinsische Motive. Von jemandem, den man ganz gut kennt, denkt man bloß, er sei *ein bisschen* weniger intrinsisch motiviert als man selbst, aber von Menschen, die man kaum oder gar nicht kennt, nimmt man an, sie seien *viel* weniger intrinsisch motiviert als man selbst. Um es ein bisschen, aber nicht sehr stark übertrieben auszudrücken: Man selbst handelt immer ehrenhaft und in bester Absicht; die eigenen Freunde und Angehörigen geben sich Mühe, reichen aber nicht ganz an einen selbst heran, während die anderen da drüben natürlich nur wegen des Geldes mitmachen. Heath nennt diesen Effekt die *extrinsische Anreizverzerrung*, und er liegt einem Haufen ziemlich mechanistischen Zuckerbrot-und-Peitsche-Denkens unter Managern zugrunde.*

Die Vorstellung, dass die Chefs schon am besten wissen werden, was die Mitarbeiter in ihren Teams brauchen, folgt demselben Muster – man lässt sich dabei von der Vertrautheit mit den eigenen Fähigkeiten und der eigenen Denkweise und der geringeren Vertrautheit mit den Fähigkeiten und dem Denken der anderen in die Irre führen und setzt unwillkürlich voraus, dass alles, was man selbst nicht sieht, auch nicht existiert. Die intrinsischen Motivationen anderer Menschen kann man nicht sehen und nimmt an, sie seien von für einen selbst sichtbaren Antrieben motiviert. Man kann nicht wissen, wie ein anderer Mensch über eine bestimmte Aufgabe denkt, aber man weiß, was man *selbst* darüber denkt, und gibt dem

---

* Er erinnert auch daran, dass die eigenen Motive oft ein besserer Indikator für die Motive anderer sind als die eigenen *Vermutungen* über ihre Motive, wenn man versucht, ein bestimmtes Problem zu lösen.

Betreffenden »konstruktive« Kritik oder schreibt ihm jede Kleinigkeit vor, womit man im Endeffekt sagt: »Du wärest viel besser, wenn du mehr wie ich wärest!« Das alles wird natürlich gerechtfertigt damit, dass man es ja nur gut meint. Wer sonst, fragen wir uns, wäre mutig genug, die anderen in die strenge, aber liebevolle Zucht zu nehmen, derer ihre irrenden Seelen so dringend bedürfen?

Und weil man alles für relevanter hält, was man mit eigenen Augen sieht, und weil man natürlich nicht sieht, was andere Menschen tun, solange man sie nicht direkt vor der Nase hat, nimmt man eben leicht an, dass sie nichts Brauchbares zustande bringen, wenn man sie sich selbst überlässt – dass sie zum Beispiel, wenn man sie von ihrem Zuhause aus arbeiten lässt, sofort anfangen, den Arbeitstag mit Einkäufen, Wäschewaschen, Posts in sozialen Netzwerken und ähnlichen unverzeihlichen Übeln zu verplempern, und zwar trotz der Tatsache, dass die Arbeit im Büro mit ihren Unterbrechungen und Ablenkungen und den oft stundenlangen Arbeitswegen auch nicht gerade ein Leuchtfeuer der Effizienz ist und dass es sowieso wenig Belege dafür gibt, täglich zehn Stunden pausenloser Schufterei seien optimal für die menschliche Leistungsfähigkeit. Es spielt keine Rolle, dass man selbst sich sehr wohl seine Zeit gut einteilen kann; für die anderen braucht man unbedingt ein Trackingprogramm.[71] Während man eifrig dabei ist, »ins Gleichgewicht zu finden« (und darüber zu tweeten), vollziehen die anderen die innere Kündigung.

Unsere Laienansicht über den Menschen als Arbeitskraft besagt, dass er voraussehbar und automatisch auf eine Reihe offen sichtbarer Anreize reagiert, dass er selbst sich dessen aber nur vage bewusst ist und man ihm erklären muss, was gut für ihn ist, und dass Untätigkeit sein Normalzustand ist, der sich erst ändert, wenn ihm die richtigen Anreize geboten werden. Die meisten Diskussionen über Personalführung in Unternehmen, sowohl in den oberen wie in den unteren Ebenen des Managements, drehen sich um Anreize und folgen ziemlich genau diesem Denkmuster. Im Englischen gibt es sogar einen eigenen Ausdruck dafür: Wenn die Mitarbeiter nicht richtig *incentivized* werden, also zu wenige oder die falschen Anreize von außen bekommen, bauen sie nur Mist. Für die Vorstellung, dass wir alle mit unseren eigenen (intrinsischen) Anreizen zur Arbeit kommen und dass die sowohl stärker als auch wirksamer sein könnten als diejenigen, die wir, ob wir wollen oder nicht, aufgezwungen bekommen, ist in dieser Denkweise kein Platz. Nein, anscheinend reagieren wir nur auf ständiges Anstacheln, und die Aufgabe des Managers besteht darin, herauszufinden, wie er uns am besten anstachelt, um so unsere Leistung – die natürlich als Geldsumme ausgedrückt wird – möglichst zu optimieren.

Aber während die »Finanzifizierung« des Geschäftslebens und unsere engstirnigen Ansichten über die Motive unserer Mitmenschen erklären, warum das gängige Modell des Menschen als Arbeitskraft den Umgang mit ihm frustrierenderweise nur als geschäftliche Transaktion sieht, erklären sie zumindest nicht vollständig, warum Manager sich oft auf eine Weise verhalten, die den Mitarbeitern, wie in den Fallbeispielen des »Lebens im Mixer« erzählt, aktiv Schaden zufügt, oder warum sie zumindest so tun, als sähen sie den Schaden nicht, der den Mitarbeitern durch die Umstände zugefügt wird. Natürlich fällt es leichter, anderen solche Nachteile zuzumuten, wie wir sie gesehen haben – Ungewissheit, Bindungs- und Heimatverlust und so weiter –, wenn man glaubt, die eigene Aufgabe bestehe nur darin, den Investoren möglichst hohe Kursgewinne und Renditen zu verschaffen, und wenn man glaubt, jeder Wandel sei ein Wandel zum Guten, und wenn man glaubt, dass die Mitarbeiter sowieso nur auf Geld aus sind und schon wieder gute Laune bekommen, wenn ihre Bonusschecks eintrudeln. Aber das erklärt immer noch nicht den Abgrund zwischen dem Denken derjenigen am Steuer und dem der Rudermannschaft, besonders, wenn die obersten Chefs sogar beteuern, sie *wollten* doch Rücksicht auf die Betroffenen nehmen. Was läuft da also schief?

Das Problem besteht zum Teil darin, dass Manager und Mitarbeiter in verschiedenen Welten leben, die sich immer weiter voneinander entfernen. Zu Friedmans Erbe gehört auch, dass Spitzenmanager von Aktiengesellschaften heutzutage hauptsächlich in Aktien bezahlt werden. Weil dort, wie erwähnt, der Großteil der Firmengewinne landet und weil Vorstände und ihre Lohnpolitikberater es zunehmend in Ordnung finden, immer maßlosere Aktienpakete zu verteilen, leben die Manager inzwischen, finanziell gesehen, in einem anderen Universum als die Mitarbeiter. Verdiente ein CEO 1965 noch das Zwanzigfache eines typischen Angestelltengehalts, ist es inzwischen das 399-Fache.[72] Zusammen mit den (vom Unternehmen bezahlten) Luxussuiten im Hotel und den Firmenjets für Dienstreisen sowie ihrem Quasi-Prominentenstatus bei den politisch Mächtigen der Welt führt das dazu, dass Topmanager sich heute in einer Parallelwelt zu ihren Untergebenen wiederfinden. Auch wenn sie es noch so gut meinen, müssten sie schon eine Menge Empathie mit den Normalos aufbringen, um diesen Abgrund zu überbrücken.

Diese Trennung wird aber nicht nur von den unterschiedlichen Lebenswelten verursacht, sondern auch vom Informationsfluss beziehungsweise dessen Ausbleiben in Unternehmen. Man sollte zwar annehmen, dass Spitzenmanager durch ihren Rang ganz oben in der Hierarchie auch den besten Überblick haben und genau wissen, was sich in ihrem Unternehmen abspielt, aber die Wirklichkeit sieht anders aus: Die Chefs wissen kaum je, wie die Lage an der Front aussieht. Die Informationen, die sie erhalten, werden auf dem Weg durch die Hierarchie nach oben nicht nur zusammengefasst und komprimiert, sondern sehr oft auch bereinigt. Einerseits bittet niemand gerne seinen Vorgesetzten, *seinem* nächsthöheren Vorgesetzten unangenehme Fakten zu übermitteln, und andererseits möchte man seine Abteilung ja den Chefs auch von der besten Seite darstellen, das ist nur natürlich und vernünftig. Die gewöhnlichen Angestellten dagegen haben überhaupt kaum Zugang zu den höheren Ebenen der Hierarchie, und wenn die Chefs von ganz oben sich ihnen doch einmal präsentieren – bei Betriebsversammlungen oder in Fragestunden –, dann haben sie auf alle Fragen meist bemerkenswert glatt formulierte, stets positive Antworten parat, die kaum etwas über die Probleme verraten, mit denen die Unternehmensführung zu kämpfen hat. Außerdem gehört Mut dazu, als einfacher Angestellter dem obersten Boss unangenehme Fragen zu stellen – der einfache Angestellte kann sich dabei wohl kaum des Gefühls erwehren, gerade die eigene Karriere zu versenken, und der oberste Boss wird diese Befürchtung kaum zerstreuen können, was er auch sagt. Was die schriftliche Kommunikation angeht – Angestellte, die direkte E-Mails an jemanden schicken, der in der Hierarchie mehr als höchstens einige wenige Stufen über ihnen steht, gelten entweder als aufmüpfig oder als leicht verrückt oder beides.

Obwohl die meisten Manager sich also wirklich Mühe geben, mit der Realität ihres Unternehmens Fühlung zu halten, scheitern sie dabei wegen der schieren Größe vieler Firmen, wegen des Gefühls, sie müssten immer alles positiv sehen, und weil Informationen nur schwer in der Hierarchie bergauf fließen. Im Endeffekt sind die Manager dadurch von den Mitarbeitern, die sie führen sollen, oft abgeschnitten (und viele fühlen sich auch einsam deswegen).

Schlimmer noch – auch wenn die Spitzenmanager laufend mit Informationen über die Realität vor Ort versorgt würden, könnten sie sie auch mit besten Absichten kaum wahrnehmen. Der Psychologe Dacher Keltner hat gezeigt, wie sich das Verhalten des Menschen ändert, wenn er eine Machtposition einnimmt. Er wird dann impulsiver, bringt weniger Verständnis für andere Menschen auf und hört weniger zu. Er neigt dann sogar dazu – so eine interessante Einzelheit aus einem von Keltners Versuchen –, sich mehr Plätzchen vom Teller zu nehmen, als ihm zustehen, und alles voll zu krümeln (eine unwiderstehliche Metapher für das Chaos, das viele Initiativen zum Unternehmensumbau hinterlassen). »Menschen mit großer Macht«, so Keltner, »unterbrechen andere öfter, reden öfter, wenn sie nicht an der Reihe sind, und schauen ihre Gesprächspartner öfter nicht an«.[73] Das soll nicht heißen, dass wir uns Soziopathen als Führungspersönlichkeiten wählen (gut, zumindest normalerweise nicht) – die Erklärung ist noch schlimmer. Das antisoziale Verhalten wird vielmehr, so scheint es, von der Statuserhöhung *ausgelöst.* Unsere Entscheidungen, wer der Chef sein soll, schaffen also erst Menschen, die, wie Keltner schreibt, »so impulsiv und rücksichtslos gegenüber anderen Menschen [sind] wie jeder beliebige Psychiatriepatient mit Frontallappenschädigung, weshalb sie zu Grausamkeiten neigen und häufig den Respekt ihrer Kollegen verspielen. Genau das, was die Untergebenen von einem Führer erwarten – soziale Intelligenz –, wird durch den Erwerb von Machtbefugnissen angegriffen.«[74]

Diese deprimierende Neigung ist in der Psychologie unter verschiedenen Namen bekannt. Keltner nennt sie das Paradoxon der Macht; der britische Politiker und Neurologe David Owen bezeichnet sie als Hybrissyndrom.[75] Ich spreche lieber von Höhenkrankheit, weil die Opfer – buchstäblich wie auch bildlich gesprochen – so viel Zeit über den Dingen schwebend verbringen.

Zu all diesen Faktoren – Abtrennung der Lebensumwelt, Abschneiden von Informationen und Höhenkrankheit – kommt noch ein weiterer. Martin Seligman untersuchte bei seinen Experimenten zur erlernten Hilflosigkeit, zur Notwendigkeit von Sicherheitssignalen und zu den Abläufen, wenn man jemandem »den Käse wegnimmt«, auch, ob die negativen Auswirkungen einer Veränderung davon abhingen, ob jemand an der Situation etwas ändern konnte. In einem seiner Versuche konnte eine Gruppe Ratten mit einem Hebel kontrollieren, ob sie einen elektrischen Schlag bekam, während die andere Gruppe diese Möglichkeit nicht hatte. Es ist wohl angesichts dessen, was wir bereits über die Auswirkungen von Handlungsfreiheit erfahren haben, kein Wunder, dass es den Ratten der ersten Gruppe sehr viel besser ging als denen der zweiten. Das Experiment sollte erneut die Auswirkungen auf (ironischerweise) sogenannte »Manager-Tiere« zeigen. Seligman gibt an, dass die »Manager-Tiere weniger und weniger schwere Magengeschwüre bekamen« als die Ratten, die keine Kontrolle über die Stromschläge hatten. »Hilflose Ratten«, so Seligman, »zeigen größere Angst ... als Ratten, die die Elektroschocks kontrollieren konnten.«[76]

Die Auswirkungen einer gegebenen Handlung scheinen also für die Person, die sie kontrolliert, weniger negative Effekte zu haben. Zusammen mit der Tatsache, dass Manager oft die am wenigsten von den Veränderungen, die sie einführen, Betroffenen sind – dass der Wandel also meist die anderen trifft –, ist das ein weiterer Entfremdungsfaktor zwischen den menschlichen Managern und den Menschen, die sie führen.

So also sieht unser Modell des Menschen als Arbeitskraft aus. Der Mensch wird darin zu einer weiteren Sorte Kapital und Personalführung ist hauptsächlich eine Frage der richtigen Anreize. Was auch immer die Belegschaftsumfrage oder die Daten zum Engagement der Mitarbeiter oder die Kommentare im Internet zur Betriebsversammlung sagen, wir können uns – wegen der Höhenkrankheit und so weiter – einfach nicht vorstellen, dass das Leben im Schützengraben wirklich so schlecht ist. Weil wir die Wirklichkeit des Arbeitsalltags nicht kennen, *hört sie für uns auf zu existieren* und wird in unsere Vorstellung davon, was die Mitarbeiter am Arbeitsplatz erleben, gar nicht mehr einbezogen. Die Menschen sind für alle praktischen Zwecke unempfindlich gegen negative Erfahrungen, weil wir selbst diese negativen Erfahrungen gar nicht wahrnehmen.

Verglichen mit dem vielfältigen, detaillierten Bild des menschlichen Wesens, wie es uns viele Jahre psychologischer Forschung zeichnen und das wir uns bereits angeschaut haben, ist dieses Modell platt und schematisch. Es ist der Katalysator für endlose Umwälzungen am Arbeitsplatz, und in seinem Mittelpunkt steht der traurige, eindimensionale Schatten eines Menschen, den wir den EAN-Mitarbeiter nennen wollen.

Falls Sie die Abkürzung nicht kennen: EAN bezeichnet die Europäische Artikelnummer, mit der man eine Ware im Handel eindeutig identifizieren kann. Jedes Exemplar hat dieselben, festgelegten Eigenschaften und ist gegen jedes andere Exemplar mit derselben EAN austauschbar. So stellen sich auch Firmen ihre Mitarbeiter vor: austauschbar, mit einem bestimmten Marktwert, produktive oder unproduktive Ressource, mit bestimmten Eigenschaften, die quantifiziert und nach Bedarf gesteigert oder verringert werden können (Qualifikationen, Leistung), und durch geeignete Eingriffe veränderbar (Gehaltserhöhung, Kritik, Fortbildungsmaßnahme). Mehrmals jährlich wird der Bestand an EAN-Mitarbeitern durchgesehen, die gewinnbringenden werden befördert, die verlustbringenden aussortiert. Und – das ist das typischste Kennzeichen dieser Denkweise – die EAN-Mitarbeiter sind so gut wie leblos. Sie haben keine Gefühle, und wenn doch, dann ist das nur eine lästige Nebeneigenschaft, die leider mit der »Fleischware« einhergeht. Die EAN-Mitarbeiter-Denkweise versucht eine ordentliche und reibungslose Welt zu erreichen und ignoriert alles, was dieses Bild komplizieren könnte.

Seltsamerweise stellen wir uns den Menschen am Arbeitsplatz nicht als, nun ja, Menschen vor. Täten wir das, würden wir die Eigenschaften, die uns zum Menschen machen – unsere

Persönlichkeit und Individualität – nicht als ablenkende Störfaktoren betrachten, sondern wären viel interessierter daran, was Menschen antreibt, was ihnen die Arbeit erschwert und wie man sie dazu bringt, ihr Bestes zu geben. Wir würden, mit anderen Worten, unsere Unternehmen von unten nach oben auf den Menschen aufbauen, nicht von der Chefetage aus von oben nach unten.

Diese Denkweise – die EAN-Mitarbeiter-Denkweise – ist in der Unternehmenssoftware festgeschrieben, die heute so viele Abläufe in der Arbeit und auch ihre Philosophie bestimmt. Die Eigenschaften, die wir von den Beschäftigten aufzeichnen, umfassen neben den rein biografischen und demografischen – etwa dem Geburtsdatum und den erreichten Abschlüssen und Qualifikationen – auch die extrinsischen: Gehalt, Schulbildung, Beförderungseignung. Wir bewerten die Menschen auf der allgegenwärtigen Skala von 1 bis 5, wir schreiben in einem kleinen Blankofeld dazu, ob wir ihnen »Potenzial« zutrauen, wir halten fest, welche Fähigkeiten sie haben, und wenn ihnen eine fehlt, die sie für eine Aufgabe brauchen (denn auch das haben wir ausführlich aufgelistet), schicken wir sie zu einem Online-Lehrgang, bei dem sie auf Bildschirmen Kästchen anklicken und dadurch zu einem besseren EAN-Mitarbeiter aufgerüstet werden. Aber die intrinsischen Merkmale zeichnen wir seltsamerweise nicht auf – welche Aktivitäten bei der Arbeit dem Mitarbeiter am meisten Freude bereiten, die Anliegen, die ihm besonders wichtig sind, worüber er sich amüsiert, mit wem er am besten auskommt, auf welchem Gebiet er sich zu Hause fühlt, wann und wie er mit seiner Anwesenheit andere

Teammitglieder anspornt oder all die anderen Faktoren, die man nicht zählen, auf einer Skala einstufen oder aus anderen ableiten kann und die einem etwas über den Menschen aus Fleisch und Blut sagen würden. Es ist kein Zufall, dass eine frühe Version eines Weiterbildungsmanagementsystems – das sind die Systeme, mit denen Firmen die EAN-Mitarbeiter für Seminare und Fortbildungen einteilen – aus einem Managementsystem für Lagerbestände umgeschrieben war.

Auch die Unternehmensberater, die ihre Aufgabe darin sehen, Ordnung ins Chaos zu bringen, und die davon ausgehen, dass Ordentlichkeit – des Geistes, des Schreibtischs, des ganzen Unternehmens – eine unangreifbare Tugend ist, pflegen die EAN-Mitarbeiter-Denkweise. Einer meiner Interviewpartner drückte es so aus: »Die kommen dann an und sagen: ›Wir revidieren die gesamte Organisationsstruktur; sorgen Sie dafür, dass jeder Vorgesetzte mindestens acht direkte Untergebene hat, und diese ganze Führungsebene hier müssen Sie abschaffen.‹ Und man fragt sich dann: Das sieht auf einem Spreadsheet toll aus, aber was heißt das wirklich für die Mitarbeiter? Wie funktioniert das in der Praxis?« Die sichtbare Welt besteht ja nicht nur aus den extrinsischen Anreizen für die einzelnen EAN-Mitarbeiter, sondern auch aus dem Kästchen, die sie im Organisationsdiagramm des Unternehmens einnehmen, und daher müssen die Linien zwischen diesen Kästchen den Arbeitsfluss darstellen. Die unsichtbare Organisation – das menschliche Netzwerk aus Beziehungen, Freundschaften und Gefallen für frühere Teamkollegen, dieses Reservoir an Vertrauen, diese unschätzbare Hilfe beim Zurechtfinden in der Organisation, dieser stille Partner der Innovation, dieser deshalb und in so vielem anderen unentbehrliche Bestandteil eines gesunden

Unternehmens und die Wurzel seiner Flexibilität, Widerstandskraft und Anpassungsfähigkeit – bleibt unberücksichtigt, weil man sie nicht in ein Diagramm zeichnen kann. Und die Kästchen müssen – um das platonische Ideal der Unternehmensberater und Softwaredesigner zu nennen – *ausgerichtet* sein. Kein höheres Ziel kann es geben, als dass alle *aufeinander ausgerichtet* sind wie die Eisenfeilspäne an den Feldlinien eines Magneten, in vollkommenem und unwandelbarem Gleichklang, von einer unsichtbaren Hand kontrolliert, ordentlich, eingebunden und in jeder wichtigen Hinsicht bekannt und erfasst. Das ist der Traum des schematischen Denkers, und dieser Traum ist menschenfeindlich.

Und die EAN-Mitarbeiter-Denkweise verkörpert sich ironischerweise auch in den Reaktionen der Firmenleitung auf die Probleme der Mitarbeiter mit den täglichen Zumutungen des Lebens im Mixer. Diese Reaktionen sind wenig mehr als Versuche, die EAN-Mitarbeiter ein bisschen aufzuheitern. Der römische Satiriker Iuvenal prägte den Begriff »Brot und Spiele« für die kostenlose Versorgung der Massen mit Getreide und billiger Unterhaltung durch führende Römer, die ihre politische Macht sichern wollten. Im Land der EAN-Mitarbeiter reagiert die Führung auf Unruhe unter der Belegschaft oft mit modernen Entsprechungen dieser Beruhigungsmittel. Das »Brot« sind dabei Gehaltserhöhungen, Beförderungen und andere materielle Belohnungen (vielleicht wirklich mit kostenlosem Kantinenessen dazu); die »Spiele« sind die Workshops mit Wellness-Gurus und Vordenkern, die wunderschönen neuen Fassungen der Unternehmensmission, die jährlichen Offsite-Seminare und Retreats und die fürsorglichen Lektionen in entspannenden Atemtechniken. Nehmen wir beispielsweise den Vorschlag, die Mitarbeiter sollten sich nach Feierabend bewusst entspannen, indem sie ihre Smartphones abschalten und weglegen (in einem Fall sogar in ein kleines, eigens dafür gedachtes Bettchen). Dabei kommt nicht zur Sprache, dass diese Smartphones ja meist vom Arbeitgeber gestellt werden, damit die Mitarbeiter leichter erreichbar sind, dass die E-Mails und Textnachrichten von Vorgesetzten und Kollegen kommen und dass daher »das Telefon ins Bett legen« die eigentliche Ursache von Überarbeitung und übermäßigem Stress übergeht – nämlich die ständige Überflutung mit solchen Nachrichten. Oder nehmen wir die meetingfreien Tage und meetingfreien Wochen, die einige Unternehmen jetzt vorschreiben. In einem Fall beschloss ein Konzern (den Sie garantiert kennen, in welchem Land der Welt auch immer Sie dies lesen) als Reaktion auf Beschwerden wegen der Überlastung durch zu viele Besprechungen, seine Zentrale eine Woche lang zu schließen und alle Mitarbeiter nach Hause zu schicken. Anscheinend machte sich die Konzernführung überhaupt nicht bewusst, was es über die von ihr geschaffene Arbeitsumgebung aussagte, wenn sie das Wohlbefinden ihrer Mitarbeiter nur verbessern zu können glaubte, indem sie den Betrieb einstellte. Brot und Spiele mögen ja gut gemeint sein, verraten aber gleichzeitig, dass die Firmenleitung das wirkliche Problem nicht erkennt oder erkennen will, sondern nur die Symptome statt der Ursachen bekämpft und sich weigert, mehr als die oberflächlichen Bedürfnisse ihrer EAN-Mitarbeiter zu erfüllen. Kaum jemand spricht aus, dass der Grund, warum so viele Arbeitnehmer Probleme haben, die Arbeitsumgebung selbst ist, die nur eine Geschwindigkeit kennt, nämlich volle Kraft voraus, und einen Modus: die ständige Umwälzung.

Die EAN-Mitarbeiter-Denkweise ist wie viele andere unzulässig vereinfachende Theorien über den Menschen ziemlich deprimierend.

Weil sie nicht den Menschen in den Mittelpunkt der Arbeitswelt stellt, führt sie zu einem zerstörerischen Kult des Wandels und letztlich zum Leben im Mixer.

Und zum Glück ist sie außerdem falsch.

Wenn Sie einen Menschen einstellen, gehört Folgendes zum Lieferumfang: Wir sind einmalig und nicht austauschbar. Unsere Motivation kommt von innen. Wir lernen gerne dazu. Jeder von uns hat andere Fähigkeiten und übt sie auf andere Weise aus, und wir geben sie gerne an andere weiter. Wir möchten uns nützlich machen und unsere Fähigkeiten verbessern. Wir sind leicht abzulenken. Wir mögen produktive Arbeit. Manche von uns mögen unordentliche Schreibtische.

Wir sind, um es mit Rutger Bregman auszudrücken, »extrem gesellige Lernmaschinen. Wir sind zum Lernen, für soziale Bindungen und zum Spielen geboren.«[77]

Wir gewöhnen uns an bestimmte Orte und an unser tägliches Ortsballett, das sie mit Leben erfüllt und uns an sie bindet.

Wir leisten Widerstand gegen Vereinfachung und ärgern uns, wenn uns jemand wie austauschbare Maschinen behandeln will.

Wir sehnen uns nach Gewissheit und Sicherheit.

Wir legen Wert auf unsere Gruppenbindungen.

Wir helfen einander gerne, und das können wir besser, wenn wir keine Angst vor einer ungewissen Zukunft haben müssen.

Und vor allem haben wir das tief verwurzelte Bedürfnis, zum Feierabend alles ein bisschen besser zu hinterlassen, als wir es am Morgen vorgefunden haben.

Wir müssen uns für den Arbeitsplatz gar nichts ausdenken, um den Mitarbeitern diese Eigenschaften einzupflanzen; die meisten Menschen haben sie ohnehin schon. Wir brauchen nur eine Methode, um diese Eigenschaften zu fördern.

Aber wir fördern sie eben nicht. In der Regel strukturieren wir Unternehmen nicht so, dass sie als Basis der Entfaltung menschlicher Talente wirken. Vielleicht liegt das daran, dass wir glauben, die grundlegende Rolle des Managers bestehe darin, für Wandel zu sorgen anstatt für Arbeitsbedingungen, unter denen Menschen nützliche Arbeit leisten können. Vielleicht liegt es daran, dass wir glauben, geschäftlicher und menschlicher Erfolg seien zwei verschiedene Dinge – wie in der Redensart, die Chefs gerne bringen, wenn man sie bittet, den Mitarbeitern zu erleichtern, ihren Beitrag als Menschen zu leisten: »Das ist hier ein Geschäft und nicht die Wohlfahrt.« Vielleicht liegt es daran, dass es eine ungewöhnliche, mutige und visionäre Haltung ist, sein Unternehmen so einzurichten, dass es den Mitarbeitern dient, und die Umwelt nicht duldet, dass wir uns die Zeit nehmen, die das erfordert. Woran auch immer es liegt – jedenfalls richten wir unsere Firmen von oben nach unten ein und betreiben sie auch so, nicht von unten – also von den Mitarbeitern aus – nach oben.

Das ist keine abstrakte oder hypothetische Behauptung. Dieses Denken von oben nach unten, die EAN-Mitarbeiter-Denkweise, ist allgegenwärtig, die ganze Zeit, und wird nur aus Gewohnheit übersehen. Hier ein Beispiel aus dem Apple-Konzern, einem der weltweit wertvollsten und angesehensten Unternehmen. Im Mai 2022 unterschrieben mehrere Tausend Apple-Angestellte einen Offenen Brief an die Führungsriege der Firma, in dem sie sich über die nach der Aufhebung der Covid-Maßnahmen eingeführte Vorschrift beschwerten, jeder Mitarbeiter müsse mindestens drei Arbeitstage wöchentlich im Büro erscheinen.[78] Dieser Brief ist ein beredtes Plädoyer für das Modell einer »von unten« eingerichteten Arbeitswelt: Sagt uns nicht, die Anwesenheitspflicht im Büro führe zu fruchtbaren Zufallsbegegnungen mit Kollegen, heißt es darin, wenn wir sowieso alle auf verschiedene Firmensitze verteilt sind und die einzelnen Abteilungen ihre eigenen Gebäude haben, und wenn ihr uns andererseits verbietet, abteilungsübergreifende Slack-Workspaces zu bilden, in denen wir so viel Zusammenarbeit haben könnten, wie wir nur wollten. Sagt uns nicht, wir müssen alle zurück ins Büro, um persönlich miteinander zusammenarbeiten zu können, weil wir wissen, dass das nur eine Bedingung produktiver Arbeit ist, weil wir außerdem wissen, dass Zusammenarbeit über mehrere Zeitzonen hinweg sowieso besser über das Internet funktioniert, und weil diese erzwungene Rückkehr ins Büro – und zwar in Großraumbüros, in denen man dauernd von der Arbeit abgelenkt wird – uns die Freiheit nimmt, mit den Kollegen nach Bedarf zusammenzuarbeiten. Kommt uns nicht mit Flexibilität, wenn eure Vorschrift völlig unflexibel ist und wir ihretwegen nicht mehr unabhängig herausfinden können, was für die einzelnen Teams jeweils am besten ist. Und bitte erklärt nicht mehr unseren Kunden, wie großartig unsere Produkte sich für Heimarbeit eignen, solange ihr uns keine Chance gebt, selbst von zu Hause aus zu arbeiten.

Das Arbeitsplatzmodell »von oben«, aus der Chefetage heraus gesehen, geht hingegen davon aus, dass die EAN-Mitarbeiter nur dann miteinander zusammenarbeiten, wenn man sie dazu zwingt, dass sie zu Hause womöglich nicht fleißig arbeiten, dass ihre Manager sie nicht ordentlich überwachen können, wenn sie von zu Hause aus arbeiten, und dass die Chefs schon am besten wissen, wie viel Flexibilität angebracht ist. Die menschlichen Unterzeichner des Offenen Briefs sehen das anders: »Bitte steht uns nicht im Weg«, schließen sie. »Es gibt keine Einheitslösung, die für alle passt. Lasst uns selbst entscheiden, wie wir am besten arbeiten können, und lasst uns unser Bestes geben.«

In einer von unten aufgebauten Arbeitswelt, in der der Mensch zuerst kommt, besteht die Aufgabe des Managers letztlich nicht darin, alles aufzumischen und für ständigen Wandel zu sorgen, sondern eine Plattform für die Leistungen der Mitarbeiter zu schaffen und ihnen Bedingungen zu bieten, unter denen sie ihr Bestes geben können. Dazu gehört zwangsläufig, den Mitarbeitern die Möglichkeit zu geben, ihre Fähigkeiten zu erweitern, einen Sinn in ihrer Arbeit zu finden, ein Zugehörigkeits- und Heimatgefühl in ihnen zu erwecken und ihnen Handlungsfreiheit zu gewähren. Das setzt voraus, den Arbeitsplatz soweit wie möglich zu einer Quelle der Stabilität und nicht der Umwälzung zu machen, und es erfordert, dass wir in der Arbeitswelt den Menschen und die Menschlichkeit wiederentdecken.

Die Frage ist nur, wie.

# V. ÜBERDENKEN

Falls Sie sich je etwas genauer mit Maschinen des frühen Industriezeitalters beschäftigt haben (und wer hätte das nicht?), kennen Sie bestimmt diese kleine Apparatur, die auf einer senkrechten rotierenden Achse zum Beispiel an einer Dampfmaschine sitzt. Sie besteht aus zwei Armen, die an einem Ende über ein Gelenk mit dem oberen Ende der Achse verbunden sind, am anderen Ende ein Gewicht tragen und ein umgekehrtes V bilden. Je schneller sich die Achse dreht, desto mehr drückt die Fliehkraftkraft die Gewichte nach außen und hebt damit die Arme an, die wiederum ein Ventil schließen, das den Dampfzustrom in die Maschine verringert, sodass sie ein bisschen langsamer wird. Wird die Maschine zu langsam, rotiert die Achse langsamer, die Gewichte senken sich, das Ventil öffnet sich ein wenig und die Maschine beschleunigt wieder. Diese Apparatur, die ursprünglich schon von James Watt entworfen wurde, heißt *Fliehkraftregler* und dient dazu, die Bewegung der Dampfmaschine in vollkommenem Gleichgewicht zu halten.* Er löst das Problem, bei ständig wechselnder Belastung eine konstante Drehzahl aufrechtzuhalten. Er ist außerdem eine lehrreiche Metapher für den Unterschied zwischen Stabilität und Stillstand.

Auch die Anforderungen, die an Unternehmen gestellt werden, verändern sich laufend. Als ich mit der Arbeit an diesem Buch begann, stand die Welt einem nie gesehenen Turducken** aus einer Epidemie, sozialer Ungerechtigkeit und politischen Unruhen gegenüber. Inzwischen haben wir dieser Mischung noch eine Wirtschaftskrise hinzugefügt und sie mit der Ungewissheit nach dem plötzlichen Überfall durch künstliche Intelligenz abgerundet. Das alles erfordert eine Reaktion, eine Anpassung oder Neuausrichtung von den Unternehmen. Stillstand kommt nicht infrage: Wir können die Krise nicht ignorieren und der Tide nicht befehlen, nicht aufzulaufen. Aber ständiger Wandel greift andererseits, wie wir gesehen haben, die Grundlagen der menschlichen Identität, Produktivität und Gesundheit an, ob er nun von außen oder von innen kommt. Was sollen wir also tun?

Erstens sollten wir aufhören, an den Sämlingen zu ziehen, um ihnen wachsen zu helfen. Gerade weil die Welt uns mit-

---

* Wenn Sie sich das einmal anschauen wollen – hier ist ein wunderbares Video dazu: https://www.youtube.com/watch?v=1jVOTBZWkY4. Der Fliehkraftregler ist in der Mitte des Modells gut zu erkennen.

** Für die Nicht-US-Amerikaner unter den Lesern: *Turducken* ist ein Geflügelgericht aus einem Truthahn (*turkey*), der mit einer Ente (*duck*) gefüllt ist, die mit einem Hühnchen (*chicken*) gefüllt ist, »alles auf einmal« im kulinarischen Bereich also.

unter zu Veränderungen zwingt, sollten wir uns gut überlegen, sie selbst auszulösen, wenn wir sie auch sein lassen können, und wir sollten uns doppelt gut überlegen, sie auszulösen, wenn das Ziel Verbesserung und Wachstum ist. Wir sollten viel skeptischer sein, was die angeblichen Vorteile des Wandels in einem Unternehmen angeht; wir sollten die Messlatte für einen ausreichenden Grund zu umwälzenden Veränderungen deutlich höher anlegen und wir sollten solche Initiativen als Ausnahme statt als Regel betrachten. Wir sollten uns weniger verändern.

Das klingt nach einem gefährlich radikalen Programm (Wie kann man denn das alles einfach *nicht* tun? Wenn wir uns nicht verändern, gehen wir unter! Denkt an Blockbuster!), aber die Bilanz solcher umfassenden Umwälzungen in Unternehmen ist bestenfalls durchwachsen, und das auch ohne die menschlichen Unkosten in Betracht zu ziehen. Wenn der frisch eingestellte CEO mit der genialen Idee für eine ganz neue Unternehmensstruktur eintrudelt oder die Unternehmensberater erklären, auch alle ihre anderen Kunden führten diese Transformation jetzt gerade durch und sie würden nur zu gerne das Ruder dafür in die Hand nehmen, sollte die erste Frage nicht lauten: »Wann fangen wir an?«, sondern: »Ist das wirklich ratsam?«

Manchmal sind wir allerdings *wirklich* in Gefahr, dass es uns wie Blockbuster ergeht. Manchmal möchten wir die Vorteile des Wandels auch dann erreichen, wenn wir uns die Nachteile gut überlegt und die menschlichen Unkosten mit eingerechnet haben, oder wir erkennen, dass wir keine andere Wahl haben als den Wandel. Dessen Nachteile bleiben bestehen: Dass es gute Gründe für eine bestimmte Veränderung gibt, löscht das Bedürfnis des Menschen nach Berechenbarkeit, Handlungsfreiheit, Zugehörigkeits- und Heimatgefühl und einem Sinn nicht aus – und all das gerät jetzt in die Schusslinie. In diesem Fall – wenn man ohne den Wandel nicht auskommt –, kann man ihn wenigstens langsamer angehen lassen.

Das schwedische Telekommunikationsunternehmen Nokia wählte ein solches maßvolles Vorgehen, als es 2011 eine große Entlassungswelle anordnete und 18.000 Menschen ihren Arbeitsplatz verloren. Anstatt den Betroffenen einfach schlagartig zu kündigen, räumte der Konzern ihnen ein Jahr Frist ein, um sich etwas Neues zu suchen. Das Unternehmen half ihnen dabei, sich mögliche Rollen innerhalb und außerhalb der Firma anzuschauen, sich weiterzubilden oder sich selbstständig zu machen; als Maßstab für den Erfolg des Programms galt dabei, wie viele Betroffenen bereits wussten, wohin sie gehen würden, wenn die Kündigung wirksam wurde, und wie sie den Trennungsvorgang insgesamt erlebten. Laut der *New York Times* »wussten fast zwei Drittel der Entlassenen bereits, wie es für sie weitergehen würde«.[79]

Auch andere Arten des Wandels profitieren von einer langsameren Gangart. Diane ist Personalchefin eines mittelgroßen Unternehmens in Neuengland. Vor einigen Jahren überlegten sie und ihr Chef, der CEO, es sei Zeit, einen Nachfolger für ihn zu suchen. Weil sie hofften, der Führungswechsel werde weniger verunsichernd wirken, wenn der Nachfolger aus dem Betrieb selbst kam, verstärkten sie zunächst den Vorstand um zwei Mitglieder, um eine gute Auswahl zu haben. Dann warteten sie ab, bis das erweiterte Führungsteam sich aufeinander eingespielt hatte, und gaben im Sommer 2019 den neuen CEO bekannt – wie geplant eine Hausberufung – und gleichzeitig, dass der Wechsel erst ein Jahr später stattfinden werde. Seit der neue CEO seine Stellung angetreten hatte – als mir Diane davon erzählte, waren mehr als zwei Jahre vergangen – hatte es im Führungsteam nur einen einzigen Wechsel gegeben. Diane wendet diese Denkweise – wer langsam, aber stetig vorgeht, gewinnt das Rennen – jetzt auch auf weitere Veränderungen an, die das Unternehmen plant. »Ich möchte mich auf die wenigen entscheidenden Faktoren konzentrieren«, sagte sie mir. »Wovon haben wir den meisten Nutzen, wenn wir schon Veränderungen durchführen, die unsere Mitarbeiter betreffen? Wir wollen möglichst viel Stabilität bewahren und nicht möglichst viel verändern.«

Langsamer vorzugehen hat mehrere positive Wirkungen. Erstens wird dadurch allen Betroffenen signalisiert, dass ein Plan dahintersteht – ein Plan ist immer eine gute Sache, wird aber überraschend oft vernachlässigt. Außerdem ist es bereits an sich eine große Erleichterung, Zeit zu bekommen. Weil so viele Bestandteile der Arbeitsgesundheit des Menschen eine zeitliche Dimension haben – Routinen aufbauen, herausfinden, wo man Hilfe und Rat bekommt, die Teamkollegen und ihre Fähigkeiten kennenlernen –, werden die inhärenten Risiken schlagartiger Umwälzungen gemildert, wenn man die Veränderungen langsamer durchführt.

Damit wird der bedächtigere Ansatz für Wandel im Unternehmen zu einem Beispiel dafür, wie man sich einen Fliehkraftregler für die Arbeitswelt baut. James Watts geniale Erfindung verlangsamt oder stoppt ja die Bewegung nicht, sondern ermöglicht sie erst, indem er dafür sorgt, dass wechselnde Arbeitsbelastung nicht zu einer Überlastung der Maschine führt. Von solchen Einrichtungen brauchen wir mehr – die Erkenntnis einer bestimmten dynamischen Stabilität, die nicht nur Bewegung ermöglicht, sondern sie konzentrierter und produktiver gestaltet, eine Stabilität, die dem Menschen als Regulator des Wandels dient. In den verbleibenden Kapiteln dieses Buchs wird daher eine Reihe Grundsätze vorgestellt, um eine Arbeitsumgebung zu schaffen, in der Stabilität und Wandel nebeneinander bestehen können, die dabei den Menschen in den Vordergrund stellen und ihn nicht wie eine Massenware behandeln und die dem Ausbruch des Chaos vorbeugen.

## *Freiraum schaffen*

Irgendwann im Sommer 2001 schrieb der Journalist Bob Woodward seinem Redakteur bei der *Washington Post*, Ben Bradlee, zu dessen 80. Geburtstag einen Dankesbrief. In diesem Brief, so sagte er, wollte er »das wirklich und wahrhaft Wichtige« aus ihrer Zusammenarbeit ansprechen. Weit oben auf Woodwards Dankesliste stand:

> *Was Sie mir zuerst gegeben haben – Freiraum. Das war ein großartiges Geschenk. Ich spürte es jeden Tag, und es kam unmittelbar von Ihnen. Wir Reporter – die ganze Nachrichtenredaktion – hatten alle das Gefühl, wir seien Ihre Jungs und Mädels, Ihre Kinder, die herumtoben durften, wie sie wollten. Dieser Freiraum machte uns stolz und war eine Verpflichtung. Wir begriffen nicht ganz, worin er eigentlich bestand, aber wir sahen das Tageslicht und strebten dorthin, weil Sie uns*

> *den Weg zeigten. Tageslicht: Neuigkeiten, Unerwartetes und Überraschendes, und die tägliche Narrheit und der gelegentliche Großmut der Menschheit, dieses endlose Buffet.*[80]

Wer schon einmal einen Mikromanager als Vorgesetzten hatte, weiß, wie es ist, wenn man alles, was man tut, genau vorgeschrieben bekommt und wie angenagelt an einer Stelle festsitzt. Was Woodward hier beschreibt, ist das Gegenteil davon: Bewegung – Geschwindigkeit, Schwung, Dynamik. Es gibt Freiheit, Vertrauen, Handlungsspielraum. Und es gibt etwas, das eine Anziehungskraft ausübt – Tageslicht –, etwas, zu dem man hinstrebt. Jemand, der Bradlees Ansatz gut umsetzen kann, denkt immer auf eine bestimmte Weise, und diese Denkweise erkennt die Kraft des selbstbestimmten Handelns. Anstatt einem Vorschriften zu machen, lässt ein solcher Vorgesetzter einen selbst zum Entschluss kommen, welches Vorgehen am besten ist, weil man selbst meist am besten beurteilen kann, wie man eine Aufgabe am effektivsten anpackt. Anstatt dem Mitarbeiter zu sagen, was er tun soll, gibt der Vorgesetzte nur das Ziel vor, das er erreicht sehen möchte. Und anstatt alle erforderlichen Schritte zu bestimmen, erklärt er nur, wie sich die jeweilige Aufgabe in den größeren geschäftlichen Rahmen einfügt – er redet also mehr über den Grund als über den Ablauf. Kurz gesagt: Er schafft Freiraum.

Das beste Beispiel für Freiraum, das ich kenne, ist auch das am schwierigsten zu erklärende: das Dirigieren eines Symphonieorchesters. Ich war in meiner Studienzeit auch ein paar Jahre lang Dirigent und habe erlebt, dass Dirigieren eine faszinierende Fallstudie in Menschenführung ist. Das »Produkt«

des Orchesters ist Klang, aber der Dirigent ist der Einzige, der keinen Laut hervorbringt. Seine Aufgabe besteht nicht darin, Musik zu machen, sondern die Musiker dabei zu unterstützen, Musik zu machen. Und dabei sieht man – das ist jemandem, der es nicht selbst ausprobiert hat, wirklich schwierig begreiflich zu machen –, dass es umso schwerer wird, hundert Musiker einen Akkord genau synchron spielen zu lassen, je mehr Mühe man sich gibt, sie dazu zu bringen. Je mehr Gewicht man auf den Sekundenbruchteil legt, in dem man den Akkord hören will, desto schwieriger wird es für den einzelnen Musiker, den Klang genau im gewünschten Augenblick hervorzubringen.

Aber im Konzert oder auf einer Aufnahme hört man ja die Orchester fast immer im perfekten Zusammenspiel. Wie kommt das?

Der entscheidende Kniff kommt direkt vor dem Akkord. Das klare Zusammenspiel wird nicht durch den Taktschlag im Moment des Akkords ausgelöst, sondern im Auftakt einen Schlag vorher angekündigt, dem Schlag, der auf den Akkord vorbereitet und den Raum bestimmt, in dem er stattfindet. Dabei sagt der Dirigent mit seiner Geste zum Orchester: *Jetzt seid ihr dran*, und die Musiker stimmen sich *untereinander* ab. Und das ist viel einfacher, wenn der Dirigent sie dabei nicht stört. Wenn man genau hinschaut, sieht man, wie das gesamte Orchester direkt vor dem Akkord tief Luft holt und dann gemeinsam ausatmet und den Akkord spielt. Das kann der Dirigent den Musikern nicht abnehmen, aber er kann ihnen mit dem Auftakt den Moment vorgeben, in dem es geschehen soll, und dabei auch, wie intensiv und mit welchem Geist und welcher Emotion der Akkord kommen soll – und ihnen so Freiraum schaffen.

Damit will ich sagen, dass eine Leistung viel stärker prozessabhängig ist, als man sich gewöhnlich vorstellt, und nur zustande kommt, wenn derjenige, der sie bringen soll, dazu auch die Befugnisse und die richtige Anleitung hat. Man kann sie nicht einfach befehlen. Wenn man seinen Untergebenen alles vorschreibt, macht man es ihnen oft nur schwerer.

Offensichtlich ist auch, dass, wer anderen Freiraum geben will, nicht den ganzen Raum selbst für sich in Anspruch nehmen darf, sodass gar keine Bewegungsfreiheit für die anderen übrigbleibt. Wer zuhört (anstatt selbst zu reden), gibt den Worten der anderen Raum, wer Informationen (statt Anweisungen) weitergibt, gibt den Entscheidungen der anderen Raum. Fragen zu stellen (anstatt Antworten vorzugeben) gibt den anderen Raum, gemeinsam eine Lösung zu finden: Stephen Rogelberg, Professor an der University of North Carolina und Experte für effektive Besprechungen, schlägt vor, die Tagesordnung einer Besprechung durch eine Liste der Fragen zu ersetzen, auf die eine Antwort gefunden werden soll (wonach die Besprechung dann auch zu Ende ist); Amy Edmondson, Professorin an der Harvard Business School, findet es sinnvoll, Strategien als zu überprüfende Hypothesen zu formulieren statt als bereits getroffene Entscheidungen.

Probleme zu beschreiben (statt Lösungen) schafft Freiraum. Einige der mühsameren Projekte, an denen ich beteiligt war, begannen mit der Annahme, dass die Problemstellung bereits ziemlich klar und von allen verstanden sei und man sie daher nicht weiter untersuchen solle (»Nicht das Problem bewundern«, hieß der Spruch); vielmehr sollten wir sofort anfangen, Lösungen dafür zu schaffen. Aber weil wir das Problem in Wirklichkeit eben nicht richtig verstanden hatten, wussten wir auch nicht, wie wir die Lösungen bewerten und miteinander vergleichen sollten; und weil wir sofort ans Ende des Prozesses gesprungen waren, gab es keinen Raum mehr für andere, sich einzubringen. »Welches Problem wollen wir lösen?« schafft Freiraum, »Wie wäre es damit?« eher nicht.

Ebenfalls Freiraum schafft man, indem man das Endziel (nicht die Mittel) vorgibt. Ein Spannungsmoment, mit dem jeder Teamleiter umgehen muss, ist der zwischen dem Bedürfnis der Teammitglieder, als Einzelpersönlichkeiten anerkannt zu werden, und ihrem Bedürfnis, sich einer größeren Sache zugehörig zu fühlen – mit anderen Worten, zwischen dem Individuellen und dem Allgemeinen. Indem der Teamleiter das Allgemeine (das Endziel) in der nahen Zukunft festmacht (»Folgendes Ziel wollen wir erreichen; das ist die Richtung, in die wir gehen«) und nicht versucht, den Mitarbeitern vorzuschreiben, wie sie dorthin gelangen sollen (die Mittel), schafft er Freiraum für den Einzelnen, herauszufinden, wie er seine persönlichen Fähigkeiten in die gestellte Aufgabe am besten einbringt.

In einer mit Arbeit überlasteten Welt schafft es Freiraum, Projekte und Initiativen zu streichen (statt neue hinzuzufügen). Es ist eine Binsenweisheit im Management, wie allzu leicht es für die Chefs ist – tatsächlich ist es bei vielen fast ein Reflex –, ständig neue Aufgaben zu verteilen. Jedes neue Problem verlangt anscheinend nach zusätzlichen Maßnahmen und neuen Reaktionen. Aber Robert Sutton, Professor für Betriebsmanagement an der Stanford University, meint: »Wenn Vorgesetzte den Mitarbeitern hemmungslos immer weitere Aufgaben, Software, Meetings, Regeln, Fortbildungen und Managementtrends aufbürden, wird die Unternehmensstruktur zu kompliziert, die Mitarbeiter werden überfordert und erschöpft, und sie müssen so viel auf einmal bewältigen, dass sämtliche Aufgaben darunter leiden.«[81] Genauso wichtig wie die Frage »Was können wir gegen X tun?« ist also die Frage »Was können wir unterlassen, um X loszuwerden?« Anstatt nur zu fragen »Welche Neuerungen könnten uns das Leben erleichtern?« muss man genauso gut auch fragen »Was können wir alles streichen, um uns das Leben zu erleichtern?«

Solche freiraumschaffenden Veränderungen sind immer ziemlich intuitiv – sie bedingen immer, dass man weniger sagt, weniger vorschreibt oder weniger hinzufügt, um jemandem den Freiraum zu schaffen, den er braucht, um mehr zu sagen, zu entscheiden oder Fortschritte zu machen. Die nächste Veränderung muss man allerdings ein bisschen erklären.

Laut einem alten Sprichwort muss man eine Schlange in eine Schachtel stecken, damit sie ihre Form erkennt.* Das Paradoxon beim Freiraumschaffen besteht darin, dass ein unendlich großer Raum gar kein Raum ist – genau wie eine Schlange, wenn sie nicht in einer Kiste steckt, jede beliebige oder gar keine Form hat. Deshalb haben Teams, die sich vollständig selbst managen (zumindest, wenn sie mehr als drei oder vier Mitglieder haben) oft Schwierigkeiten – es gibt keine Instanz, die ihnen eine Struktur vorgibt. Deshalb hat die Holokratie, ein Modetrend, der vor ein paar Jahren die Firma ohne

* Ich weiß wirklich nicht, woher diese Weisheit stammt.

Vorgesetzte einführen wollte, nur in wenigen Unternehmen verfangen und ist still und leise wieder verschwunden. Und deshalb ist Anarchie (wörtlich: Herrschaftslosigkeit) eine solche Belastung für den Menschen: nicht, weil es keine Freiheit gäbe, sondern weil es keine Grenzen gibt. Wir spüren den Raum um uns herum – und unsere Handlungsfreiheit innerhalb seiner – viel besser, wenn er wohldefinierte Grenzen hat. Wände (nicht Anarchie) schaffen Freiraum.

Diese metaphorischen Wände unseres Arbeitsplatzes sind die Gegebenheiten, an die wir gebunden sind – sie bestehen aus unverletzlichen Grundsätzen des jeweiligen Vorhabens: unseren Werten, unseren Maßstäben und unseren Traditionen. Innerhalb der Wände – solange wir diese Gegebenheiten nicht missachten, mit anderen Worten – können wir tun, was wir für am besten halten; wir haben also, wie Bob Woodward es so schön ausdrückte, Platz zum »Herumtoben«. Chefs, die einem Freiraum gewähren, sind sich dieser Wände sehr bewusst und bestimmen sie durch die Geschichten, die sie erzählen, die Werte, die sie beherzigen, die Grenzen, die sie ziehen und die Verhaltensweisen, die sie dulden. Und danach machen sich diese Chefs keine großen Sorgen mehr darum, was innerhalb dieser Wände vor sich geht, sondern stehen darüber und verteidigen sie gegen alle, die von außen Einfluss darauf nehmen und sich als Mikromanager in sie hineindrängen wollen. So definieren und schützen sie die ungestörte Zeit und den Freiraum, die wir alle brauchen, um unser Bestes zu geben.

Die Systeme und Abläufe innerhalb eines Unternehmens können ebenfalls Freiraum gewähren oder wegnehmen, und bei

Letzterem, in der Spalte »Diebstahl« des Kontobuchs, ist der Hauptschuldige das Leistungsmanagementsystem.

Leistungsmanagement – falls Sie den Begriff nicht kennen – ist die leicht Orwellsche Bezeichnung für den Prozess der Zielvorgabe für Mitarbeiter und der jährlichen oder halbjährlichen Mitarbeitergespräche mit kritischem Feedback und Leistungsbewertung; in seiner traditionellen Form ist das eine Art All-you-can-eat-Buffet unserer schlimmsten und irrigsten Vorstellungen von menschlicher Leistungsbereitschaft: Man muss den Angestellten Ziele vorgeben, weil sie extrinsisch motiviert sind und wahrscheinlich sonst überhaupt nichts leisten. Mitarbeitergespräche und Leistungsbewertungen sind notwendig, weil die Angestellten nur dann besser arbeiten, wenn man ihnen sagt, wo sie stehen und wie sie sich verbessern können – von selbst tun sie es bestimmt nicht. Und sie brauchen unbedingt kritische Rückmeldungen, denn wenn wir ihnen nicht sagen, wo sie den Anforderungen nicht genügen, kommen sie nicht darauf, und weil es nur dann Wachstum gibt, wenn man den Angestellten sagt, wie sie etwas schaffen, was sie nicht schaffen können – eigentlich ist diese Kritik also ein Geschenk.

Vieles an diesem Modell ist falsch. Fordert man von den Mitarbeitern, ihre Ziele schriftlich auszuformulieren, oft in einer vorgegebenen Sprache, die vor Abkürzungen wimmelt, obwohl sie bereits eine ziemlich gute Vorstellung von ihrer Arbeit allgemein und ihrer nächsten Aufgabe haben, entmündigt man sie damit. Mitarbeitergespräche sind ein seltsames Gemisch aus quasi-juristischen Formularen und schlechtem Nachspielen der Vergangenheit, und sie haben kaum Hilfe für die Zukunft zu bieten. Bewertungen sind wegen der individuellen Eigenheiten jedes Menschen und seiner Ungenauigkeit beim Einschätzen anderer Menschen jenes gefährlichste aller Tiere – statisches Rauschen, das sich als Daten ausgibt.[82] Und kritisches Feedback ist höchstens in dem Sinn ein Geschenk, wie es ein Geschenk ist, wenn man jemandem einen Schreck versetzt: Wer sich beurteilt fühlt (wie »positiv« auch immer die Absicht des Urteilenden sein mag), dessen Gehirn stellt sich tot, und er lernt ganz gewiss nichts dazu.[83]

Die Einzigen, die irgendeine Begeisterung für diesen Prozess zeigen, sind diejenigen, die ihn anderen aufzwingen, diejenigen, die ihn anderen beibringen, und diejenigen, die die Programme zu seiner Automatisierung verkaufen. Dass so wenige derer, denen damit angeblich geholfen wird, irgendetwas Gutes darüber zu sagen haben, sollte einem zu denken geben.

Aber schlimmer noch: Abgesehen davon, dass traditionelles Leistungsmanagement seinen Zweck nicht erfüllt – und auch nicht erfüllen kann –, bedeutet es einen systematischen Abbau der Handlungsfreiheit. Es nimmt einem den Freiraum und zwingt die spontane und individuelle Leistungskraft des Menschen in eine Reihe vorgegebener Formen, Aktivitäten und Interaktionen. Es gibt einen anderen Ansatz – ich habe ihn bei Deloitte und Cisco eingeführt –, der von der Einzelpersönlichkeit und ihrem Bedürfnis nach Freiraum ausgeht. Ich nenne ihn *Check-in.*

Das läuft folgendermaßen ab. Die Teammitglieder beantworten jede Woche vier einfache Fragen: Was hat Ihnen vergangene Woche am besten gefallen? Was am wenigsten? Welche Prioritäten haben Sie für diese Woche? Wie kann Ihnen der Teamleiter dabei helfen? Die Antworten, die der Teamleiter erhält, dienen sowohl als Bitte um eine Reaktion wie als Ansatzpunkt für ein Gespräch. Das betreffende Teammitglied und der Teamleiter setzen sich dann zusammen, und der Teamleiter fragt nach, ob und warum das Teammitglied die letzte Woche besser oder schlechter fand, warum das Teammitglied gerade die angegebenen Prioritäten für die laufende Woche gewählt hat, und wie er dem Teammitglied konkret am besten dabei helfen kann. Danach beenden die beiden das Gespräch, wenn sie es eilig haben, oder sprechen über alles andere, was ihnen wichtig erscheint, meist auf Geheiß des Teammitglieds.

Das klingt so einfach, weil es wirklich einfach ist: Niemand muss Formulare ausfüllen, niemand wird mit abstrakten Maßstäben verglichen, keine Überprüfungen und Genehmigungen gehen auf dem Dienstweg hin und her, keine Zielvorgaben, keine Bewertungen, kein kritisches Feedback, sondern einfach nur zwei Menschen, die über die Arbeit sprechen und wie man sie gemeinsam am besten bewältigt. Aber es steckt schon noch ein bisschen mehr dahinter. Das wird klar, wenn man sich den Ablauf in Hinsicht auf Freiraum, Berechenbarkeit und Aufmerksamkeit und den Zusammenhang dieser drei Faktoren mit der menschlichen Leistung anschaut.

Bei Cisco haben die Mitglieder und Leiter der Teams in den vergangenen sechs Jahren über *11 Millionen* dieser Check-ins durchgeführt und ihre Auswirkungen genau verfolgt.* Cisco bewertet laufend die Unterschiede zwischen den

---

* 11 Millionen ist der Stand im Februar 2023. Weil pro Quartal bei Cisco aber etwa eine halbe Million dieser Check-Ins dazukommt, ist die tatsächliche Zahl zu dem Zeitpunkt, da Sie dies lesen, bereits um einiges höher.

Mitarbeitern, die einen Check-in durchführen, und denen, die es nicht tun, zwischen denen, die das digital erledigen, und denen, die sich persönlich dafür treffen, zwischen denen, die oft einen Check-in machen, und denen, die es selten tun, und noch viele weitere Konfigurationen und Permutationen dieser einfachen, vorhersehbaren Gespräche. Die Forscher des Unternehmens sind zu folgenden Erkenntnissen gekommen:

Am wichtigsten ist, dass Check-ins das Wohlbefinden, das Engagement, die Leistung und die Bleibedauer der Arbeitnehmer signifikant erhöhen.

Zweitens, dass häufigere Check-ins diese Faktoren stärker erhöhen.

Drittens und nicht überraschend, dass persönliche Gespräche besser als digitaler Austausch (zum Beispiel Online-Kommentare) sind, diese aber wiederum besser als gar kein Austausch sind.

Viertens, dass digitaler Austausch mehr bringt, wenn das Teammitglied sieht, dass seine Kommentare die Aufmerksamkeit des Teamleiters bekommen haben, und dass die Leistung des Teammitglieds sich umso stärker verbessert, je einfacher es diese Bestätigung bekommt. Mit anderen Worten: Wenn ich auf einen Blick erkennen kann, dass mein Manager meine Antworten auf die Fragen diese Woche gelesen hat, wirkt sich das positiv auf meine Arbeit aus, selbst wenn nicht unbedingt ein persönliches Gespräch folgt.

Und fünftens, dass ein Mitarbeiter umso öfter einen Check-in macht, je verlorener er sich am Arbeitsplatz vorkommt – zum Beispiel als Mitglied eines größeren Teams. Die erste Reaktion auf Vereinsamung am Arbeitsplatz ist nicht der Blick zum Ausgang, sondern die Suche nach Aufmerksamkeit.

Check-ins sind also eine sehr wirksame Methode, besonders im Vergleich mit traditionellem Leistungsmanagement, das keine entsprechenden Verbesserungen beim Engagement, der Leistung oder dem Wohlbefinden der Mitarbeiter für sich beanspruchen kann. Die Frage ist, worin der Unterschied besteht.

Erstens sind Check-ins vorhersehbar. Idealerweise sind sie ein wöchentliches Ritual, wobei der erste Teil, die Antworten des Teammitglieds auf die Standardfragen, am Freitag oder Montag stattfindet* und der zweite Teil, das Gespräch mit dem Teamleiter, an einem der verbleibenden Wochentage. Als die Arbeitsforscher bei Cisco sich die Daten der Mitarbeiter mit selteneren Check-ins ansahen, ergab sich, dass ein Check-in alle drei Wochen keinen positiven oder negativen Effekt auf Leistung und Engagement hatte, während ein Check-in einmal im Monat sogar *abnehmendes* Engagement bezeichnete. Teamleiter können Teammitglieder mit am besten verärgern (und beleidigen), indem sie vereinbarte Check-ins oder persönliche Gespräche absagen; die meisten Teammitglieder, die ich kenne, führen eine Liste mit Fragen, die sie gerne klären möchten, und eine Absage lässt diese Fragen offen. Und wir dürfen davon ausgehen, dass ein Check-in pro Monat (der eigentlich wöchentlich stattfinden sollte) wahrscheinlich bedeutet, dass einige Termine abgesagt wurden. Selbst wenn

---

* Es gibt übrigens in dieser Hinsicht zwei Sorten Mitarbeiter: Die einen denken gerne kurz vor dem Ende der Vorwoche über die kommende Woche nach –, das sind die Freitagsmenschen –, die anderen gehen die bevorstehende Woche an ihrem Anfang durch – das sind die Montagsmenschen. Beide Gruppen halten die jeweils andere für ein bisschen seltsam.

nicht, lenken seltene Check-ins die Aufmerksamkeit nicht auf die Gespräche, sondern auf die Lücken zwischen ihnen, und die Teammitglieder werden sich bewusst, dass ihr Teamleiter meistens abwesend ist.

Darüber hinaus schafft die Voraussehbarkeit eines wöchentlichen Check-ins noch mehr Freiraum innerhalb des Gesprächs mit dem Teamleiter. Es gibt Themen, deretwegen man nicht so gerne einen Gesprächstermin vereinbart, besonders nicht mit einem Vorgesetzten. Nur wenige von uns bitten gerne um eine Besprechung wegen eines persönlichen Problems, um etwas durchzugehen, das schiefgelaufen ist, um nach Aufstiegsmöglichkeiten zu fragen oder um eine Befürchtung zu äußern. Insbesondere die emotionaleren oder persönlicheren Fragen – also die menschlich wichtigeren – lassen sich schwer im Outlook-Kalender unterbringen. Aber wenn man sich auf regelmäßige Check-ins verlassen kann, dann hat man auch immer eine Gelegenheit, um solche Themen anzusprechen: »Wo wir gerade miteinander reden – könnte ich Sie wohl fragen, ob ...?« Sie werden zur Bühne nicht nur für Gespräche über die Arbeit, sondern auch für Gespräche über das Leben. Es kommt darauf an, die Gelegenheit – den Freiraum – zu schaffen und den Check-in vorhersehbar zu machen. Der Inhalt folgt dann von selbst.

Ein Hinweis auf den zweiten Unterschied ist die Tatsache, dass die Wirkung von Check-ins eng mit ihrer Häufigkeit zusammenhängt. Traditionelle Leistungsmanagement-Termine finden nur ein- oder zweimal jährlich statt, sodass man dabei nur über einen vagen Gesamteindruck dessen spricht, woraus man sich aus den letzten sechs Monaten noch erinnert. Führt Ihr Arbeitgeber stattdessen Check-ins durch, kann man jede Woche darüber sprechen, wie die Arbeit vorangeht. Als die Arbeitsforscher bei Cisco sich den Zusammenhang zwischen Häufigkeit und Wirkung ansahen, fanden sie, dass ein Gesprächstermin alle zwei Wochen einen deutlichen positiven Effekt hatte und ein wöchentlicher sogar einen *sehr* deutlichen positiven Effekt. Das erklärt den Grundsatz der Verantwortlichkeit, den Cisco für Teamleiter einführte (und überprüfte) und der zu einer der »Wände« des Check-ins wurde: Die Teamleiter waren nicht dafür verantwortlich, wie oft ein Check-in stattfand, weil die Bitte um einen Check-in immer vom Teammitglied ausging; sie waren aber dafür verantwortlich, auf jede dieser Bitten einzugehen und entweder digital, persönlich oder auf beide Arten mit dem Betreffenden Kontakt aufzunehmen.

Das altmodische Leistungsmanagement erteilt Bewertungen: Einstufungen, Kritik, Überprüfungen. Die Rolle des Teamleiters besteht darin, Bewertungen auszusprechen; die Rolle des Teammitglieds besteht darin, zuzuhören, zu nicken und so zu tun, als praktiziere er das Aktive Zuhören, das ihm im Leistungsmanagement-Seminar beigebracht worden ist. Beim Check-in dagegen wird *Aufmerksamkeit* vergeben: Nicht die Art Aufmerksamkeit wie im Sprichwort vom quietschenden Rad, das zuerst geölt wird, sondern Aufmerksamkeit des Teamleiters in einem Gespräch, um das das Teammitglied gebeten hat, und in dem es um dessen aktuelle Anliegen geht. Deshalb ist es so wichtig, diese Gespräche häufig durchzuführen, und deshalb wirken seltene Check-ins so negativ auf den Mitarbeiter: Aufmerksamkeit hat eine Halbwertszeit und muss ständig erneuert werden.

Der Check-in kehrt das normale Verhältnis zwischen Teamleiter und Teammitglied um. Die Agenda wird auf den Kopf gestellt. Das Teammitglied signalisiert, indem es die wöchentlichen Fragen beantwortet, Gesprächsbedarf und gibt das Thema für das anvisierte Gespräch vor. Der Teamleiter gewährt ihm seine Aufmerksamkeit, indem er für das Gespräch zur Verfügung steht, zuhört und Fragen beantwortet. Aufmerksamkeit ist, wie man sieht, eine außergewöhnlich wirksame Art, um Mitarbeitern Unterstützung – und Stabilität – zu gewähren.

Aufmerksamkeit (nicht Kritik) schafft Freiraum.

Der Lauf der Welt allerdings geht nicht in Richtung Freiraum, sondern eher in die Gegenrichtung. Vielleicht aus Angst vor dem Unbekannten, ganz sicher erleichtert vom technischen Fortschritt, und daher getrieben vom Zusammenwirken des Triebs, noch die kleinste Interaktion in unserem Leben zu messen, mit der plötzlich erlangten Fähigkeit dazu, schaffen wir uns eine Welt ständig zunehmender Hetzerei und Kontrolle. Unsere Smartphones wissen stets, wo wir uns aufhalten, unsere Smartwatches protokollieren unseren Herzschlag. Jede einzelne Minute jedes einzelnen Tages ist mit einem Termin belegt, vielleicht auch mit mehreren; To-do-Listen rauben uns den Schlaf; Notifikationen unterbrechen unsere Gedanken; und »beschäftigt« sein ist der letzte Schrei. Unser großes Tauschgeschäft – wir geben unsere Zeit und unsere Privatsphäre auf und handeln uns dafür, wie auch immer genau, Wohlstand ein – heißt nichts weiter, als dass wir unseren Freiraum wegschenken.

Und weil sich die Welt vom Freiraum verabschiedet, tut die Arbeitswelt desgleichen, aus denselben Gründen und auch, weil niemand automatisch Freiraum für andere schafft. Manager zum Beispiel haben erwiesenermaßen ein übermäßiges Vertrauen in ihre eigene Fähigkeit, die Arbeit von Untergebenen zu beaufsichtigen, und wer sich für einen großartigen Vorgesetzten hält, beginnt mit sehr viel geringerer Wahrscheinlichkeit ein Gespräch, indem er Fragen stellt.[84] Für vielbeschäftigte Chefs ist es einfacher, Geld auszugeben als sich Zeit für etwas zu nehmen, und leichter, Enrichment-Programme, Offsite-Seminare und Festivaltage zu bezahlen, als jemandem Aufmerksamkeit zu schenken. Und Teamleiter wollen ja auch Gewissheit und Handlungsfreiheit. Sie wollen die Bedingungen von Mitarbeitergesprächen festlegen, die Leistungsbewertung selbst vornehmen, das weitere Vorgehen festlegen, weil all das Ausdruck ihrer eigenen Handlungsfreiheit ist.

Aber die Aufgabe des Teamleiters besteht letztlich darin, das Team zu unterstützen, und deswegen muss er einen kleinen Teil seiner Handlungsfreiheit aufgeben, um dafür den einzelnen Teammitgliedern sehr viel mehr Freiraum zu gewähren – er muss sich Zeit nehmen und innerhalb dieses Zeitraums Freiraum schaffen. Dieses Loslassen ist das Schwierigste an der Stellung als Teamleiter. Man muss zusehen, wie jemand eine gestellte Aufgabe anders anpackt, als man es selbst tun würde, besonders wenn man sich für den Erfolg oder das Scheitern des Projekts verantwortlich fühlt. Es ist schwer, jemanden zu bitten, eine Aufgabe zu erledigen, wenn man schon vorher weiß, dass man das Ergebnis am liebsten verändern möchte und es vielleicht nachher auch wirklich noch verändern muss. Es ist schwer, die Mitarbeiter ihren eigenen Weg finden zu lassen.

Aber es ist entscheidend. Vor einigen Jahren wurde Andrea von ihrer Vorgesetzten vorgeschlagen, sich als Ablösung für einen Teamkollegen auf einen neuen Posten in der Firma zu bewerben. Andrea und ihre Vorgesetzte hatten erlebt, welche Probleme die beiden vorherigen Inhaber dieser Stellung hatten, ihre Aufgaben zu erfüllen – Andreas Vorgesetzte hatte den bisherigen Inhaber deshalb von diesem Posten entbunden –, und daher wussten beide, wie wichtig es war, dass Andrea die Position erfolgreich ausfüllte. Einige Aspekte der damit verbundenen Arbeit waren Andrea unvertraut. Sie bewarb sich trotzdem, wurde mit dem Posten betraut und war erfolgreich. Und ihre Chefin ließ ihr in einer Lage, in der andere Vorgesetzte wahrscheinlich jede Interaktion, jeden Vorschlag und jede Entscheidung des neuen Stelleninhabers genau überwacht hätten, freie Hand.

Andrea erinnert sich, wie ihre Vorgesetzte ihr stattdessen Aufmerksamkeit schenkte. »Sie kam nicht an mit: ›Andrea, tun Sie bitte dies und das, und zwar so und so‹, sondern sagte: ›Ich glaube, Sie können diese Rolle ausfüllen. Wenn Sie etwas brauchen, sagen Sie mir Bescheid‹.« Und die Vorgesetzte nahm sich jede Woche eine halbe Stunde Zeit für Andrea, um mit ihr zu besprechen, ob Andrea Hilfe brauchte, und falls ja, welcher Art.

Der Zauber des Loslassens besteht nicht nur darin, dass es Handlungsfreiheit gewährt, sondern auch in dem Signal, das es bedeutet – es ist ein Zeichen, dass man dem anderen vertraut und an ihn glaubt, und es ist deshalb ein so starkes Signal, weil man sich zum Loslassen immer überwinden muss.

Ich fragte Andrea, wie diese Kombination aus Aufmerksamkeit, Freiraum und Vertrauen auf sie gewirkt habe. Andrea hatte bisher ziemlich detailliert auf meine Fragen geantwortet. Jetzt erwiderte sie nur sieben Wörter und wurde dann still. Sie wirkte wie jemand, der selbst ein bisschen überrascht von der grundsätzlichen Erkenntnis ist, die er gerade gehabt hat.

»Sie sah mich«, erklärte Andrea. »Ich fühlte mich wahrgenommen.«

## *Unangreifbare Kompetenz schaffen*

Neulich blieb mein Auto stehen und musste abgeschleppt werden. Der Fahrer des Abschleppwagens werde sich melden, hieß es. Ich saß also da, wartete auf den Anruf und arrangierte meine Termine für den in Unordnung geratenen Tag neu. Kurz darauf klingelte mein Telefon.

»Hallo«, sagte eine Stimme. »Alexander der Große hier. Wo steht Ihr Wagen?«

Wenn man ans Telefon geht und ein Fremder sich mit dem Namen eines Mannes meldet, der vor über 2300 Jahren gestorben ist, fragt man sich schon, was dahintersteckt. Weil ich im Small Talk mit mazedonischen Königen aber nicht sehr geübt bin, wartete ich, bis der Fahrer eingetroffen war, mein Auto sehr umsichtig auf seinen Tieflader bugsiert und mir in der Fahrerkabine Platz geschaffen hatte, damit ich zur Werkstatt mitfahren konnte, bevor ich ihn fragte, was es mit seinem Namen auf sich habe. Wieso nannte er sich Alexander der Große?

»Ganz einfach«, gab er zurück, »ich heiße Alex, und ich bin der beste Abschleppwagenfahrer in der Gegend hier. Also bin ich Alexander der Große.« Er klang nicht angeberisch, sondern bloß unbekümmert. Es war ein Wortspiel zum Schmunzeln, nicht mehr.

Ich fragte ihn, was ihn denn zum besten Abschleppwagenfahrer mache, und er erklärte mir in allen Einzelheiten, was er gerade mit meinem Wagen angestellt hatte, was daran schwierig gewesen war und besondere Rücksicht verlangt hatte, wie er gewöhnlich in solchen Fällen vorging und wie er mit anders gelagerten, aber ähnlichen Fällen umging. Dazu gab es noch einige Nebenbemerkungen, dass die Zentrale ihn immer zu den Problemfällen schicke und dass er sich manchmal wirklich wünsche, sie würde ihn nicht immer per Funk herumkommandieren, sondern einfach das tun lassen, was er selbst schon am besten könne.

Ich wollte wissen, was denn an seiner Arbeitsweise so Besonderes sei. Was machte ihn so sicher, er sei der Beste?

Er lächelte.

»Nun«, antwortete er, »es gibt etwas, das nur ich kann und niemand sonst, den ich kenne. Wenn ich in Ihrem Leben auftrete, haben Sie gerade entweder einen beschissenen Tag oder einen richtig beschissenen Tag. Und natürlich lade ich Ihren Wagen zum Abtransport auf, na klar. Aber das ist nicht das, was Sie wirklich brauchen. Was Sie wirklich brauchen, ist eine Pause, und seien es nur ein paar Minuten, in denen Sie sich keine Sorgen machen, wie es weitergeht, wie teuer die Reparatur wird, wie Sie wieder nach Hause kommen, ob die Versicherung zahlt oder wie Sie Ihre Termine für die Woche umstellen. Das kann ich in den nächsten paar Minuten für Sie tun. Ich helfe Ihnen vergessen. Deswegen bin ich Alexander der Große.«

Was Alex mir da alles erzählte, hörte sich für mich an, als komme es von einem anderen Planeten. Nicht, dass es unverständlich gewesen wäre, was er sagte, sondern weil ich mir schlagartig des tiefen Abgrunds zwischen seiner und meiner Arbeitswelt bewusst wurde. Ich war damals im Vorstand eines internationalen Konzerns mit fast 80 000 Mitarbeitern und verbrachte meine Zeit, sofern nicht gerade mein Auto zusammenbrach, damit, von einem Meeting zum nächsten und von einem Flughafen zum nächsten zu hetzen; Alex verbrachte seine Zeit damit, defekte Metallklumpen auf seinen Tieflader zu hieven. Aber er verkörperte all die Eigenschaften, die große Firmen sich immer von ihren Mitarbeitern wünschen – Motivation, Schwung, Freude –, viel ausgeprägter als jeder, den ich je in der Geschäftswelt getroffen hatte. Ich war ziemlich neidisch auf ihn. Mein Planet war in Betriebsamkeit, Stress und Hetze verstrickt; sein Planet war voller Glück. Mit ihm zu sprechen hieß, mit einem Menschen zu reden, der von der einfachen Freude an einer erfüllten Aufgabe getragen wurde.

Warum ist das in der Arbeitswelt so selten?

Das liegt sicher nicht an einem Mangel an praktischen Fähigkeiten. Genau wie Alex alle Tricks kannte, um Autos auf die Plattform seines Abschleppwagens zu bekommen, haben wir in unseren Büros lange Listen von Skills, die in allen Einzelheiten alle die verschiedenen Verfahrensweisen definieren, die wir in unserer jeweiligen Branche brauchen, und ganze Bibliotheken von Kursen, die sie einem effizient beibringen. Natürlich entwickelt sich die Welt der praktischen Fähigkeiten täglich weiter, und unsere Listen und Bibliotheken müssen deshalb ständig erweitert und erneuert werden – aber gleichzeitig kann man, falls der eigene Arbeitgeber sich bei den Fortbildungsangeboten keine große Mühe gibt, im Zeitalter von YouTube und LinkedIn ohne große Probleme für jede beliebige Fähigkeit ein Trainingsvideo oder einen Fachmann auftreiben, der sie einem beibringt. Und die meisten Unternehmen, die ich kenne, wissen, wie wichtig praktische Fähigkeiten sind, und die meisten investieren entsprechend viel in sie – mit dem Ergebnis, dass es heute nicht mehr allzu viele Mitarbeiter gibt, denen notwendige Kenntnisse fehlen oder die keine Gelegenheit bekommen, sie zu erlernen. Trotzdem fühlt sich eine große Zahl derjenigen, die diese notwendigen Skills besitzen, unsicher, was sie tun sollen. Mehr praktische Fähigkeiten scheinen einen also nicht näher an Alex' Einstellung heranzubringen.

Liegt es vielleicht an den sogenannten Soft Skills? Fehlen uns im persönlichen Umgang miteinander die Fähigkeiten, um kollegiale Beziehungen zu knüpfen oder aufmerksam zuzuhören oder zum Beispiel jemandem über einen beschissenen Tag hinwegzuhelfen? Das ist weniger leicht zu beantworten, weil solche Skills viel schwerer zu definieren und daher auch schwerer zu messen und zu lehren sind. Meine Erfahrung als Leiter der Fortbildung in zwei Großunternehmen sagt mir zwar, dass Soft Skills in der Arbeitswelt tatsächlich oft fehlen und mit positiven Ergebnissen zu rechnen wäre, wenn größeres Gewicht auf sie gelegt würde. Das ist allerdings nur eine Vermutung, und ich glaube auch, dass die Ursache des Problems, warum wir die Arbeit nicht mehr wie Alex erleben, woanders liegt.

Näher ans Ziel trifft die Frage, wie gut wir uns unserer Fähigkeiten bewusst sind. An Alex war interessant zu beobachten, wie ausgeprägt das Bewusstsein seiner eigenen Kompetenz bei ihm war; es zeigte sich mit fröhlicher Unbekümmertheit sogar an dem Spitznamen, den er sich selbst gegeben hatte und der dann ein Teil seiner Identität geworden war. Man könnte also vermuten, eines unserer Probleme in der Arbeitswelt sei, dass wir uns nicht genügend mit unseren eigenen Fähigkeiten identifizieren. Das ist wichtig: Um Fachwissen einsetzen zu können, muss man zunächst wissen, dass man es hat; ein echter Fachmann weiß, was er weiß, und weiß daher auch, was er nicht weiß. Dieses grundlegende Verständnis des Wesens und Umfangs unserer Fähigkeit ist außerdem unentbehrlich für die eigene Handlungsfreiheit und verankert einen im Kampf gegen die Ungewissheit. Wir sind uns bestimmter Fähigkeiten sicher, und das heißt, dass wir uns in jeder Lage auf sie verlassen können, was auch immer um uns herum vor sich geht. Vor eine Aufgabe gestellt, wissen wir, ob wir die geeigneten Methoden kennen, um sie zu bewältigen.

Wissen um die eigenen Fähigkeiten ist nicht nur Teil des Fachwissens, sondern kann es sogar vermehren. Was ich hier als Wissen um die eigenen Fähigkeiten beschreibe, heißt in der Sozialwissenschaft *Selbstwirksamkeitserwartung*, und es ist nachgewiesen, dass eine höhere Selbstwirksamkeitserwartung einen länger durchhalten und energischer gegen Widerstände ankämpfen lässt und bewirkt, dass man sich selbst auch in anderen Bereichen kompetenter vorkommt. Der Psychologe Albert Bandura schreibt, »Verbesserungen in den Verhaltensfunktionen übertragen sich nicht nur auf [der ursprünglichen Situation] gleichartige, sondern auch auf signifikant andersartige Situationen«.[85] Wenn man sich in einer Tätigkeit kompetent fühlt, glaubt man das also auch von anderen Tätigkeiten.

Das Problem, wenn man wie Alex werden will, besteht also zum Teil darin, dass die Arbeit in einem großen Unternehmen das Bewusstsein für die eigenen Fähigkeiten kurzschließt, sodass man sich, obwohl man die Fähigkeiten hat, die man für seinen Job braucht, dauernd fragt, ob man ihm wirklich gewachsen ist, und das Gefühl der Selbstwirksamkeit sich nicht einstellt. Aber wie kommt das, wo doch in jedem Unternehmen ab einer bestimmten Größe tagtäglich ständig Messgrößen verfolgt, Ziele kontrolliert und sonstige Fortschrittsindikatoren erhoben werden? Wie ist das möglich?

Stellen wir uns einmal vor, Sie sind Statistiker in einem Forschungsteam bei einem internationalen Konzern. Ihre Arbeit besteht darin, Muster in den Daten auszumachen, aufgrund derer die Konzernleitung über zukünftige Investitionen, Produkte oder Programmstarts entscheidet. Sie wenden jeden Tag alle möglichen gut eingespielten technischen Fähigkeiten an – Sie erheben und bereinigen Daten, analysieren sie statistisch und überprüfen die resultierenden Hypothesen –, um die anstehenden Probleme besser zu verstehen, und glauben, dass Ihre Arbeitszeit und Ihre Talente damit gut angewandt sind. Eines Tages sagt Ihre Chefin Ihnen, dass sie Ihre Ergebnisse ihrem Vorgesetzten und seinem Führungsteam vorstellen möchte. Sie sollen an der Besprechung ebenfalls teilnehmen, angeblich, weil es Ihnen guttun wird, der Diskussion »ausgesetzt« zu werden, aber in Wirklichkeit sollen Sie natürlich bloß die Fragen beantworten, die für Ihre Chefin zu kompliziert sind. Sie schreiben also Ihre Analyse in eine Präsentation um, ziehen die wichtigsten Belege aus den Spreadsheets und dem Programmcode heraus und verwandeln sie in Stichpunkte, die sich auf einem Dutzend Folien zu einer »Geschichte« gestalten. Sie stellen das Ergebnis Ihrer Chefin vor, die Ihre Geschichte zwar sehr gelungen findet, aber noch verbesserungsfähig. Sie schlägt ein paar Änderungen vor, um sie für die oberen Ränge der Hierarchie leichter verdaulich zu machen. Sie verschieben also einige komplexe Einzelheiten in die Anhänge, fügen bunte Grafiken ein und formulieren die Schlussfolgerungen ein bisschen knackiger.

Dann ist der Tag der Präsentation gekommen, und Sie loggen sich zusammen mit Ihrer Chefin pünktlich für die Videokonferenz ein. Die Teilnehmer haben Ihre Präsentation bereits im Voraus erhalten, aber weil nur die Hälfte Zeit gefunden hat, sie sich anzuschauen, geht Ihre Chefin sie noch einmal durch. Jemand stellt Ihnen tatsächlich eine Frage, und Sie antworten, so gut Sie können, aber dann ist das Zeitfenster auch schon vorbei, und die Diskussion muss abgebrochen werden. Ihre Chefin fasst die Ergebnisse zusammen, der Chef Ihrer Chefin und sein Team sind sich einig, dass die Präsentation »hervorragend« gewesen sei, und nachdem Sie sich ausgeloggt haben, bekommen Sie eine persönliche Textnachricht Ihrer Chefin: »Toll gemacht!«

Und dann passiert gar nichts.

Und dann hören Sie gerüchteweise, dass ganz oben eine Entscheidung zu einem Thema gefallen ist, das mit Ihrer Präsentation zu tun hat, und fragen sich, ob Ihr Vortrag sie beeinflusst hat, ob er nur Teil einer größeren Beratung der Unternehmensführung war, ob er langsam vergessen worden ist oder ob er von Anfang an niemanden interessiert hat, aber der Chef Ihrer Chefin zu höflich war, es Ihrer Chefin direkt zu sagen. Und während Sie sich das alles noch fragen, wird Ihnen plötzlich klar, dass seit Ihrer Präsentation schon so viel Zeit vergangen, die Unternehmensführung so beschäftigt und das Problem so komplex ist, dass man es nie mit Sicherheit sagen können wird.

Ein Großteil unseres Arbeitsalltags sieht so aus – wir lassen kleine Präsentationsballons zur Chefetage hinaufsteigen, in der Hoffnung, dass etwas passieren wird. Die Kollegen sprechen von diesen Präsentationen, als seien sie voll schicksalsschwangerer Bedeutung (»Tut mir leid, diese Woche kann ich nicht, ich muss dringend noch die ExComm vorbereiten« oder »Ich muss los, Generalprobe für unseren Termin mit den Chefs«), aber in Wirklichkeit haben sie eine kurze Halbwertszeit: Kaum ist die krampfartige Anspannung der Vorbereitung abgeebbt und die alles entscheidende Videokonferenz überstanden, verhalten sich alle wieder, als sei nichts Besonderes geschehen, zumindest, bis es Zeit für die nächste ist.

Alexander der Große dagegen fährt mit seinem Abschleppwagen vor und lädt das liegen gebliebene Auto auf. Er sieht, wie verzweifelt der Fahrer ist, und unterhält ihn ein bisschen, um ihn von seinem beschissenen Tag abzulenken. Und dann lädt er Auto und Fahrer in der Werkstatt ab und fährt zum nächsten liegen gebliebenen Auto und verzweifelten Fahrer.

Der Arbeitsalltag in den meisten Unternehmen ist sehr viel schlechter nachvollziehbar, nicht nur hinsichtlich Präsentationen und Entscheidungsfindung. Oft genug ist unklar, warum ein Projekt begonnen, ein zweites beendet und ein drittes auf unbestimmte Zeit in die Warteschleife relegiert wird. Es ist unklar, warum manche Leistungen mehr gelobt werden als andere für den Erfolg des Unternehmens wichtigere, aber weniger glamouröse. Es ist unklar, warum unternehmensfremde Bewerber angeheuert werden, obwohl Kandidaten aus dem Unternehmen selbst besser qualifiziert wären. Es ist unklar, warum Kollegen, von denen Sie geglaubt haben, sie hätten Probleme, ihre Arbeit zu bewältigen, plötzlich im

Mittelpunkt der Aufmerksamkeit stehen, während andere Kollegen, die Sie vor ein paar Monaten noch für Superstars gehalten haben, plötzlich in den Hintergrund treten und unauffällig verschwinden.

In einer solchen Sumpfatmosphäre ist es wirklich nicht einfach, Ursache und Wirkung mit solcher Klarheit zu erkennen, wie Alex es kann. Die große Herausforderung in der Arbeitswelt von heute besteht, wenn es um den Zusammenhang von Fähigkeiten und Gewissheit, von Kompetenz und Selbstvertrauen geht, nicht darin, dass man nicht die richtigen Skills hätte oder nicht wüsste, dass man sie hat. Vielmehr geht es darum, dass wir die Wirkungen dieser Fähigkeiten, wenn wir sie anwenden, nicht spüren können – wir wissen nicht, was aus unserer Arbeit wird. Alex dagegen lebt in einer Welt unmittelbar wahrnehmbarer Ergebnisse. Ein Gutteil der Arbeit in Großkonzernen bleibt auf undurchdringliche und frustrierende Weise scheinbar folgenlos: Wir können kaum je sagen, ob und inwieweit irgendetwas, das wir geleistet haben, irgendwo anders etwas bewirkt hat. Alex' Kompetenz ist unbezweifelbar, weil er ihre Ergebnisse direkt vor Augen hat. Unsere dagegen ist ungewiss, weil wir oft genug keine Ergebnisse sehen.

Das liegt natürlich teilweise im Wesen großer Unternehmen begründet und ist unvermeidlich. Große Firmen sind furchterregend komplexe Organisationen, und kein Einzelner, vom einfachen Angestellten bis zum CEO, ist fähig, das Ganze in allen seinen Teilen zu verstehen. Und der Nebel der Unklarheit senkt sich auch deshalb auf uns, weil es nicht leicht ist, alles, was sich abspielt, den anderen mitzuteilen, besonders, wenn man als Manager nicht begreift, wie wichtig es ist, das so häufig und offen wie möglich zu tun. Aber dieser Nebel ist merkwürdiger- und ironischerweise auch das Ergebnis unserer Versuche, die scheinbare Folgenlosigkeit von Maßnahmen zu bekämpfen und die Abläufe zu klären.

Die Hauptmethode dafür besteht darin, alles mit Zahlen zu etikettieren oder zumindest jedem Element in den Arbeitsabläufen so viel Objektivität wie möglich aufzuzwingen. Also verteilen wir Bewertungen nach Punkten und Prozenten – wir beurteilen Ihre Leistungen auf einer Skala von 1 bis 5 (oder sogar von 1 bis 50); wir stellen Listen der Skills auf, die für die einzelnen Posten im Unternehmen erforderlich sind, und derjenigen, die Sie nach Meinung Ihrer Vorgesetzten besitzen; wir lassen die Mitarbeiter auf vorgedruckten Formularen und in regelmäßigen Abständen ihre Zielsetzungen angeben, damit wir für jeden Ablauf etwas Konkretes in der Hand haben, von dem wir bestimmen können, zu wie viel Prozent es erledigt ist; wir legen im Voraus fest, dass 10 Prozent der Belegschaft als hervorragend, 20 Prozent als gut, 40 Prozent als ausreichend, 20 Prozent als problematisch und 10 Prozent als hoffnungslos beurteilt werden, um ein klares, eindeutiges Bild zu gewinnen, welche Leistung die Mitarbeiter jeweils bringen; wir stellen Standard-Gehaltsklassen auf, ergänzen sie mit regionalen Varianten und dann mit Marktanpassungen der Standard-Gehaltsklassen und der regionalen Varianten und dann mit Standard-Ausnahmen zu den Standard-Gehaltsklassen, damit wir unangreifbar gerechte Gehälter zahlen können; wir führen 360-Grad-Mitarbeiterbewertungen durch und bestimmen mit den Ergebnissen die »Entwicklungsmöglichkeiten« des Betreffenden; und wir führen Persönlichkeitstests durch, um die Extravertierten von den Introvertierten, die Dominanten von den Beständigen zu trennen. Wir versuchen, mit anderen Worten, ein Gerüst aus Rahmenwerken um Ihr Wesen und Ihren Standort zu errichten und Ihre Arbeit und Ihre Fortschritte damit klarzustellen.

Wenn wir aber unsere Rahmenwerke um die komplexe und subjektive Wirklichkeit des Menschen in der Arbeitswelt legen, werden wir enttäuscht: Gesteigerte Objektivität lässt sich so nicht erzielen, weil wir die Begründungen unserer Handlungen längst nicht so eindeutig erklären können, wie es die Punktebewertungen vermuten lassen, und weil keine dieser künstlichen Skalen aus der Arbeit selbst folgt oder von den Betroffenen geschaffen ist. Nehmen wir zum Beispiel die Ende 2022 und Anfang 2023 in einigen IT-Firmen erlassene Verfügung, mehr Mitarbeiter in die unteren Kategorien der Leistungsbewertungsskalen zu verschieben, damit sie wegen ungenügender Leistungen gekündigt werden konnten. Natürlich kann die echte Leistungsverteilungskurve in einer gegebenen Gruppe zu einem gegebenen Zeitpunkt nicht einfach geändert werden – sie steht fest. Indem sie die Manager auffordern, schlechtere Noten zu vergeben, versetzen die Chefs einfach die Torpfosten, womit sie diese gleichzeitig als Instrument des Managements statt als objektiven Maßstab entlarven. Ein Sprecher des IT-Konzerns Meta, eines derjenigen Unternehmen, das so mit angeblich objektiven Bewertungen herumspielte, gab dazu an: »Wir haben schon immer eine auf hohem Niveau ziel- und leistungsorientierte Unternehmenskultur, und unsere Mitarbeiterbewertung soll langfristiges Denken und hervorragende Arbeitsqualität fördern und dabei den Mitarbeitern gleichzeitig greifbares Feedback bieten.«[86] Hinter diesem Salat aus Konzernsprech-Floskeln steckt eine weitere Trennung der Ursache von der Wirkung, die Zerstörung eines berechenbaren Zusammenhangs zwischen Leistung und Ergebnis.

Oder nehmen wir die bereits erwähnte und vielfach übliche Praxis, von den Mitarbeitern eine Aufstellung ihrer jährlichen Ziele zu verlangen – ein weiteres Beispiel für eine der Arbeit von außen aufgezwungene Struktur, die nicht aus ihr selbst kommt und im Endeffekt eine weitere Quelle der Verärgerung und Entfremdung ist, die den Freiraum der Mitarbeiter beschneidet. Das Verfahren wird mit Forschungsergebnissen wie dem folgenden begründet, das aus einem neueren Aufsatz stammt: »Klare Ziele und Erwartungen sind gut für die Angestellten und das Unternehmen. Wenn die Mitarbeiter sich im Klaren darüber sind, was sie tun müssen, um in der Zukunft Erfolg zu haben, engagieren sie sich mit dreimal so hoher Wahrscheinlichkeit für ihre Arbeit und bleiben mit doppelt so hoher Wahrscheinlichkeit bei ihrem gegenwärtigen Arbeitgeber.«[87] Meine eigenen Forschungen bestätigen das. Wie ich festgestellt habe, ist einer der acht besten Vorhersagefaktoren für die Leistung eines Teams, wenn die Mitarbeiter das Gefühl haben, klar zu verstehen, was von ihnen erwartet wird. Warum sollte man also nicht jeden Mitarbeiter sein jährliches Ziel vorformulieren lassen, damit absolut klar ist, was von ihm erwartet wird? Um eine kurze Antwort zu geben: Verpflichtende Zielsetzungen verdunkeln eher die Erwartungen, anstatt sie zu klären, und verschieben die Arbeit aus der praktischen Sphäre in die Sphäre der Politik, der Reputation und des Managements. In den meisten Fällen dokumentierten die Angestellten, die ihre Ziele beschreiben sollten, solche, die sie bereits verstanden, das Verfahren brachte also keine zusätzliche Klarheit; dann mussten sie diese Ziele ändern, damit sie in irgendeine vorgeschriebene Rubrik passten, gleichgültig, ob das für die jeweilige Aufgabe sinnvoll war oder nicht. Ein Jahresziel verliert außerdem leicht den Zusammenhang mit der sich ständig weiterentwickelnden Realität des Arbeitsablaufs, und das dort Niedergelegte hat irgendwann nichts mehr damit zu tun, was Sie tatsächlich tun; und außerdem wird der Zusammenhang zwischen dem Erreichen des Ziels und der Belohnung in der Jahresbewertung notwendigerweise vernebelt, weil man unmöglich dafür sorgen kann, dass alle Ziele gleich anspruchsvoll, gleich sinnvoll oder gleich gut erreichbar sind. Also führen Jahresziele, die dem Arbeitsablauf aufgezwungen werden, nur zu einer weiteren Trennung der Arbeit von ihrem Ergebnis – dem genauen Gegenteil dessen, was sie erreichen sollen. Klare Erwartungen sind eine gute Sache, aber sie entstehen durch häufiges Besprechen der jeweils anstehenden Prioritäten, nicht daraus, dass man in großen Abständen ein Formular ausfüllt.

In diesem und vielen anderen Fällen sind unsere Kategorien vorgegeben, und dann werden die Menschen oder die Arbeit in sie hineingezwungen, und dann müssen wir, um die getroffenen Entscheidungen zu erklären, auf die magische Zutat der Urteilskraft des Managers zurückgreifen, weil die Kategorien und Prozesse der Komplexität der Arbeit nicht gerecht werden. Vor der Einführung solcher Systeme fanden wir das ganz normal – wir waren gewöhnt daran, dass manche Kollegen befördert wurden und andere nicht oder dass manche eine große Gehaltserhöhung bekamen und andere nicht und dass es eben das Vorrecht der Chefs sei, so zu entscheiden, wie sie es für richtig halten. Aber inzwischen haben wir eine dünne und illusorische Schicht der

Objektivität darübergelegt, und damit haben wir jetzt Angestellte mit einer hohen Leistungsbewertung, die aber trotzdem nicht den begehrten Posten bekommen, und solche, die eine Gehaltserhöhung einstreichen, obwohl sie nicht alle ihre Ziele erreicht haben, und solche, die alle erforderlichen Skills und Qualifikationen und die geforderte Erfahrung mitbringen, aber trotzdem nicht eingestellt werden, und solche, die mehr bezahlt bekommen, als ihre Leistung wert ist, und andererseits solche, die zu wenig Lohn für ihre Leistung bekommen, und sämtliche Urteilskräfte aller Manager können diese Lücke zwischen den Messgrößen und ihren Zusammenhang mit der Arbeitsrealität oder den tatsächlichen Ergebnissen für die Betroffenen nicht erklären. Die oberflächliche Objektivität stellt sich vielmehr als eine weitere Schicht der Subjektivität und Vernebelung heraus.

Das treibt die Leute in den Wahnsinn.

Und das liegt nicht daran, dass uns die Stringenz in der Durchführung dieser Maßnahmen fehlte, sondern daran, dass wir uns eine unmögliche Aufgabe gestellt haben. Wir versuchen die konkrete Beurteilung im Einzelfall durch eine universelle Objektivität zu ersetzen. Das ist zwar ein verständliches Bedürfnis, aber die tatsächlichen Verhältnisse vor Ort sind nun einmal viel zu kompliziert, um sich mit ein paar einfachen Skalen und Punktzahlen ausdrücken zu lassen. Wenn wir das versuchen, sehen wir sofort die Ausnahmen, die Ungerechtigkeit, die Fehler und wie ungenügend das ganze Modell ist. Im Ergebnis kommt einem die Welt dadurch weniger gerecht, weniger greifbar und nur noch unverständlicher vor.

Die Frage bleibt also: Wie können wir angesichts der Komplexität der modernen Arbeitswelt, ihrer schieren Größe und ihren ständigen Veränderungen der Freude des Abschleppwagenfahrers näherkommen, der ein Problem sieht und es behebt, der niemanden braucht, der ihm das bestätigt oder seine Leistung und Fähigkeit auf einer Skala bewertet, und der sich buchstäblich wie ein König fühlt?

In der Fernsehshow *The Great British Bake-Off,** einem Wettbewerb von Amateurbäckern, müssen die Kandidaten jeweils drei Backwaren oder Desserts herstellen, die anschließend von einer Jury beurteilt werden. In jeder Folge wird ein Gewinner ausgewählt und ein Verlierer aus dem Turnier ausgeschieden. Einer der Juroren jedoch, Paul Hollywood, hat sich zusätzlich zu diesem Bewertungsverfahren seine eigene Anerkennung für Spitzenleistungen der Kandidaten geschaffen. Wenn er ein Gebäck probiert hat, das er wirklich erstklassig findet, hält er inne, lächelt und reicht dem Kandidaten die Hand. Diese inzwischen als »Hollywood-Händedruck« bekannte Geste unterscheidet sich sehr von allen Bewertungen und Anerkennungen, die man gewöhnlich am Arbeitsplatz oder in der Schule erfährt. Dort bekommt jeder eine Punktzahl auf irgendeiner Skala und die Bewertung ist vertraulich. Für den Hollywood-Händedruck gelten andere Regeln: Die Anerkennung ist selten, einfach, persönlich, binär (das heißt, man bekommt sie oder nicht, es gibt keine Abstufung), unmittelbar und wirklich herausragenden Leistungen vorbehalten – und alle Anwesenden wissen das instinktiv. Es ist eine erhebende

* In den USA unter dem Titel *The Great British Baking Show* ausgestrahlt, weil *Bake-Off* bereits die Bezeichnung für eine Wettbewerbsshow der Bäckereifirma Pillsbury ist.

Geste sowohl für denjenigen, dem Hollywood die Hand schüttelt, wie für alle, die zuschauen. Hier, bedeutet sie, ist etwas wirklich hervorragend gelungen.

Der Handschlag ist zwar eine öffentliche Geste, unterscheidet sich aber von der Art öffentlicher Anerkennung, wie wir sie von der Arbeit gewöhnt sind (»Danke für Ihre hervorragende Arbeit, Nigel – ein Hurra für Sie und Ihr Team!«). Bei einer solchen Bekundung geht es weniger darum, eine ausgezeichnete Leistung festzustellen, als vielmehr, Anerkennung auszudrücken, und sie ist umso wirksamer, je mehr Kollegen sie mitbekommen. Beim Handschlag dagegen geht es ausschließlich um die ausgezeichnete Leistung, die gelobt wird – und der Empfänger versteht das sofort. Der Händedruck ist wegen seiner Direktheit und Intensität eine persönliche, fast vertrauliche Geste, die gelegentlich auch in der Öffentlichkeit vorkommt.

Der Händedruck ist eher eine Reaktion auf das Backwerk als auf den Bäcker – auf das Arbeitsergebnis, nicht auf den Arbeiter. Anders als ein 360-Grad-Feedback oder eine Leistungsbewertung ist er kein Versuch, einen Menschen zu kategorisieren oder die Zusammenhänge zwischen seinen besonderen Fähigkeiten und Eigenschaften mit seinen persönlichen Arbeitsergebnissen festzumachen. Das sollte, so sagt der Handschlag, eine Sache zwischen dem Menschen und seinem Schöpfer bleiben – wir hier können nichts weiter tun, als ausgezeichnete Arbeit zu bewundern, wenn wir sie sehen. Diese Geste drückt Skepsis gegenüber der Vorstellung aus, es gebe so etwas wie einen großartigen Arbeiter, und lobt stattdessen die großartige Leistung. So gesehen ist sie ein Akt der Demut.

Der Händedruck ist das Gegenteil eines Bewertungsverfahrens. Er muss nicht in jeder Folge der Show auftauchen oder überhaupt in irgendeiner Folge, und es muss auch nicht jeder Kandidat auf seine Handschlagwürdigkeit geprüft werden. Wollte man diese Geste in so ein Korsett aus Standards und Regeln zwingen, nähme man ihm seine wesentliche Eigenschaft: Bekäme zum Beispiel der siegreiche Kandidat in jeder Folge der Show automatisch die Hand geschüttelt, verlöre diese Geste ihre ganze Bedeutung, weil sie dann einfach nur das Ergebnis eines Auswahlvorgangs und nicht eine herausragende, bewundernswerte Leistung anerkennen würde. Der Händedruck ist wegen seiner Reinheit so wirkungsvoll: Er befriedigt nur das plötzliche und unwiderstehliche Bedürfnis, etwas wirklich Beeindruckendes anzuerkennen.

Und der Händedruck kann uns viel darüber lehren, wie man Kompetenz schmiedet, weil er die ausgezeichnete Leistung greifbar macht.

Diese Greifbarkeit entsteht durch die zeitliche Unmittelbarkeit des Händedrucks – weil die Reaktion so rasch auf die Handlung folgt, im ausgeprägten Gegensatz zu den gähnenden Abständen zwischen Leistung und Reaktion, die man am Arbeitsplatz erlebt. Die Greifbarkeit entsteht durch die Direktheit des Händedrucks als einer Geste von einem Menschen zum anderen, sodass man unmöglich missverstehen kann, wem hier zu welchem Erfolg gratuliert wird. Sie entsteht durch das Fachwissen und die Autorität des Jurors – sie signalisiert die spontane Anerkennung durch einen Meister. Und sie entsteht durch die Geschichte des Händedrucks, der schon seit Hunderten Jahren persönlichen Respekt ausdrückt. All das legt nahe, dass man sofort, unmittelbar und von Mensch zu Mensch handeln sollte, wenn man etwas greifbar machen möchte – in einem Team, oder in einem Gespräch zwischen Teamleiter und Teammitglied –, anstatt sich die Glückwünsche für später aufzuheben, bis genug zusammengekommen sind, und sie dann im ganzen Unternehmen bekannt zu machen, wie es allgemein üblich ist.

Aber warum ausgezeichnete Leistungen? Warum sollte man sie greifbar machen, wo es doch vielleicht sinnvoller wäre, ein Scheitern greifbar vorzuführen, um die Mitarbeiter davon abzuhalten? Ist die Leistung nicht ihr eigenes Lob, während wir Risiken senken und Gefahren vermeiden können, wenn wir die Aufmerksamkeit auf das lenken, was nicht funktioniert?

Das ist tatsächlich heutzutage das gewöhnliche Verfahren in der Arbeitswelt. Wir fordern die Mitarbeiter zu »konstruktivem« Feedback auf, wobei wir mit »konstruktiv« aber meinen, sie sollen Fehler und Mängel hervorheben, was einen dann angeblich in die Lage versetzt, eine bessere Version seiner selbst zu werden. Dieselbe Sichtweise steckt hinter der Definition von »Entwicklungsmöglichkeiten«: Die haben diejenigen mit den niedrigsten, nicht die mit den höchsten Leistungen – wieder mit der Vorstellung, dass schlechte Leistungen der fruchtbarste Boden für Wachstum seien, und Wachstum wiederum im Entfernen aller Defizite bestehe. Und wir betonen laut und nachdrücklich, wie wichtig es ist, aus Fehlern zu lernen, mit nahtlosem Übergang zur Wichtigkeit des Fehler*machens* (»Schnell scheitern!«), damit die kollektive Lernerfahrung genug Beispiele hat, aus denen sie lernen kann. Unsere Auffassung von Verbesserung ist auf grundlegende Weise (und als Ergebnis einer grundlegenden Philosophie) mit unserer Auffassung von der Wichtigkeit des Herausstellens und damit Überwindens von Defiziten verbunden.

Selbst wenn wir uns nicht auf das Scheitern konzentrieren, sind uns ausgezeichnete Leistungen doch immer ein wenig verdächtig. Die meisten von uns erreichen das Ziel meistens nicht ganz – sie scheitern daran, etwas besonders Bemerkenswertes zu leisten –, und weil wir immer im Hinterkopf haben, dass Ausgezeichnetheit ein gnadenloser Weggefährte ist, wollen wir unwillkürlich die anderen von ihrem blendenden Schein abschirmen. Wenn wir unsere Welt – bei der Arbeit, zu Hause, in der Schule – auf das Streben nach ausgezeichneter Leistung hin ausrichten, öffnen wir gleichzeitig dem Scheitern die Tür ein bisschen weiter. Da ist es doch bestimmt viel besser, einander zu versichern, man sei auf dem *Weg* zu ausgezeichneten Leistungen, und jedem Schüler einen Preis zu verleihen oder jedem Mitarbeiter eine Punktewertung – um ihnen zu zeigen, wie weit sie auf diesem Weg bisher gekommen sind.

Das ist ein Missverständnis der Ausgezeichnetheit und ihres Wesens. Man erreicht sie nicht stufenweise, sondern man erreicht sie oder nicht, und wenn einem das nur teilweise gelingt, folgt daraus kein Gefühl der Stabilität (das Gefühl, dass einem »das hier niemand mehr nehmen« könne) oder Freude. Wenn man versucht, jemanden vor dem Gefühl des Scheiterns zu schützen, indem man ihm Anerkennung für teilweise erfolgreiche Leistungen gewährt, verdünnt man stattdessen die Essenz des Erfolgs, weil es keine scharfe Trennung zwischen ausgezeichnet und nicht-ausgezeichnet mehr gibt. Wenn jeder einen Preis bekommt, dann fragen sich alle, ob die Verantwortlichen wirklich wissen, was eine ausgezeichnete Leistung ausmacht – und ob sie es selbst wissen.

Deshalb müssen wir auch die Ausgezeichnetheit, nicht nur das Scheitern, zu einer greifbaren Erfahrung machen.

Erstens ist Ausgezeichnetheit etwas, worauf man *hinarbeiten* kann. Kritisches Feedback zu Fehlern kann unter den richtigen Umständen die Wahrscheinlichkeit eines Scheiterns senken, bleibt aber immer der Blick auf etwas, das man hinter sich lassen soll, und das ist nicht nur schwieriger als auf etwas zuzustreben, sondern sagt auch nichts darüber aus, wie eine große Leistung aussieht.* Wenn man dagegen ausgezeichnete Leistungen hervorhebt, gibt man damit einen Weg vor, wie man persönlich wachsen kann. Man kann sich gut vorstellen, wie der mit einem Hollywood-Händedruck Ausgezeichnete denkt, »JA! Und wie kann ich das nochmal hinkriegen?« Es ist nichts Besonderes, wenn jemand vermeiden möchte zu scheitern – aber gefährlich anzunehmen, dass erfolgreich zu sein und Scheitern zu vermeiden dasselbe seien, und es ist ein schweres Missverständnis, davon auszugehen, sich zu verbessern bedeute ausschließlich oder hauptsächlich, Fehler zu vermeiden. Ohne eine leuchtkräftige und lebhafte Vorstellung von Erfolg ist persönliches Wachstum kaum möglich, weil man dann keine Vision, keinen Horizont, keinen Antrieb, keinen Ehrgeiz hat, nichts, was einen antreibt. Es fehlt, um es mit Bob Woodward auszudrücken, das *Tageslicht*.

---

* Die richtigen Umstände sind dabei gegeben, wenn man sich auf ein objektiv richtiges Verfahren wie eine standardisierte Methode oder einen vereinbarten Ablauf beziehen kann – und wenn sich der Empfänger durch die Kritik nicht bedroht fühlt. Wir halten diese Umstände gerne für häufig gegeben, aber in Wirklichkeit sind sie in den meisten Fällen selten.

Zweitens schafft es Freiraum für die Mitarbeiter, ihren eigenen Weg zur Ausgezeichnetheit zu finden, wenn man sie greifbar macht. Das ist wichtig, weil großartige Leistungen in hohem Maß idiosynkratisch sind – jeder Mensch ist auf seine ganz eigene Weise ausgezeichnet. Das ist eine der Triebfedern der Zivilisation überhaupt – wenn jeder ausgezeichnete Autor, Sportler, Forscher, Architekt, Komponist oder Ingenieur auf dieselbe Weise ausgezeichnet wäre, lebten wir auf einem unendlich viel langweiligeren Planeten als dem, den wir kennen. Aber dieses Merkmal der Ausgezeichnetheit – die Vielfalt ihrer persönlichen Ausprägungen – wird in unserem Bemühen, die Umwelt zu verstehen und zu vereinfachen, oft übersehen. Es ist ein so vertrauter Umstand unserer Welt, dass wir es oft nicht bemerken und daher auch nicht berücksichtigen, dass man menschliche Ausgezeichnetheit nicht ohne menschliche Einmaligkeit haben *kann*. Ausgezeichnetheit ist ungewöhnlich. Merkwürdig. Eigenartig. Unnachahmlich. Die einzige Anleitung, um sie zu erreichen, lautet daher: Setzen Sie sich große Ziele und bleiben bei dem, was funktioniert. Ausgezeichnetheit greifbar zu machen, gibt große Ziele vor und liefert Beispiele für den zweiten Punkt.

Und der letzte Grund ist, dass Ausgezeichnetheit auf eine Weise Sicherheit schafft, wie sie beim bloßen Vermeiden von Fehlern nie möglich ist. Wenn man weiß, dass man wirklich gut arbeitet, fühlt man sich verwurzelt; und wenn man weiß, dass es ein Vorbild für ausgezeichnete Leistungen irgendwo in der Welt gibt – ob man ihm nun erfolgreich nacheifert oder nicht –, gibt uns das einen Standort und eine Richtung. Wir sprechen zwar in der Arbeitswelt über Ausgezeichnetheit in einem weiteren Sinn, interessieren uns aber kaum dafür, woher sie kommt und wie sie genau aussieht – zumindest, wenn man danach geht, wie wir sie zu fördern versuchen –, und wissen gar nicht, wie man sie beschreibt oder greifbar macht, weil sie unseren Versuchen, sie in unsere Systeme und Kategorien einzugliedern, so sehr widerstrebt. Deshalb gibt es heute in der Welt der Großunternehmen Hunderttausende Menschen, deren Arbeit keine Quelle der Stabilität für sie ist, sondern eine der ständigen und trügerischen Ungewissheit, und die, weil sie nicht wissen, wie großartige Leistungen aussehen sollen, auch nicht wissen, wo ihr Platz in der Gegenwart ist und ob sie einen in der Zukunft haben. Und dann gibt es noch diesen Typen, der fröhlich auf dem Garden State Parkway ein Auto nach dem anderen abschleppt und jeden Tag auf die greifbarste nur mögliche Weise seine eigene unbezweifelbare Kompetenz erlebt, und der deshalb besser geerdet ist als sie alle.

Aus allen diesen Gründen – weil eine klare Vorstellung von Ausgezeichnetheit unabdingbar für Stabilität und persönliches Wachstum ist – besteht eine der wesentlichen Aufgaben jedes Teamleiters darin, ausgezeichnete Leistungen ausdrücklich anzuerkennen. Nicht mit finanziellen Belohnungen, weil Menschen keine Münzautomaten sind, und auch nicht in Mitarbeitergesprächen, nicht als Punktzahl, nicht als Fortschritt auf einer Stufenskala abstrakter Eigenschaften, nicht als festgeschriebene Jahresziele, nicht als Input in das allwissende System – sondern als spontanen Glückwunsch für einen Moment der Großartigkeit.

»Tolle E-Mail – wollen Sie wissen, warum?«

»Daran hatte ich überhaupt nicht gedacht – können Sie mir das genauer erklären?«

»Was Sie da eben gesagt haben, war sehr gut. Ich sage Ihnen auch, warum.«

Wir stellen uns vielleicht vor, dass so etwas in der abstrakten Welt der Büroarbeit schwerer zu bewerkstelligen ist als in der konkreten Welt des Abschleppens, aber es ist in Wirklichkeit ganz einfach. Man muss nur wissen, wie.

»Ganz genau! Sie haben völlig recht!«

»Darf ich Ihnen sagen, was ich daran so hervorragend fand?«

»Wissen Sie, was mich am stärksten überzeugt hat?«

Man muss nur daran denken, dass eine ausgezeichnete Leistung ein Anlass ist, einen Moment innezuhalten; dass man manchmal ein Kompliment anbringen kann, indem man einfach fragt: »Wie haben Sie das gemacht?«; dass ausgezeichnete Leistungen selten sind, man auch nur selten eine Anerkennung dafür ausspricht und sie deshalb klar als das formulieren sollte, was sie ist; und dass man dafür nicht die größte Autorität auf dem Gebiet ausgezeichneter Leistungen sein muss, sondern bloß begeistert von dem, was so ausgezeichnet war.

»Ich fand das richtig gut. Wie sind Sie darauf gekommen?«

»Wow – wo haben Sie denn das gelernt?«

»Fantastisch! Gut gemacht, danke!«

Deshalb sollte der Satz »Gut gemacht!« nicht das Ende einer Unterhaltung über eine Leistung in der Vergangenheit sein (wie wir uns das gewöhnlich vorstellen), sondern vielmehr der Anfang einer Unterhaltung über zukünftiges Lernen. Denn auf das »Gut gemacht!« folgt eine Beschreibung dessen, was jemand gesehen oder was ihn bewegt hat, oder ein Erfahrungsbericht über etwas wirklich gut Gelungenes oder eine Frage, wie dem Betreffenden das gelungen ist – damit derjenige, der die Leistung erbracht hat, sie genauso ausgezeichnet oder noch besser wiederholen kann. Erfolg ist mehr als Fehlervermeidung, und wenn wir anderen helfen wollen, erfolgreich zu sein, müssen wir mindestens genauso energisch nachfragen, was funktioniert hat, wie wir nachfragen, was schiefgegangen ist.

Damit zerteilen wir den Nebel. Die strahlende Schönheit einer gut gelösten Aufgabe gibt uns einen soliden Rückhalt für unsere Arbeit. In ihr finden wir auch unsere tiefsten Motivationsquellen. David Remnick, der heutige Herausgeber des *New Yorker*, arbeitete zu Anfang seiner Journalistenlaufbahn bei der *Washington Post* und erinnert sich an die Umgebung, die Ben Bradlee dort schuf: »Selbst wenn du sicher warst, dass er deinen Namen nicht kannte, warst du bereit, dir jede denkbare Mühe zu geben, um seinen Maßstäben gerecht zu werden.«[88] Das ist eine Antriebskraft, wie man sie aus Punktzahlen, Bewertungen, Gehaltserhöhungen und Beförderungen nicht gewinnt, weil diese zwar auf ziemlich verwickelte Weise auch die ausgezeichneten Leistungen der Vergangenheit widerspiegeln, aber gleichzeitig mechanisch, abstrakt, zweckgebunden und unmenschlich sind. Diese Antriebskraft zeigt sich vielmehr in Augenblicken, in denen das Universum einen Moment lang zu einer Singularität kollabiert, in der ein Einzelner etwas tut, das einem anderen Menschen klar, rein, gut, lebensbejahend und unbezweifelbar erscheint.

Und überraschend. Wer käme darauf, die Fähigkeit, den Kunden vergessen zu lassen, dass er einen beschissenen Tag hat, in die Anforderungen für einen Job als Abschleppfahrer zu schreiben? Ganz sicher niemand, der die Messgrößen für die Bewertung dieses Mitarbeiters oder die Zielsetzungen für diesen Arbeitsplatz aufstellt. Öfter, als uns lieb ist, wissen wir gar nicht, was wir von den anderen verlangen sollen. In manchen Bereichen wissen wir noch gar nicht, was der nächste Renner am Markt wird, weil er noch nicht existiert, und können daher noch nicht festlegen, welche Fähigkeiten die Mitarbeiter mitbringen müssen und wie viele wir einstellen sollen. Aber wenn wir herausfinden, wie wir mehr Mitmenschen die fröhliche Kombination verschaffen können, die Alexander der Große genießt – greifbare Kompetenz und Freiheit –, dann werden sie uns weit voranbringen, und zwar in Richtungen, die wir uns heute noch nicht vorstellen können.

## *Geheimnisse offenbaren*

In der New Yorker Zentrale von JPMorgan Chase steht eine Vitrine, in der Pistolen ausgestellt sind. Ich sah sie selbst, als ich als junger Unternehmensberater zu einer Besprechung in die Chefetage eingeladen war. Die bestand damals aus etwa einem halben Dutzend Büros, die zusammen ein ganzes Stockwerk im Gebäude der Bank im Zentrum Manhattans einnahmen. An die Räumlichkeiten kann ich mich nicht mehr gut erinnern, außer daran, dass sie ungeheuer beeindruckend waren. Deutlicher weiß ich noch, wie wir im Vorraum auf den Einlass ins Allerheiligste warteten und mein Blick von einem Schaukasten mit verglastem Pultdeckel an der Wand angezogen wurde, der aussah, als gehöre er in ein Museum. Er enthielt zwei Pistolen, die auch sehr nach Museumsstücken aussahen –

langläufig, mit geschwungenen Griffen und ziselierten Metallteilen. »Was sind das für Pistolen, und wieso sind sie hier ausgestellt?«, fragte ich jeden im Umkreis eines lauten Flüsterns.

Ich erinnerte mich wieder an dieses Paar Pistolen, als ich anfing, über Menschen, Arbeit und Stabilität und insbesondere das Gefühl der Zugehörigkeit nachzudenken. Und ich wusste noch sehr gut, was ich später als Antwort auf meine geflüsterte Frage erfahren hatte: Am 11. Juni 1804 hatte Alexander Hamilton eine dieser Pistolen (niemand weiß mehr, welche) bei einem Duell in Weehawken, New Jersey, harmlos in die Luft abgefeuert. Mit der anderen wurde *auf* Alexander Hamilton geschossen, und zwar von Aaron Burr, der ihn dabei tödlich verwundete. Burr hatte einige Jahre zuvor die Manhattan Company gegründet, angeblich, um die Insel Manhattan mit sauberem Trinkwasser zu beliefern; in Wirklichkeit war sie eine Bank, die Hamiltons Bank of New York Konkurrenz machen sollte. Etwas über zwei Jahrhunderte voller Fusionen und Aufkäufe später hat sich die Manhattan Company in JPMorgan Chase verwandelt und dabei irgendwann auch dieses Paar Pistolen für ihre historische Sammlung erworben.

Die Pistolen sind ein seltsames Stück Firmengeschichte. Anders als ein Gründungsmythos oder auch eine Unternehmensvision sagen sie überhaupt nichts darüber aus, was es bedeutet, heute bei JPMorgan Chase zu arbeiten. Meine erste Reaktion, als ich sie sah, war Verwirrung, weil sie so fehl am Platz wirkten. *Es ist schließlich eine Bank – was wollen sie mit Pistolen?* Ich arbeitete damals erst seit wenigen Jahren in den USA und wusste nicht, wer Hamilton oder Burr gewesen waren, was ein Trinkwasserlieferant mit einer Bank zu tun hatte oder wo zum Teufel Weehawken lag. Als ich dann die Geschichte hörte, wurde aus der Verwirrung Traurigkeit: *Es war ein Duell! Über eine angebliche Beleidigung beim Dinner, an die sich niemand mehr richtig erinnern konnte! Hamilton wollte Blutvergießen vermeiden!* Und wenn ich heute über die Verbindung zwischen den Pistolen und der Institution nachdenke, der sie gehören, finde ich die auch durchaus belastet. *Der Gute wurde erschossen, und der Böse wurde später Vizepräsident der USA! Diese Bank ist aus einem Unternehmen hervorgegangen, das der Böse gegründet hat!* Das ist alles ein bisschen melancholisch und wie in einem Krimi.

Aber zumindest für mich ist das Faszinierendste an den Pistolen nicht ihr Vorbesitzer oder ihre Rolle in der Geschichte, auch nicht, dass sie so alt sind, sondern dass kaum jemand von ihrer Existenz weiß – und damit sind sie gleichzeitig ein Beispiel dafür, wie man für die Mitarbeiter ein Zugehörigkeitsgefühl schaffen kann.

Ich habe in meiner Karriere nicht sehr oft den Arbeitgeber gewechselt, also habe ich auch nicht sehr viele Orientierungsseminare für neu eingestellte Mitarbeiter erlebt, aber genug, um zu wissen, dass sie eine ziemlich seltsame Angelegenheit sind. Natürlich sind sie ausdrücklich dafür gedacht, ein Gefühl der Zugehörigkeit zum Unternehmen zu schaffen – für die Neueingestellten sind sie der Initiationsritus, der sie vom Außenseiter zum Eingeweihten macht. Die Art, wie diese Einführungsseminare aufgezogen sind, zeigt also unsere Vorstellung davon, wie man am Arbeitsplatz Zugehörigkeitsgefühl schafft. Das typische Orientierungsseminar beruht offensichtlich auf der Annahme, dass man dem eigenen zukünftigen Teamleiter oder auch den eigenen zukünftigen Teamkollegen natürlich nicht zutrauen kann, einen in das große Ganze des Unternehmens aufzunehmen, und dass das Unternehmen einem dazu alles über sich selbst erzählen muss, damit man sich herzlich aufgenommen und in seinem Glauben bestätigt fühlt, es sei die richtige Entscheidung gewesen, in das Unternehmen einzutreten. Man findet sich also pflichtschuldig in einem Seminarraum irgendwo am Unternehmenssitz ein und wird von einem entnervend begeisterten Moderator empfangen (den man nach dieser Veranstaltung nie wieder zu Gesicht bekommt), zusammen mit den anderen Neulingen (die man nach dieser Veranstaltung ebenfalls nie wiedersieht). Und die nächsten zwei oder drei Tage werden Sie dann orientiert.

Dabei taucht sofort ein Problem auf. Weil Sie alle noch nicht bei den Teams sind, in denen Sie dann arbeiten werden, kann man Sie noch nicht in Ihre tatsächliche Tätigkeit einweisen. Sie bekommen Ihren Arbeitslaptop, falls Sie ihn nicht schon haben, eine Einweisung in die diversen Softwaresysteme, die im Unternehmen benutzt werden, und werden mit den allgemeinen Vorschriften vertraut gemacht, zum Beispiel zur Übernahme von Spesen, aber das alles war demjenigen, der das Seminar gestaltet hat, offenbar noch zu substanzlos. Nachdem man also, angeblich als Bonding-Übung, gezwungen worden ist, persönliche Informationen über sich preiszugeben, und sich alle reihum und unbeholfen den anderen Teilnehmern vorgestellt haben, enthüllt Ihnen der Moderator voller Stolz die Werte des Unternehmens.

An diesen Werten fallen Ihnen sofort ein paar Sachen auf. Erstens, dass sie auf Banner gedruckt sind, die aus Kästen auf dem Fußboden hochspringen und dabei eine unmäßig große Begeisterung beim Moderator auslösen. Zweitens, dass die Werte mit Bildern gesunder, fröhlicher Menschen illustriert sind, die sich mit gesunden, fröhlichen Aktivitäten befassen – die zum großen Teil in freier Natur stattfinden und wenig mit der Arbeit im Unternehmen zu tun haben – und aussehen, als seien sie aus Anzeigen für Outdoor-Bekleidung oder Arthritismedikamente oder vielleicht beidem entsprungen. Und drittens, dass diese Werte ziemlich genau dieselben wie in jedem anderen Unternehmen sind, für das Sie je gearbeitet haben. Man könnte meinen, es gebe irgendwo ein geheimes Gesamtverzeichnis aller Unternehmenswerte, das jede Firma alle paar Jahre, wenn sie glaubt, ihre bisherigen Werte klängen ein bisschen verstaubt, konsultieren darf, um sich nach dem Zufallsprinzip sieben oder acht neue auszusuchen. Da gibt es die Kundenbesessenheit, die Innovativität, die Zusammenarbeit, die Akzeptanz von Unterschieden, die Helfende Führung oder die Transformative Führung oder die Authentische Führung oder welches Adjektiv für Führung diesen Monat gerade *en vogue* ist, es gibt den Respekt für andere Meinungen, es gibt die Sorge um die Umwelt, und für die wagemutigeren Unternehmen gibt es eine Variation von »Sei kein Arschloch«.

Zu jedem dieser Werte müssen die Neulinge gemeinsam eine Übung durchführen, und manchmal bekommt man auch ein paar Aufkleber dazu, die man mit nach Hause nehmen darf, vielleicht, damit man die Werte nicht vergisst oder sie seinem Lebenspartner zeigen kann. Und nach zwei oder drei Tagen packen Sie Ihren nagelneuen Firmenlaptop ein, bekommen den Mitarbeiterausweis mit dem peinlichen Foto, das am ersten Morgen aufgenommen wurde und auf dem man aussieht, als plane man insgeheim seinen Ausbruch, und machen sich auf den Weg zu Ihrem richtigen Team, um Ihre richtige Arbeit kennenzulernen. Und vielleicht haben Sie außer den Firmenwerten tatsächlich ein bisschen über die Strategie die Firma, ihre gegenwärtigen Prioritäten oder ihre Produkte gelernt, aber Sie gehören trotzdem noch nicht wirklich dazu. Auf dem Weg, Ihre vertragliche Zugehörigkeit zu einer wirklich empfundenen auszuweiten, sind Sie kaum weitergekommen.

Wie wir bereits gesehen haben, ist das Zugehörigkeits- und Gemeinschaftsgefühl Voraussetzung für Gesundheit und Glück des Menschen und damit für die Fähigkeit, seine Arbeit zu tun, und die Widerstandskraft angesichts des Wandels. Und es ist nicht abwegig zu glauben, einer der Gründe für ein solches Zugehörigkeitsgefühl sei, dass wir die Ideale eines Ortes kennenlernen, die Vision derer, die dort arbeiten, und die Richtung, in der sie unterwegs sind – und dass diese Ideale und Hoffnungen die eigenen widerspiegeln oder ergänzen. Die Werte, die wir in einem typischen Orientierungsseminar vorgestellt bekommen, entsprechen jedenfalls ebenso dieser Auffassung wie die kurzgefassten Mission Statements und der Spruch mit dem Unternehmensziel. Sie sollen in die Zukunft schauen und eine bestimmte Vision umreißen, wie sich diese Zukunft gestalten wird, und damit die Frage »Warum sollte ich hier dazugehören wollen?« folgendermaßen beantworten: »Weil das hier ein Ort ist, an dem wir folgende Träume haben, folgende Ziele und folgende Ideale.« Dieser Ansatz der Einführung neuer Mitarbeiter soll ihnen ermöglichen, den eigenen Standort im Hinblick auf die Richtung des Unternehmens zu bestimmen, und will ihnen zeigen, was auf dem Weg zum Ziel zu erwarten ist. Tatsächlich werden diese Mission Statements in der Arbeitswelt ja oft als »Leitsterne« bezeichnet.

Aber es liegt im Wesen von Träumen, Idealen und Zielen, dass sie etwas schaffen wollen, das noch nicht existiert. Das ist sogar ihr Sinn. Das allerdings bedeutet, dass alle diese Beschreibungen der Zukunft etwas beschwören, das im Moment, da es mitgeteilt wird, nicht real ist. Wenn es darum geht, ein Zugehörigkeitsgefühl zu schaffen, ist das ein Problem.

Erstens muss diese Art Zukunftssprech wirklich gut gemacht sein, um zu überzeugen – die Reaktion des Mitarbeiter auf die neueste strahlende Unternehmensvision ist, traurig aber wahr, nur zu oft genervtes Augenrollen. Nicht alles, was man erträumen kann, übersteht die Reise aus der Fantasie in die Wirklichkeit, und die meisten Menschen wissen das.

Außerdem taugen diese Aussagen nur begrenzt als Ankerpunkt, wenn wir mit Turbulenzen in der gegenwärtigen, realen Welt fertigwerden müssen, weil sie ja eine Welt beschreiben, die es noch nicht gibt. Dazu besteht immer das Risiko, dass die Mitarbeiter die Lücke zwischen Vision und Wirklichkeit, zwischen Worten und Taten sehen. Werte, Versprechungen und Absichtserklärungen inspirieren nur so lange, wie man ihnen beständig gerecht wird, und das ist viel schwerer, als sie auf eine Folie in einer Slideshow zu setzen.

Und schließlich kann die unausweichliche Neigung solcher Sprüche zur allumfassenden Erbaulichkeit – Starbucks zum Beispiel möchte »den menschlichen Geist inspirieren und fördern«, Ikea »einen besseren Alltag für die Menschen kreieren«, um nur zwei zufällige Beispiele herauszugreifen – auch nach hinten losgehen. Die Zukunft, die sie beschreiben, ist idealistisch, voller Versprechungen und noch im Fluss – sie ist noch nicht gebucht –, also nehmen wir sie nicht richtig ernst. Sie wird außerdem oft ein bisschen zu sauber und ordentlich vermittelt – befreit von allen Komplikationen, Hindernissen oder nagenden Zweifeln –, und deshalb misstrauen wir ihr.

Und weil Unternehmenswerte und ähnliche Sprüche dazu neigen, in jeder Firma gleich zu klingen und ziemlich generisch sind, taugen sie auch nicht dazu, *Ihr* Unternehmen aus der Masse der Mitbewerber herauszuheben oder ihm besondere Eigenschaften zu verleihen. (Und das sollten sie im Grunde auch nicht, weil die Gesamtliste, aus der sie alle abgeschrieben zu sein scheinen, *menschliche* Werte beschreibt, keine Firmenwerte.) Wenn ein Unternehmen einem sagt, es wolle »Zeichen setzen« oder »Marktführer werden« oder eine »Kultur des XYZ« schaffen, macht es Sie nicht zum Teilhaber eines Geheimnisses, das Außenstehende nicht kennen, oder sagt Ihnen etwas, das Sie sich nicht mehr oder weniger auch vor dem Orientierungsseminar selbst hätten ausdenken können, schon vor Ihrem Übergang vom Außenseiter zu jemandem, der dazugehört. Weil Unternehmenswerte generisch sind, können sie natürlich keine großartigen Enthüllungen sein.

Die Pistolen dagegen zeigen, wie man auf eine ganze andere Weise Zugehörigkeitsgefühl schafft.

Sie sind das genaue Gegenteil von generisch. Man erwartet sie (natürlich) nicht in einer Bank. Sie erzählen eine seltsame und tragische Geschichte aus ferner Vergangenheit. Je mehr Sie über diese Geschichte erfahren, desto mehr Einsichten enthüllt sie – mit anderen Worten: Sie besitzt Tiefe. Die Pistolen sind offensichtlich ein Artefakt aus der realen Welt, denn die reale Welt ist, wie wir wissen, unordentlich und nicht zu unserer Unterhaltung oder Erbauung geschaffen. Weil sie der Vergangenheit angehören, machen sie keine unerfüllten Versprechungen, und ihre Geschichte kann kein neuer Manager aus einer Laune heraus oder gemäß dem neuesten Management-Trend umschreiben; sie sind etwas Dauerhaftes. All das macht sie zu einem Wurmloch für Zeitreisen in die Vergangenheit, zu einer Wurzel, die das Grundwasser der Geschichte anzapft.

Aber was sie einmalig macht, zumindest im Hinblick auf das Zugehörigkeitsgefühl, das sie schaffen, ist viel einfacher. Kaum jemand weiß von ihnen. Auch die meisten Mitarbeiter von JPMorgan Chase bekommen sie nie zu sehen. Sie sind nicht mitten in der Eingangshalle ausgestellt. Wenn man sie entdeckt, sind sie eine Antwort auf die Frage »Warum sollte ich hier dazugehören wollen?«, nämlich: »Weil wir Ihnen etwas sehr Besonderes gezeigt haben, von dem nur wenige wissen, also gehören Sie jetzt zu uns«. Als ich diese Pistolen sah, wusste ich zuerst nicht, was sie waren, was sie bedeuteten und wie sie in den Vorraum der Chefetage gelangt waren. Aber ich wusste sofort, dass sie diesen Raum als einen markierten, zu dem nicht jeder Zutritt hatte, und dass das Wissen um ihre Existenz wenigen vorbehalten war. Einen kurzen Augenblick lang war ich, soweit das bei einem jungen Unternehmensberater, der noch grün hinter den Ohren ist, möglich ist, in den inneren Kreis aufgenommen.

Dieses historische Paar Pistolen schafft ein Zugehörigkeitsgefühl nicht mit einer Einladung zu Zukunftsträumen, sondern indem es ein Geheimnis aus der Vergangenheit erzählt.

Mit Familiengeschichten ist es genauso. Kurz nach der Jahrtausendwende fanden drei Psychologen – Robyn Fivush und Marshall Duke von der Emory University in Atlanta und Jennifer Bohanek von der University of North Carolina in Chapel Hill – heraus, dass Kinder umso widerstandsfähiger waren, je mehr sie über die Geschichte ihrer Familie wussten.[89] Die Forscher schrieben einen Fragebogen, die sogenannte »Weißt-du«-Skala, mit Fragen wie »Weißt du, wie deine Eltern sich kennengelernt haben?«, »Weißt du, was dein Name bedeutet?« oder »Weißt du, welche Jobs deine Eltern hatten, als sie jung waren?« – insgesamt 20 Fragen, deren Antwort ein Kind nur kennen kann, wenn in seiner Familie viel über die Familiengeschichte geredet wird. Je mehr dieser Fragen ein Kind beantworten konnte, so entdeckten die Forscher, desto selbstständiger und selbstbewusster war es und desto besser konnte es die Auswirkungen von Stressbelastung überwinden. In den Fragen geht es um kleine Schätze privater Geschichte, in diesem Fall um Fakten, die sich auf eine bestimmte Gruppe Menschen beziehen. Sie sind spezifisch – nicht »Wie war das, als deine Eltern jung waren?«, sondern »Weißt du, welche Krankheiten und Unfälle deine Eltern hatten, als sie jünger waren?«; nicht »Wie sind deine Eltern aufgewachsen?«, sondern »Was haben deine Eltern aus ihren guten oder schlechten Erfahrungen gelernt?«. Sie beschönigen die Geschichte nicht und wollen nichts demonstrieren; am Ende der Geschichte muss keine Moral stehen. Vielmehr zeichnen sie eine Reihe detaillierter Impressionen der Vergangenheit und konzentrieren sich auf Einzelheiten, die man nur kennen kann, wenn man sie erzählt bekommen hat.

Solche Geschichten sind keine Geheimnisse in dem Sinn, dass es verboten wäre, sie weiterzuerzählen, aber insofern geheim, als sie nicht absichtlich in der Öffentlichkeit verbreitet werden wie die Vision, die Mission und die Werte eines Unternehmens. Sucht man im Internet nach »JPMorgan

Chase pistols«, stößt man rasch auf zwei oder drei Erwähnungen der Waffen aus dem Duell Hamiltons mit Burr – aber wer kommt schon darauf, danach zu suchen? Dadurch werden solche Geheimnisse geradezu zur Definition des Dazugehörens: Wenn man sie kennt, ist man ein Insider; dass Außenstehende keine Ahnung von ihnen haben, schafft für diejenigen, die sie kennen, ein Zugehörigkeitsgefühl.

Solche Geschichten werden mündlich von einer Generation an die nächste weitergegeben oder von älteren Mitarbeitern an jüngere, und diese Art der Weitergabe verstärkt noch ihre Wirksamkeit. Sie sind buchstäblich vertraulich.

Sie werden auch nicht irgendwie redigiert – sie sind nicht umgeschrieben oder ausgewählt, um ein bestimmtes Gefühl oder eine bestimmte Reaktion im Zuhörer auszulösen. Sie wollen nicht inspirieren, bilden oder aufregen; wenn sie das tun, dann zusätzlich zu ihrer Funktion als Zugehörigkeitsschaffer. Sie sind direkt, real und spontan – und damit oft keine eindeutigen Beispiele für richtiges Leben oder Handeln. Diese ungeschönte Realitätsnähe macht sie umso wirksamer, weil glaubwürdiger, was wiederum zu dem Gefühl beiträgt, etwas Besonderes erfahren zu haben.

Der Wert von Familiengeschichten beruht wie der von Insiderstorys am Arbeitsplatz eher darauf, dass sie auf eine bestimmte Weise bestimmten Menschen mitgeteilt werden, als auf ihrer Bedeutung oder ihrer Moral. Solche Geschichten, die eine Lektion illustrieren sollen, gibt es natürlich oft, und sie werden oft von Eltern und Managern erzählt. Aber eine Geschichte muss keine Lektion lehren, um Zugehörigkeit zu erzeugen. Zugehörigkeitsgefühl entsteht in kleinen Gruppen – Edmund Burkes »Kompanien« sind schließlich *kleine* Kompanien –, und wenn man eine Information hat, von der man weiß, dass man sie nur mit wenigen anderen teilt, fühlt man sich in eine kleine Gruppe aufgenommen, wie auch immer diese Information lautet.

Und solche Geschichten sind natürlich auch ein weiteres Beispiel für die Macht von Klatsch und Tratsch, Zugehörigkeit zu schaffen. Wie wir bereits gesehen haben, gehört Klatsch – die inoffiziellen Nachrichten, wer was tut und was gerade alles passiert – zu den wichtigsten Methoden, mit denen sich die Mitglieder größerer Gruppen aneinander binden. Klatsch und Tratsch sind gerne ein bisschen anzüglich, während Familiengeschichten und Arbeitsplatzanekdoten aus der Weißt-du-noch-Zeit gerne nachträglich durch die rosa Brille gesehen werden – aber sie sind eng miteinander verwandt und haben sehr ähnliche Funktionen.

Es wäre interessant, sich eine Arbeitsplatzversion der »Weißt-du«-Fragen vorzustellen. Anstatt zu fragen, wie sich die Eltern kennengelernt haben oder wie sie auf den Vornamen eines Kindes kamen, könnte man fragen, wie das Unternehmen gegründet wurde. Anstatt zu fragen, wem ein Kind am ähnlichsten sieht, könnte man nach Mitarbeitern fragen, die einen bedeutenden Beitrag geleistet haben. Anstatt nach Krankheiten oder Unfällen könnte man nach Kontroversen im Unternehmen fragen. Und dann könnte man noch weitergehen und die Geschichten nicht nur spezifisch für ein Unternehmen, sondern für ein einzelnes Team abfragen, also den Ort, an dem Zugehörigkeitsgefühl entsteht. Wir könnten die Geschichte erzählen, wie wir dies versucht und jenes entschieden haben, und die Geschichte von damals, als jenes schiefging, und die Geschichte, wie das Team gegründet wurde, und die Geschichte, wie dies und das damals wirklich eingeschlagen hat, und die Geschichte davon, was wir alle wirklich von Du-weißt-schon-wem gehalten haben. Alle diese Geschichten können Sie nur kennen, wenn Sie dabei waren oder wenn sie Ihnen jemand erzählt, wenn Sie also einer von uns sind.

Jedes Team hat solche Geschichten. Sie weiterzuerzählen ist die beste Methode, um Zugehörigkeitsgefühl zu schaffen.

Allerdings müssen wir bedenken, wie selten und kostbar solche Geschichten sind. Man kann sie nicht erfinden und sie sind damit eine Art nicht erneuerbarer Ressource. Wir können sie also nur entweder verloren gehen lassen oder bewahren; eine neue Geschichte schaffen können wir für unsere Unternehmen nicht so schnell und ebenso wenig neue Sagen und Legenden erfinden. Das alles muss entdeckt, ausgegraben, bewahrt oder enthüllt und dann weitergegeben werden, von einem Team zum anderen und von einem Jahr zum anderen. »Pistolen« findet man, selber machen kann man sie nicht; wo sind Ihre?

## *Berechenbar sein*

Im Herzen unseres Verhältnisses zur Zukunft liegt ein Paradoxon. Wir wollen der Zukunft vertrauen können, und dieses Gefühl ist unserer Arbeitsproduktivität, unserem Gefühl der Gewissheit, unserer Sinnfindung und insgesamt unserer seelischen Gesundheit enorm förderlich. Aber solches Vertrauen fassen wir nicht, wenn man uns sagt, wie wunderbar die Zukunft wird. Wie gesehen, entsteht Vertrauen nicht aus den fröhlichen Verlautbarungen unserer Manager, wohin wir alle unterwegs sind, aus visionären Statements oder begeisterten Reden über Transformation. Manchmal verstehen wir dadurch zwar die Möglichkeiten besser, die die Zukunft bietet, und streben energischer auf sie zu, und manchmal verstehen wir auch besser, wohin der Chef uns mitnehmen will. Oft aber beachten wir diese Dinge nicht weiter, weil wir wissen, dass ein erstrebtes Ziel etwas anderes ist als eine vollbrachte Leistung, oder weil sich die Misstrauischeren unter uns sofort fragen, welche verschwiegene schlechte Nachricht hinter diesem zur Schau getragenen Optimismus steckt. Ob solches Zukunftssprech nun Begeisterung oder Verdacht in uns erweckt, eines schafft es jedenfalls nicht: Vertrauen.

Dafür verlassen wir uns nicht auf Botschaften und Visionen, sondern auf die Menschen um uns herum. Denn Vertrauen ist, wie sich herausstellt, keine Reaktion auf Aussagen über die Zukunft, sondern auf bestimmte Eigenschaften derjenigen, die sie zusammen mit uns erleben werden.

Vor einigen Jahren machten wir uns bei Cisco mit einem kleinen Team daran herauszufinden, ob es einen Zusammenhang zwischen der Art gab, wie die Mitarbeiter einen bestimmten Chef beschrieben, und der Wirkung dieses Chefs. Wir suchten uns 14 führende Manager für unsere Studie aus und baten dann alle diesen 14 unterstellten 1495 Angestellten, jeweils fünf Begriffe für Eigenschaften aufzuschreiben, die ihrer Meinung nach der betreffende Chef hatte. Wir erhielten insgesamt 1714 Begriffe, die jeweils auf einen bestimmten Chef zutreffen sollten und jeweils von einem Mitglied seines Teams im weiteren Sinn stammten. Natürlich hätten es viel mehr Begriffe sein müssen, wenn jeder Befragte fünf einmalige Wörter gewählt hätte – fast 7000. Dass die tatsächliche Zahl niedriger war, lag natürlich daran, dass es viele Doppelungen gab. Diese Doppelungen oder nahen Entsprechungen und ihren Zusammenhang damit, wie klar die Teammitglieder ihren Chef sahen, und wie diejenigen Teammitglieder, die am klarsten sahen, über die Zukunft dachten, wollten wir untersuchen.

Wir fingen mit der sogenannten *pretrained semantic network word embedding library* an, um die Wörter zunächst in Zahlen zu verwandeln – 300 Messwerte für jedes Wort, die alle seine möglichen Bedeutungen und Bedeutungsschattierungen erfassten. Diese Werte gaben wir einem selbst geschriebenen Algorithmus ein, der die jedem Chef zugeschriebenen Begriffe objektiv und ohne menschliches Eingreifen analysierte. Unser Algorithmus gruppierte die quantifizierten Begriffe für den jeweiligen Chef nach Bedeutungsfeldern, sodass »nachdenklich«, »introspektiv« und »analytisch denkend« alle in eine Gruppe kamen, »freundlich«, »zugänglich« und »ansprechbar« in eine andere. Das ergab für jeden bewerteten Manager eine Reihe von zwei oder drei Dutzend Wortfeldern, aus denen wir dann die zehn meistgenannten herauszogen, um zu erfahren, wie der Betreffende von seinen Untergebenen gesehen wurde.

Um festzustellen, wie unsere Versuchsteilnehmer den Arbeitsalltag erlebten, schauten wir uns das Engagement der Mitarbeiter an, von denen die Bewertungen stammten, insbesondere ihre Antwort auf die Frage, wie zuversichtlich sie in die Zukunft schauten, aus der Quartalsumfrage zum Arbeitsengagement.* Die Messung des Engagements führ-

* Diese und andere Messgrößen für Arbeitsengagement und den Grund, warum sie effektive Aussagen zur *Leistung* ermöglichen, schauen wir uns im Abschnitt über Teams an.

ten wir getrennt durch, damit die Teammitglieder nicht vor allem daran dachten, während sie ihre Manager beschrieben.

Was sich nach vielen Monaten Rechnerei herausstellte, war eine Reihe faszinierender Zusammenhänge zwischen den Wortfeldern, die die einzelnen Manager beschrieben, und dem Engagement seines Teams.

Erstens ergab sich, dass das Vertrauen der Mitarbeiter in die Organisation ihres Managers umso größer war, je *enger gefasst das Bedeutungsspektrum der Wortfelder* war, mit denen er beschrieben wurde. Wenn der Manager also zum Beispiel mit Wortfeldern für *motiviert, professionell* und *mutig* beschrieben wurde – also sehr unterschiedlichen Vorstellungen –, wurde ihm weniger Vertrauen entgegengebracht als einem, der mit näher verwandten Konzepten wie *vertrauenswürdig, transparent* und *geradeheraus* beschrieben wurde. Je eindeutiger der Eindruck des Managers also war – sowohl im Hinblick darauf, wie er gesehen wurde, als auch im ebenso wichtigen Hinblick darauf, wie er nicht gesehen wurde –, desto größer war das Vertrauen seiner Untergebenen.

Das zweite Ergebnis war, dass das Vertrauen der Mitarbeiter in die Organisation ihres Managers umso größer war, je *enger gefasst die einzelnen Wortfelder* waren, mit denen er beschrieben wurde. Das Vertrauen war also, mit anderen Worten, umso größer, je mehr Doppelungen oder Fast-Synonyme auftraten. Diese Eindeutigkeit hing also nicht nur davon ab, ob die dem betreffenden Manager beigelegten Eigenschaften eng miteinander zusammenhingen, sondern auch, ob die einzelnen Eigenschaften möglichst klar definiert waren. Je klarer definiert die einzelnen Aspekte eines Managers, desto größer das Vertrauen der Untergebenen.

Wie signifikant diese Ergebnisse waren, testeten wir mit einer als *bootstrapping* bezeichneten Methode, die zahlreiche Versionen eines statistischen Modells mit verschiedenen Mini-Datenmengen schafft und sie jeweils auf die Stabilität der Zusammenhänge überprüft, die sie zeigen. Unsere ersten beiden Erkenntnisse erwiesen sich bei dieser Überprüfung in etwas mehr als 70 Prozent der Fälle als signifikant.*

Unser drittes Ergebnis erwies sich als statistisch noch aussagekräftiger – laut unserer Analyse war es in 93 Prozent der Fälle signifikant: Das Vertrauen der Mitarbeiter in die Organisation ihres Managers ist umso größer, je *mehr Mitarbeiter einem Manager eine bestimmte Eigenschaft zuschreiben*, je leichter erkennbar also die betreffende Eigenschaft ist. Je stärker der Lichtstrahl des Leuchtturms war, desto besser konnte er die Schiffe leiten.

Diese drei Erkenntnisse deuten zusammengefasst sehr klar darauf hin, dass Vertrauen (oder, was auf dasselbe hinausläuft, die Überwindung von Ungewissheit) nicht viel damit zu tun hat, was eine Firma über die gemeinsame Zukunft *verlauten* lässt, die sie sich für ihre Angestellten vorstellt, sondern viel eher davon abhängt, wie und mit welcher Klarheit die Vorgesetzten wahrgenommen werden. Alle Mitarbeiter, die wir für unsere Studie befragten, arbeiteten schließlich für dasselbe Unternehmen, mit demselben Zielstatement, derselben Unternehmensvision und derselben Strategie – also derselben Formulierung der Zukunft und derselben Aufforderung, auf sie zu vertrauen. Aber dieses Vertrauen variierte, und zwar auf eine sehr bemerkenswerte Weise: Je deutlicher

---

* Das heißt, dass wir in 70 Prozent der Fälle mit 95-prozentiger Wahrscheinlichkeit davon ausgehen konnten, die Korrelation sei nicht zufallsbedingt.

die Mitarbeiter erkannten, was sie von ihrem Chef zu erwarten hatten, desto geringer war ihr Gefühl der Ungewissheit.

Das leuchtet ja auch instinktiv ein. Unser Vertrauen in die Zukunft ist ja im Grunde nichts weiter als unser Zutrauen in eine Reihe Voraussagen, die wir ständig machen – Wie wird die nächste Entscheidung ausfallen? Wie wird sich diese Situation weiterentwickeln? Wie wird der Chef auf meinen Vorschlag reagieren? –, und die Qualität dieser Voraussagen hängt zum Teil davon ab, wie gut wir die Menschen unserer Umgebung einschätzen können. Je besser die Möglichkeit dieser Einschätzung, desto mehr vertrauen wir unseren eigenen Voraussagen. Je leichter die Menschen unserer Umgebung einzuschätzen sind, desto besser glauben wir sie auch zu verstehen, und sie sind umso leichter einzuschätzen, je konsistenter sie sich gegenüber verschiedenen Teammitgliedern, zu verschiedenen Zeitpunkten und in verschiedenen Situationen verhalten.

Wie wir gesehen haben, fühlt sich der Mensch sehr verunsichert, wenn er die Zukunft für ungewiss hält, also ist solches Vertrauen sehr wertvoll.* Es ist außerdem nur schwer zu erzeugen, besonders, wenn man im Mixer lebt. Es scheint allerdings zu helfen, wenn man Hinweise hat, dass die Voraussagen, die man über die Zukunft anstellt, vernünftig sind, und

* Und es hängt, das sei ausdrücklich gesagt, nicht von den Werten ab, die jemandem zugeschrieben werden. Der Algorithmus zur Auswertung der Wortfelder in der Cisco-Studie berücksichtigt nicht, ob ein Manager mit »guten« oder »schlechten« Eigenschaften beschrieben wird. Der Effekt, den die Studie enthüllt – Eindeutigkeit schafft Vertrauen – scheint, soweit wir wissen, nicht davon abzuhängen, in welcher Hinsicht jemand leicht einzuschätzen ist, sondern nur von der Sichtbarkeit, Klarheit und Konsistenz seines Verhaltens, und ob es Reaktionen auslöst. Der Algorithmus ist unparteiisch.

diese Hinweise findet man (oder auch nicht) bei den Kollegen und Vorgesetzten auf der Arbeit, besonders bei Letzteren, weil sie ja entscheidend dazu beitragen können, dass sich die Voraussagen bewahrheiten. Je klarer wir die Menschen einschätzen können, die mit uns zusammen auf dem Weg in die Zukunft sind – je besser wir ihr Wesen erkennen –, desto berechenbarer sind sie und desto weniger Ungewissheit empfinden wir.

Berechenbarkeit ist eine unterschätzte Tugend bei Managern. Wir halten sie gerne für eine nahe Verwandte der Langweiligkeit und nicht für eine Grundlage gemeinsamer Leistungen. Aber wenn Sie je einen Boss gehabt haben, der tagtäglich die Hälfte der Meetings auf seinem Terminkalender absagt oder verschiebt, und das Projekt-Update, das Sie so sorgfältig vorbereitet haben, sich plötzlich in Luft auflöst, oder wenn sie je einen Boss hatten, der auf alles völlig willkürlich und unvorhersehbar reagiert, oder einen Boss, von dem man unmöglich etwas lernen kann, weil er nie einen Gedanken zu Ende denkt, dann wissen Sie vielleicht, wie ein unberechenbarer Vorgesetzter einen daran hindert, sein Bestes zu geben. Wenn der Hollywood-Händedruck willkürlich gewährt wird, kann man nie sagen, worin eine ausgezeichnete Leistung eigentlich besteht. *Wenn A, dann B,* ist ein unverzichtbarer Syllogismus für einen guten Manager.

Aber die Wortfelder in der Cisco-Studie zeigen uns noch mehr als den Wert der Berechenbarkeit. Wir gewinnen aus ihnen auch eine entscheidende Erkenntnis über den engen Zusammenhang zwischen Eindeutigkeit und Berechenbarkeit – und diese Erkenntnis wiederum sagt einem, wie man in seinen Mitarbeitern mehr Vertrauen zu einem erweckt. Unser Sortieralgorithmus für die Studie hatte in jedem Wortfeld einen zentralen Begriff ausgesucht, der am besten ausdrückte, welche Bedeutung das Wortfeld hatte – eine Art Bedeutungsachse des Wortfelds. Die 133 Begriffe, mit denen einer der beteiligten Manager beschrieben wurde, fielen zum Beispiel in 23 Wortfelder, und die Achsenbegriffe der zehn wichtigsten davon lauteten:

> *mutig, nerdig, unorthodox, freundlich, Anführertyp, inspirierend, philosophisch, neugierig, authentisch, konzentriert.*

Die 458 Wörter für einen anderen fielen in 39 Wortfelder, und hier lauteten die Achsenbegriffe für die zehn wichtigsten:

> *Ehrlichkeit, respektiert, Klarheit, ruhelos, Fürsprecher, entscheidend, Initiator, überzeugend, geerdet, geradeheraus.*

Wir wissen ja schon, dass die klare Einschätzbarkeit dieser Aspekte bei diesen Managern – die enge Gruppierung der Wortfelder um diese Achsenbegriffe, und die leichte Erkennbarkeit der Aspekte – bei den Mitarbeitern Vertrauen in die Zukunft erweckt. Aber jetzt schauen Sie sich die Begriffe selbst an. Es fällt sofort an, wie sehr sich die Beschreibung des ersten Managers von der des zweiten *unterscheidet* und wie sehr sich damit auch diese beiden Menschen voneinander unterscheiden. Die beiden Wortlisten ließen sich nicht gegeneinander austauschen, und jede zeichnet in ihrer Gesamtheit die

Umrisse eines bestimmten, einmaligen Menschen nach, der sozusagen in hoher Auflösung abgebildet wird.

Jeder Mensch ist im Grunde einmalig – eine noch nie zuvor dagewesene Kombination von Zuständen, Eigenschaften, Denkweisen, Bewegungen und Reaktionen auf die Umwelt. Daraus folgt, dass wir für die Menschen unserer Umgebung umso einmaliger sind, je mehr das Bild, das sich die Menschen von uns machen, mit der Wirklichkeit übereinstimmt – je höher die Auflösung ist, in der wir gesehen werden. Unsere Einmaligkeit wird dadurch *besser sichtbar.* Und gleichzeitig erleben uns die Menschen unserer Umgebung als berechenbarer.

Das zumindest sagen uns die Ergebnisse der Cisco-Studie.

Wie berechenbar wir sind, ist untrennbar damit verflochten, wie einmalig wir sind: Berechenbarkeit und Einmaligkeit gehören zusammen. Vertrauenerweckende Berechenbarkeit hat nichts mit Langeweile zu tun, sondern ist – zumindest bei Menschen – Ausdruck des genauen Gegenteils: wie einmalig, lebendig oder ausgeprägt eine Persönlichkeit ist. Diese Einmaligkeit bringt andere Menschen dazu, sich etwas weniger unsicher zu fühlen, wenn sie unser Verhalten vorauszusagen versuchen.

Und falls es noch nicht offensichtlich ist: Um einmalig zu wirken, ist man am besten man selbst. Wir wissen, wie wir denken, reagieren und handeln. Wir kennen unsere Vorlieben und Abneigungen. Wir wissen, was uns antreibt. Die einfachste Rolle, die man im großen Drama des Lebens spielen kann, ist man selbst – da ist die Gefahr gering, dass man seinen Text vergisst. Die Wortfelder sagen uns, dass es unser Erfolg dabei ist – wenn wir möglichst oft und klar erkennbar wir selbst sind –, der eng mit unserer Einmaligkeit und dadurch mit unserer Berechenbarkeit und dadurch mit dem Vertrauen der Menschen unserer Umgebung verbunden ist.

Vor Kurzem sprach ich mit der Dirigentin Marin Alsop über Einmaligkeit, besonders darüber, wie man sie bei anderen zum Vorschein bringt. Marin Alsop ist eine bahnbrechende Musikerin – sie wurde als erste Frau mit der Führung eines großen amerikanischen Symphonieorchesters betraut, als sie 2007 Direktorin des Baltimore Symphony Orchestra wurde, sie erhielt als erster Dirigent eine MacArthur Fellowship und dirigierte 2013 als erste Frau die Last Night of the Proms der BBC – und sie widmet als Lehrerin und Mentorin einen Großteil ihrer Zeit der Ausbildung junger Dirigenten, die in ihre Fußstapfen treten wollen. Dirigieren ist in vielerlei Hinsicht die härteste denkbare Prüfung der klaren Selbstdarstellung, weil der Dirigent natürlich nicht einfach vom Podium springen und den Musikern das Spielen der Instrumente abnehmen kann. Was ein Dirigent nicht mit Gesten und (in der Probe) mit Worten vermitteln kann, bekommt das Orchester auch nicht mit.

Ich fragte Marin Alsop, wie sie vorgeht, wenn sie jemandem den Weg in diesen Beruf zeigt, und was sie mir erklärte, war eine Methode, um bereits vorhandene Eigenschaften zu verstärken. »Wenn man einem jungen Dirigenten etwas aufzwingen will«, so sagte sie mir, sei das Ergebnis nicht authentisch, »sondern bloß eine Nachahmung. Ich finde, deswegen muss man ihnen helfen, tief in sich hineinzuschauen und herauszufinden, wer sie eigentlich sind.« Dazu sucht sie zunächst nach einem Signal. »Ich versuche in meinen Schülern das Körnchen Größe zu finden, das schon da ist. Dann konzentriere ich mich absolut darauf und baue es auf. ›Sie machen es so und so, können Sie das verstärken? Wie können Sie das betonen?‹« Sie versucht mit anderen Worten nicht, Kopien ihrer selbst heranzuziehen, sondern das eigentümliche Wesen jedes Schülers klarer herauszubringen, und das wiederum, indem sie die einmaligen Eigenschaften deutlicher hervortreten lässt – sodass man den Schüler, wenn man so will, mit weniger und enger gefassten Wortfeldern beschreiben könnte. Dieser Ansatz, den individuellen Eindruck, den ein Dirigent vermittelt, zu verstärken, ist, so sagt sie, der beste Weg zu einer langen und großen Karriere.

Über ihre eigene Laufbahn sagt Marin Alsop, dass es nicht einfach sei, ein solches Maß an Kohärenz zu erreichen. Man könne sie eben nicht vorspielen, und anfangen müsse man mit Demut. »Man kann seine Persönlichkeit nicht verstecken«, sagt sie. »Manchmal ist es schwer, sich ihr zu stellen und sie zu akzeptieren. Aber man darf ihr nicht untreu werden.«

Dieser Ansatz steht im deutlichen Gegensatz zur gängigen Ansicht über die Charakterbildung am Arbeitsplatz. Dort vergleichen wir die Mitarbeiter mit einer vorgegebenen Liste von Eigenschaften, von denen wir glauben, sie machten eine *gefestigte Persönlichkeit* aus, und sagen den Leuten dann, sie sollen sich bemühen, diesem Ideal möglichst nahezukommen, ihre Schwächen im Hinblick auf diese Norm auszugleichen und sich ihr dadurch anzunähern. Durch diese erzwungene Gleichmacherei schaffen wir Angepasstheit – einen Ersatz für Berechenbarkeit, der aber nie auf Einmaligkeit und Lebendigkeit beruht. Wir reden viel von Authentizität, lassen aber nur selten den Gedanken zu, dass persönliches Wachstum darin besteht, einmaliger und weniger wie alle anderen zu werden – eine ausgeprägtere Persönlichkeit, die sich ihrer Eigenheiten bewusst ist und sie intelligent nutzen kann –, und unsere Bemühungen, alle dem Durchschnitt anzupassen, in Wirklichkeit authentizitätsfeindlich sind.

Eine der größten Herausforderungen für jeden Manager besteht darin, auf Mitarbeiter einzuwirken, die er selten oder nie persönlich trifft. Als Teamleiter lernt man die Mitglieder seines Teams und ihre bevorzugte Arbeitsweise gut kennen und kann sein Bestes tun, ihnen zu helfen, noch besser zu werden. Aber wenn man dann ein Team leitet, das selbst wieder aus Teams besteht, oder ein Team, das aus Teams besteht, die aus Teams bestehen, wird dieses Engagement exponenziell schwieriger und stößt irgendwann an die unüberwindliche Grenze, dass der Tag nur 24 Stunden hat. Das Problem für den Chef einer ganzen Firma oder den Leiter einer Abteilung oder Funktion ab einer bestimmten Größe, der für die Leistung von Mitarbeitern verantwortlich ist, die er womöglich nie zu Gesicht bekommt, besteht darin, aus der Entfernung zu motivieren und zu beurteilen. Auch dazu brachte die Cisco-Wortfeldstudie Erkenntnisse.

Wir schauten uns nicht nur die Gesamtwirkung des Musters der Wortfelder für jeden der beteiligten Manager auf die Mitarbeiter an, sondern auch, wie sich diese Wirkung mit dem Abstand in der Unternehmenshierarchie veränderte. Anders ausgedrückt: Verstärkten sich diese Effekte bei Mitarbeitern, die dem Chef organisatorisch näher waren – zum Beispiel den direkten Untergebenen – und seine persönlichen Eigenschaften genauer beobachten konnten, oder sah die Korrelation anders aus, oder gab es womöglich gar keine? Um das herauszufinden, ließen wir alle Befragten auch angeben, wie viele Stufen in der Hierarchie sie unter dem Manager standen, den sie beschrieben.

Als wir uns dann die Korrelation zwischen diesem Abstand auf der Stufenleiter und dem Vertrauen des Befragten in die Zukunft ansahen, ergab sich ein sehr klarer, aber zunächst der Intuition widersprechender Zusammenhang. Je tiefer jemand unter seinem Chef in der Rangordnung stand, je mehr Stufen der Hierarchie zwischen ihnen lagen und je weniger, so mussten wir annahmen, die beiden direkt miteinander zu tun hatten, desto *stärker* zeigte sich der Effekt des Managers auf den Mitarbeiter. Dass die Einzigartigkeit und Ausgeprägtheit der Eigenschaften eines Managers ein Gefühl der Berechenbarkeit und dieses wiederum Vertrauen erzeugt, funktioniert mit größerem Abstand *besser.* Es bewirkt, was so viele andere Eigenschaften einer Führungspersönlichkeit nicht können, nämlich den Alltag eines Mitarbeiters zu verbessern, dessen Weg den des Managers nie kreuzt.

Das ist wohl deshalb so, weil man nicht mehr so sehr darauf angewiesen ist, auf jedes Signal eines Managers zu achten, das einem sagt, wie er denkt und sich verhält, wenn man viel Zeit in seiner Gesellschaft verbringt – man bekommt dann viele solcher Signale mit und weiß wohl auch alles Mögliche über ihn, das Vertrauen erweckt oder zerstört. Aber für Mitarbeiter, die den betreffenden Manager nur aus der Ferne sehen – die nach menschlicher und organisatorischer Berechenbarkeit suchen, wo immer sie sie finden, und gleichzeitig viel weniger Signale ihres Chefs erhalten, weil sie viel weniger mit ihm interagieren –, ist die Klarheit, mit der die ausgesandten Signale das Denken und Verhalten des Managers beschreiben, entscheidend. Größere Klarheit dieser Signale wirkt damit stärker auf das Vertrauen ein, weil es einen größeren Anteil des Eindrucks ausmacht, den man von diesem Manager bekommt. Auch hier ist die Einmaligkeit des Betreffenden wertvoll – in großem Maßstab und auf Abstand.

John McPhee schreibt in seinem Porträt Frank Boydens, der 1902 bis 1968 Direktor der Deerfield Academy war:

> *[Boyden] stellte in seinem ersten Jahr neben einem Heizkörper direkt an der Haupteingangstür des Schulgebäudes einen Kartentisch auf. Das war sein Arbeitszimmer, nicht, weil es nirgends Platz für das Büro des Direktors gegeben hätte, sondern weil er nicht wollte, das sich in der Schule irgendwas abspielte, ohne dass er mittendrin war. Viele Jahre später, als das heutige Hauptgebäude der Schule entstand, ließ der Direktor vom Architekten einen großen Bereich im Hauptkorridor des Erdgeschosses einplanen, dort, wo am meisten Betrieb in der Schule war, und dort wurde sein Schreibtisch platziert und steht dort bis heute.*[90]

Wenn wir das lesen, fällt uns sofort etwas an Boyden auf. Wenn wir dann weiterlesen und erfahren, dass Boyden sein Frühstück in weniger als einer Minute und im Stehen essen konnte, dass er den ganzen Tag lang ein rasend schnelles Arbeitstempo durchhielt, dass er sich mit Drei-Minuten-Nickerchen erholte, während seiner 66 Jahre als Direktor über eine halbe Million Briefe schrieb und noch vieles mehr in dieser Art über seine Routinen und Angewohnheiten herausfinden, erkennen wir sofort weitere Bestandteile des Gesamtbilds. Ein Wortfeld beginnt sich zu formen, der Mensch tritt aus den Seiten des Buchs heraus und in unsere Vorstellung ein, unnachahmlich, unverwechselbar, auf eine Weise, die uns zum Lächeln bringt und uns die Welt, in der er lebte, ein bisschen näherbringt, sodass wir ihn sehen, wie ihn seine Schüler sahen, die ihm jeden Tag an seinem Schreibtisch im Gang begegneten.

Das alles ist auf wunderbare Art und Weise beruhigend – zu entdecken, dass wir aus der Einmaligkeit unserer Mitmenschen Vertrauen schöpfen können und dass die Zukunft für uns einladender wirkt, wenn sie mit Menschen bevölkert ist, deren Eigenschaften und Wesen uns möglichst klar sind. Die Macht der Berechenbarkeit durch Einmaligkeit zu verstehen heißt, eine tiefe Erkenntnis über unsere Menschenwelt zu gewinnen. Und dieser Macht zu begegnen, wenn sie ihrem höchsten Zweck dient, ist regelrecht magisch.

## *Sagen, was man meint*

Jeder, der sich für die *via negativa* interessiert, also etwa das Studium all dessen, was man nicht tun sollte, wird sich über eine kleine Broschüre freuen, die 1944 vom Office of Strategic Services der USA herausgegeben wurde, dem Vorläufer der

CIA. Sie sollte gegen Ende des Zweiten Weltkriegs Einwohner der vom Feind besetzten Länder zum Widerstand anleiten und hieß *The Simple Sabotage Field Manual.* Diese damals tödlich ernst gemeinte, aber heute aus dem Abstand vieler Jahre gesehen boshaft-amüsante Zusammenstellung gibt konkrete Hinweise zur Sabotage technischer Geräte und Anlagen, von Bahngleisen bis zu Telefonen – und damit auch eine Anleitung, wie man eine Maschine, ein System oder auch eine Firma zum Stillstand bringt. Auf Seite 21 des Handbuchs, am Anfang eines Abschnitts zur Sabotage von Verkehrsnetzen, wird dem Leser empfohlen, »Wegweiser an Kreuzungen und Abzweigungen zu versetzen; der Feind wird die falsche Route wählen und seinen Fehler möglicherweise erst nach mehreren Meilen entdecken«.

Wenn Sie einmal auf die Bezeichnungen für Einrichtungen und Abläufe in Unternehmen achten, wird Ihnen rasch etwas Wichtiges auffallen: Unternehmen versetzen gerne die Wegweiser, ohne dabei zu bedenken, welche Folgen das für diejenigen hat, die von A nach B gelangen wollen.

Ich nahm einmal an der Sitzung einer Fokusgruppe teil, bei der uns die Manager der Unternehmens, die wir berieten, von ihren Erfahrungen mit einigen Programmen für die Personalabteilung erzählten, die wir initiiert hatten. Einer von ihnen beschwor uns flehentlich: »Hören Sie bitte auf, dauernd die Namen zu verändern. Jedes Mal, wenn Sie das machen, wirft es uns zwei Jahre zurück, weil wir dann die neuen Namen den Leuten erklären müssen, die einfach ein Programm suchen, das sie brauchen. Aktualisieren Sie unbedingt die Inhalte, aber lassen Sie die Namen in Ruhe!« Auch wenn sich die Namen von

Abteilungen, Projekten und Initiativen ändern, hängen diejenigen, die jemanden suchen, mit dem sie zusammenarbeiten, den sie informieren oder dem sie etwas übergeben sollen, in der Luft.

Benennungen sind ein überraschend wichtiger Teil des Arbeitsalltags in großen Firmen, und es wird überraschend viel Aufwand damit getrieben, sie sich auszudenken. Und sie sind die Spitze eines seltsamen Eisbergs. Brauchen wir wirklich schon wieder eine neue Strategie (mit neuem Namen)? Ist die alte jetzt veraltet, oder sind wir zu dem Schluss gekommen, sie sei gescheitert – oder geht es mehr darum, dass der neue Chef alles umgestalten will? Brauchen wir wirklich ein neues Statement zur Unternehmensidentität (mit einer neuen Tagline)? Betreiben wir unser Geschäft jetzt so anders als in den Tagen der alten Unternehmensidentität? Haben wir jetzt andere Grundsätze – oder ist das einfach eine Wegwerfmentalität, die alles Alte loswerden will, oder nehmen wir den Trieb der Unternehmensleitung, dauernd alles aufzumischen, wichtiger als das Bedürfnis der Mitarbeiter nach einigermaßen kontinuierlichen »Wegweisern«, die einfach ihre Arbeit tun wollen?

Wenn das ein bisschen zynisch klingt, bedenken Sie, dass die Mitarbeiter nur zu oft genauso denken. Als Facebook sich in Meta umbenannte und seine neuen Unternehmenswerte ankündigte, äußerten sich die Angestellten in der Öffentlichkeit zustimmend und im Vertrauen kritisch. Einer wurde in der *New York Times* zitiert, er frage sich, ob man als Facebook-Angestellter »auf einem sinkenden Schiff« sitze; ein anderer meinte bloß: »Wir ändern dauernd die Namen von allem und das bringt einen ganz durcheinander«.[91]

Aber natürlich muss man nicht erst die Wegweiser versetzen, um die Mitarbeiter zu verwirren, wenn die Beschriftung der Wegweiser von Anfang an nicht viel bedeutet – und das ist im heutigen Arbeitsleben das größere Problem. Am Arbeitsplatz stößt man dauernd auf alle möglichen »unwirklichen« Wörter, die wenig bedeuten oder nicht das, was sie zu sagen scheinen. Wir haben ja schon gesehen, dass Unternehmenswerte, weil sie so generisch sind, nicht das Gefühl »du gehörst zu uns« vermitteln. Aber Unternehmenswerte, die nicht sagen, was sie meinen, oder gar nichts sagen, vermitteln überhaupt nichts. Hier sind die Werte, die Meta im Februar 2022 mit großem Tamtam verkündete und die sofort zu einem klassischen Beispiel für das Leben im Mixer wurden.*

---

* Solche Werte zu verkünden, ist genauso seltsam, wie es klingt. In der Familie besprechen wir das richtige Vorgehen oder erzählen Geschichten über unsere Vorfahren und zeigen dabei unsere Werte. In einem Staat diskutieren wir, welche Gesetze wir verabschieden oder wen wir in ein Amt wählen wollen, und drücken damit unsere Werte aus. Werte bilden sich mit der Zeit dadurch heraus, wie wir handeln; man kann sie nicht verfügen. Nur in der Welt der Großunternehmen drucken wir sie zuerst auf T-Shirts.

*Move fast**

*Focus on Long-Term Impact*

*Build Awesome Things*

*Live in the Future*

*Be Direct and Respect Your Colleagues*

*Meta, Metamates, Me*

Das ist nicht nur ein Beispiel für überflüssiges Versetzen von Wegweisern, sondern auch für die Neigung von Unternehmen und ihrer Führung, durch einen Nebel von Klischees zu kommunizieren. Wir verstehen, was »build« heißt, nämlich etwas bauen oder aufzubauen, oder was »the future« (»die Zukunft)« ist, aber wie soll man sich konkret so verhalten, wie es einem diese Formulierungen anscheinend empfehlen? Das bleibt erstaunlich unklar. Nach welcher Definition von »awesome« (»klasse«) soll ich mich richten, meiner oder der des Chefs, und wie stellen wir fest, dass ich sie erreicht habe? Wie soll ich »in der Zukunft leben«, und woher weiß ich, dass ich es richtig mache? Und wie kann ich gleichzeitig »direct« (»offen«) mit einem Kollegen reden und sein (verständliches) Bedürfnis »respektieren«, nicht ständig von einem Dutzend Leuten erklärt zu bekommen, wie er seine Arbeit tun soll?

Diese Wörter bedeuten wenig und *klingen* bloß bedeutsam. Sie sollen gar nichts Klares aussagen, sondern sich cool und

* Kennern solcher Unternehmenswerte fällt bestimmt sofort auf, dass »Move fast« die neueste Fassung des berühmten »Move fast and break things« (um 2007) ist, über ein Zwischenstadium »Move fast with stable infrastructure« (2014, das also verfügt, man solle beim schnellen, entschlossenen Handeln doch lieber nichts kaputtmachen).

interessant anhören. Und diese Vagheit der Bedeutung führt dazu, dass wir den Kontakt mit der Wirklichkeit verlieren. »›Wenn ich ein Wort gebrauche‹, sagte Humpty Dumpty…, ›bedeutet es genau das, was ich damit sagen will – nicht mehr und nicht weniger‹.«[92]

Im Land der unwirklichen Wörter gibt es viele exotische und bunte Geschöpfe. Manche bezeichnen ein übertriebenes Maß an Freude oder Selbstvertrauen. Die meisten Bekanntmachungen in Unternehmen beginnen mit einer Version von »Ich bin begeistert, Ihnen mitzuteilen…« oder »Ich bin stolz, bekannt geben zu können…« – auch wenn diese Worte meist eher *Ich hoffe, wenn ich Ihnen sage, wie großartig ich das finde, werden Sie es auch großartig finden* ausdrücken sollen. Diese Mitteilungen wollen nicht mehr informieren, was vor sich geht, sondern den Empfängern sagen, wie sie sich fühlen sollen. Und der Leser, der schon ahnt, dass hier wieder irgendein Manager behauptet, ganz begeistert von etwas so unplausibel Begeisterndem wie einer Organisationsstruktur zu sein, merkt, dass er eine bestimmte Denkweise übernehmen soll, und sperrt sich deshalb erst recht.

Man kann kaum überschätzen, wie sehr diese übertriebene Begeisterung die Sprache der Unternehmen durchdringt. Die Chefs wollen uns weismachen, dass sie – anscheinend ohne jede Ironie – *unglaublich* beeindruckt oder *unfassbar* stolz seien. Sie sind überhaupt immer leidenschaftlich. Sie sind fröhliche, gut gelaunte, glückliche Krieger, und deswegen sollten wir es alle ihnen nachmachen. Wenn die Nachrichten nicht so gut sind, fangen sie allerdings interessanterweise nicht mit »Ich bin traurig darüber, bekannt geben zu müssen…« an, sondern mit

»Es gibt leider schlechte Nachrichten« – jetzt wird nicht mehr angegeben, wie sich der Manager fühlt, sondern ob die Nachricht gut oder schlecht ist. Anscheinend ist es für viele Manager nahezu *unmöglich*, negative Emotionen einzugestehen, weil sie glauben, wegen der Arbeitsmoral ständig die Rolle des Cheerleaders durchhalten zu müssen.

Das erinnert uns vielleicht an Martin Seligman, die Ungewissheit und die Schwierigkeit, am Arbeitsplatz Sicherheitssignale zu geben. Vielleicht ist diese gnadenlos gute Laune ja ein Versuch, uns zu sagen, dass alles in Ordnung ist, dass alles gut wird. In Wirklichkeit wird dabei vermittelt, dass echte menschliche Gefühle wie Niedergeschlagenheit oder Traurigkeit nicht erlaubt sind. In der Arbeitswelt scheint immer die Sonne.

Andere unwirkliche Wörter bezeichnen abstrakte Vorstellungen. Hier sehen wir, wie die Berateragentur Bain ein paar Substantive frei im Raum wirbeln lässt:

> *Was auch immer Ihr Ehrgeiz ist – ob Sie neue digitale Fähigkeiten aufbauen, Ihr Geschäftsmodell neu denken oder völlig neue digitale Projekte starten wollen –, wir helfen Ihnen neue Maßstäbe der Exzellenz zu setzen und nie dagewesene Umsetzung von Werten zu erzielen.*

> *Unser Ansatz verbindet ein erprobtes umfassendes Transformationsrahmenwerk mit Vector, einer integrierten Plattform digitaler Möglichkeiten, getragen von*

> *einem ausgedehnten Ökosystem preisgekrönter Partnerunternehmen, die sich auf digitale Transformation spezialisieren.*[93]

Es gibt bestimmte Regeln für diese Art Texte. Kein Substantiv darf ohne Adjektiv bleiben. *Neu* ist immer besser (und es dreimal in einem Satz zu bringen, wie hier bei Bain, ist noch besser). Alles, was getan wird, muss *umfassend* getan werden. Alle *Plattformen* müssen *integriert* sein, und wenn sich sonst noch etwas *integrieren* lässt, dann auch das. Nichts darf weniger als *nie dagewesen* oder *preisgekrönt* sein (bei Letzterem denke ich unwillkürlich immer an den Preisträger einer surrealen Hundeschau).

Oder schauen wir dem Hedgefonds-Betreiber Apollo Global Management zu, wie er überschüssige Tinte loswird:

> *Bei Apollo lassen wir die Konventionen hinter uns, um neue Wege zu Innovationen zu finden, die langfristige Werte liefern.*[94]

Das ist Souffléprosa – wenn sie ein bisschen abgekühlt ist, sieht man, dass viel weniger dran ist, als man auf den ersten Blick geglaubt hat. »Die Konventionen hinter sich lassen« heißt einfach, etwas Neues zu tun, ebenso wie »neue Wege finden« und »Innovationen« durchzuführen, während »langfristige Werte« ein vager Ersatz für »Anständigkeit« ist. Dieser Satz fällt also beim leichtesten Luftzug in »Wir bei Apollo erneuern besser« zusammen. Aber sicher doch.

Dann gibt es noch das allgegenwärtige und zu Tode verwendete Adjektiv *strategisch*, den Rigips des Business-Sprech, der großzügig in alle Sätze eingefügt wird, die ein bisschen reparaturbedürftig aussehen. Es ist ein sicheres Signal dafür, dass wir von dem so ausgezeichneten, ab jetzt strategisch wichtigen Ding mehr halten sollen als zuvor. Strategisches Denken ist also richtiges Denken, strategisches Kapital ist die coole Sorte Kapital, und strategische Investitionen sind die, die jeder machen sollte, nur dass alle diese beeindruckenden Wörter eigentlich gar nichts bedeuten.

Dieser Wortgebrauch wäre ja noch verständlich, wenn er sich auf Werbetexte von Unternehmensberatern beschränkte. Aber was die Berater anfangen, übernehmen die Firmen nur zu bald, und ehe man sich versieht, nehmen die Präsentationen über Transformation, kühne Strategien, wachsende Fähigkeiten und Wertfokussierung überhand. Die Adjektive stoßen einem schon übel auf, aber das eigentliche Problem sind die Substantive. »Strategien«, »Fähigkeiten«, »Werte«, »Ökosysteme«, »Plattformen« und »Betriebsmodelle« und dergleichen bleiben alle eine Stufe vor einer konkreten Bedeutung stecken. Wir sind an sie gewöhnt, aber wenn man sich fragt, was sie wirklich bedeuten, wird einem schnell klar, dass sie entweder etwas offensichtlich und langweilig-positiv Geschäftliches (Wert, Fähigkeiten) oder einfach »Zeug« in aufwendiger Verkleidung bezeichnen (Ökosysteme, Plattformen, Betriebsmodelle). Sie sind Platzhalter für Bedeutungen, tragen aber selbst keine.

Im Endergebnis wird dadurch im Geschäftsleben oft eine Art seltsamer Geheimcode gesprochen, der jedem Entzifferungsversuch widersteht.* Ich begegnete diesem Code zum ersten Mal am Anfang meiner Laufbahn als Unternehmensberater und hatte Mühe, ihn zu verstehen. Ich nehme an, das geht vielen Neulingen in der Geschäftswelt so. Alle anderen verhielten sich allerdings so, als seien diese freischwebenden abstrakten Begriffe für sie ungeheuer bedeutungsvoll, also dachte ich, es müsse wohl an mir liegen, und machte mich daran, das Rotwelsch der Branche zu lernen. Ich kam schließlich darauf, dass man einfach so tut, als werden die anderen schon verstehen, was man meine – ich glaube jedenfalls, unsere Kunden machten es so. Es dauerte nicht lange, bis ich Meister darin war, die Slides meiner Präsentationen damit vollzustopfen. Und so werden wir alle in diese Verschwörung hineingezogen.

Manche unwirklichen Wörter dienen auch dazu, das Unaussprechliche auszusprechen. Das kläglichste Beispiel dafür ist der inzwischen allgegenwärtige Gebrauch von »noch besser« anstatt einfach »besser«, etwa in »Diese neue ultimative Lösung ermöglicht ein *noch besseres* Einkaufserlebnis«. Wenn man nämlich einfach hinschriebe, dass etwas jetzt »besser« sei, dann impli-

* Die Mitarbeiter von Unternehmen, in denen diese Ausdrucksweise besonders überhandnimmt und die sie sich in endlosen Meetings anhören müssen, lassen manchmal Dampf ab, indem sie Bullshit-Bingo spielen (höflich, aber unzutreffend auch als Schlagwort-Bingo bezeichnet). Man spielt es wie normales Bingo, aber anstatt auf seiner Karte Zahlen anzukreuzen, wenn sie gezogen werden, hakt man Business-Schlagwörter ab, wenn ein Teilnehmer des Meetings sie gebraucht. Wer während des Meetings als Erster alle Schlagwörter auf seiner Karte abgehakt hat, gewinnt. Es gilt allerdings als karrierehemmend, laut »Bingo!« zu rufen, wenn man den Sieg einfährt.

zierte das ja, es sei bisher womöglich nicht gut gewesen, und das darf nicht sein. Wenn es aber jetzt »noch besser« ist, dann war es auch bisher mindestens »besser«, und das ist in Ordnung. Solcher Sprachgebrauch soll Kritik von außen vorbeugen (und kommt ironischerweise oft von Sprechern, die gerne betonen, wie wichtig es für ihren Lernprozess sei, Fehler zu machen, und wie gut ihr Unternehmen mit dem Scheitern zurechtkomme).

Oft aber ist das Unaussprechliche viel düsterer als in diesem Beispiel. Manchmal gerät es zum Orwellschen Doppelsprech. Eine »Möglichkeit« ist in der Arbeitswelt meist etwas, wozu man gegen seinen Willen gezwungen wird (»Ashley verlässt uns, um neue Möglichkeiten zu erkunden« oder »Ich habe mich entschieden, neue Möglichkeiten zu suchen«), und eine »Wachstumsmöglichkeit« ist ein Bereich, in dem ein Unternehmen oder ein Mitarbeiter Defizite hat (das heißt dann wohl, dass wir uns eine Krankheit als »Gesundungsmöglichkeit« vorstellen sollten). Ein Manager in der IT-Branche wies neulich seine Leute an, Mitarbeiter, die schlechte Leistungen brachten, zu feuern, durfte das aber natürlich nicht offen aussprechen; seine dystopische Formulierung lautete vielmehr, »Mitarbeiter, die Probleme haben mitzuhalten, zum Weggang zu bewegen«.[95] Die vielen, vielen Schönfärbereien für »Menschen um ihren Arbeitsplatz bringen« gehören alle hierher (»Überkapazitäten abbauen«, »gesundschrumpfen«, »freisetzen«), und wenn man seine persönlichen Sachen vom Schreibtisch räumen und im üblichen Pappkarton zur Tür hinaustragen muss, heißt das allgemein »sich verändern«.

Manchmal vernebelt dieser Sprachgebrauch auch einfach, dass gar nichts zum Thema gesagt wird. Als im Dezember 2022 ein Manager der LIV Golf Tour »beschloss, sich neue Möglichkeiten zu suchen«, sagte Tour-CEO Greg Norman der Presse, angeblich zur Erklärung dieses Weggangs: »Wir arbeiten in dieser Situation eng mit unseren verlässlichsten Partnern zusammen, die seit der Gründung der LIV entscheidend an ihrem Erfolg beteiligt sind und die jetzt unsere Umstrukturierung unterstützen und zur Vorbereitung auf die erste vollständige Saison gemeinsam mit uns aufregende neue Wege gehen.«[96] Das ist ein Haufen Silben für »In der Zukunft wird sich etwas ereignen«, sagt aber rein gar nichts über die Ereignisse der Gegenwart aus.

Und manchmal vermischen die unwirklichen Wörter auch alle diese Varianten und schaffen es, Cheerleading mit unverständlicher Abstraktion und Schönfärberei des Unaussprechlichen zu kombinieren. Das passiert immer öfter, weil heutzutage die Worte der Manager kaum noch von ihnen selbst kommen, sondern an Redenschreiber und PR-Profis ausgelagert werden, denen es eher darum geht, dass der Text den Chef nicht in Schwierigkeiten bringt und die Prüfung durch die Rechtsabteilung besteht, als etwas zu schreiben, das Ansichten und Persönlichkeit des angeblichen Verfassers wirklich widerspiegelt.

Die Wirkung dieser ganzen aufgeblasenen Vernebelungs- und Souffléprosa besteht darin, dass sie Stück für Stück den Abstand zwischen der Realität und ihrer Beschreibung vergrößert. Unwirkliche Wörter sind wie kleine Keile, die man zwischen Mensch und Wirklichkeit treibt. In die Lücke, die sie schaffen, rutschen dann unser Begreifen, was sich gerade tut, unsere Fähigkeit vorauszusagen, was als Nächstes geschieht, unser Vertrauen in die Vorgesetzten und unsere Gewissheit, dass wir selbst unsere Erfahrungen in zutreffenden Worten wiedergeben dürfen.

Geschähe das nur hin und wieder, wäre es ja nicht so schlimm. Aber diese Art zu kommunizieren ist inzwischen mehr oder weniger die einzige am Arbeitsplatz und wird noch durch den Bedarf an markigen Zusammenfassungen, Stichpunkten und aus einem Satz bestehenden E-Mails verschärft, mit denen Chefs und Kollegen mit immer weniger Worten immer noch smarter und engagierter wirken wollen. Wer dazugehören will, muss den Jargon sprechen, und wir tun es alle. Es ist *üblich*, sich so auszudrücken, und damit *normal,* dass unsere Worte viel weniger ausdrücken, als sie könnten.

Das alles hat uns in die Abwärtsspirale getrieben, vor der George Orwell schon 1946 in seinem Essay »Politics and the English Language« gewarnt hat. In seiner Analyse des englischen Sprachgebrauchs vor einem Dreivierteljahrhundert wies Orwell darauf hin, dass »eine Wirkung selbst wieder zur Ursache werden, die ursprüngliche Ursache verstärken und damit dieselbe Wirkung in ausgeprägterer Form hervorrufen« könne, und das könne sich beliebig oft wiederholen. Der Mangel an Sorgfalt im Umgang mit der Sprache, wie ihn Orwell an den Menschen seiner Umgebung beobachtete, mache es einem leicht, ungenau im Ausdruck zu bleiben. Unsere Sprache, so warnte er, »wird hässlich und ungenau, weil unsere Gedanken närrisch sind, aber die Schlampigkeit unseres Sprachgebrauchs macht es uns auch leichter, närrische Gedanken zu fassen«.[97] Man kann kaum behaupten, dass sich die Lage seit Orwells Warnung verbessert habe – zumindest nicht im Geschäftsleben.

Nun kann man Sprachkritik leicht als pedantisch oder sogar elitär abtun oder sich einreden, die Wortwahl spiele im größeren Zusammenhang keine Rolle, solange man die richtigen Absichten hege. Das stimmt nicht. Es kommt sehr wohl auf die Wörter an. Wir sind auf die Sprache angewiesen, um miteinander in Kontakt zu treten, und dafür braucht man eine Sprache, die einen mit der Realität verbindet und die das auch morgen und übermorgen leistet. Wenn wir nicht sicher sind, was die Menschen in unserer Umgebung mit dem meinen, was sie sagen, wenn die Keile der unwirklichen Wörter immer tiefer zwischen uns und die Wirklichkeit getrieben werden, wissen wir irgendwann nicht mehr, wer wir sind und wohin uns die Zukunft trägt.

Am Arbeitsplatz kommt es also darauf an, dass wir alle wirkliche Wörter gebrauchen – dass wir sagen, was wir meinen. Dabei stößt man allerdings auf zwei Schwierigkeiten. Erstens sind die unwirklichen Wörter so beherrschend geworden, dass wir vergessen haben, wie sich wirkliche Wörter anhören. Beispiel dafür ist ein Gespräch, das ich neulich mit zwei Bekannten geführt habe, die Arbeitsforscher sind. Sie wollten »Mitarbeitererfahrung« untersuchen und hatten gerade angefangen, Angestellte zu befragen, um zu erfahren, wie dieses Thema in Unternehmen behandelt wurde. Und weil sie kluge und sorgfältige Forscher sind, klärten sie zunächst, worum es ihnen ging, indem sie den Begriff definierten, und zwar so: »Mitarbeitererfahrung (*employee experience*) ist die gemeinschaftliche Wahrnehmung ihrer fortlaufenden Interaktionen mit dem Unternehmen durch die Mitarbeiter«. Das ist natürlich nicht besonders schwierig zu verstehen und ein gutes Beispiel des Sprachgebrauchs, wie er in der Arbeitswelt so häufig ist – in dieser Hinsicht ist der Satz völlig unauffällig. Aber er ist auch himmelweit von meiner eigenen Definition entfernt, die ich zur Vorbereitung unseres Gesprächs erstellt hatte, und die so lautete: »Mitarbeitererfahrung ist, was es heißt, da zu arbeiten, wo ich arbeite«. Meine Freunde fragten mich, wie ich zu dieser Definition gelangt sei, und ich antwortete ihnen mit meinem Lieblingszitat von Winston Churchill:

> *Short words are best, and the old words, when short, are best of all.* [98] *(»Kurze Wörter sind die besten, und alte kurze Wörter sind die allerbesten.«)*

Das stimmt nicht nur absolut, wenn man klar miteinander kommunizieren möchte, sondern der Satz ist auch gleich ein Beispiel für seinen Inhalt: Im englischen Original besteht er aus 14 einsilbigen Wörtern, die allesamt schon vor über tausend Jahren im Altenglischen belegt sind.*

Warum sind alte, kurze Wörter besser – oder zumindest widerstandsfähiger gegen Unwirklichkeitskeile?

Zuerst der Grund, warum kurz besser ist: Es ist sehr schwierig, jemanden oder etwas mit einsilbigen Wörtern durcheinanderzubringen. (Deshalb benutzen wir auch kurze Wörter, wenn wir wütend werden und zu schreien anfangen, und das betrifft nicht nur Flüche. Einem Kind, das etwas Gefährliches tut, ruft man zu: »Hör. Jetzt. Auf.«, nicht: »Beende. Deine. Gegenwär-

---

* *Short* (»kurz«) stammt vom altenglischen (ae.) *scort, sceort; word* (»Wort«) hat im Ae. dieselbe Form und Bedeutung; *are* (»sind«, 3. Plural Präsens zu *to be*) ist ae. *earun* mit derselben Bedeutung; *best* (»best-«, Superlativ zu *good*) kommt aus dem ae. *betst*; *and* (»und«) hat im Ae. ebenfalls dieselbe Form und Bedeutung; der bestimmte Artikel *the* tritt im späten Ae. bereits in dieser Form auf (geschrieben *þe*); *old* (»alt«) geht auf ae. *ald, eald* zurück; *when* (»wenn«) hat im Ae. die Form *hwænne* mit derselben Bedeutung, *of* (»von«) bedeutet im Ae. »weg von« und hat die Bedeutung einer Präposition der Zugehörigkeit als Lehnübersetzung von vulgärlateinisch und französisch *de* angenommen; und *all* (»all-«) schließlich stammt aus dem gleichbedeutenden ae. *eall*.

tige. Aktivität!«) Einsilbler haben etwas Elementares an sich – sie sind die Bausteine der Bedeutungsbildung. Längere Wörter dagegen, im Englischen meist Zusammensetzungen kürzerer Wörter, bieten mehr Platz für Unfug. Wenn ich zum Beispiel ein Problem *small* (»klein«) nenne, ist das kaum misszuverstehen. Wenn ich aber sage, es sei *negligible* (also »vernachlässigbar«, was mehr nach Geschäftssprache klingt und aus lateinischen Bestandteilen zusammengesetzt ist, die »nicht«, »aufheben« und »fähig zu« bedeuten, und wörtlich also »fähig, nicht aufgehoben zu werden« oder, vernünftiger ausgedrückt, »keines Aufhebens wert«), versetze ich mich schlagartig in eine Welt, in der man fragt, wer eigentlich sagt, es sei nicht »fähig«, oder bemerkt, dass es ein bisschen verdächtig klingt, um etwas kein Aufhebens zu machen, und alle möglichen anderen Vagheiten. Kurze Wörter sind klarer, weil sie viel weniger Nebenbedeutungen haben.

Alte Wörter wiederum sind von Vorteil, weil neuere Prägungen *für gewöhnlich* anfälliger für Verdrehungen sind – sie laufen größere Gefahr, den Humpty-Dumpty-Test nicht zu bestehen, während alte, also ererbte Wörter eine Geschichte haben und tiefer in unserer Sprache verwurzelt und damit auch widerstandsfähiger sind. Wie Geheimnisse verbinden sie uns mit der Vergangenheit. Hier sind ein paar Beispiele zu Themen dieses Buchs.

> *Gossip (»Klatsch und Tratsch«): Das englische Wort für dieses verbale Bindemittel sozialer Beziehungen, mit dem wir größere soziale Gruppen zusammenhalten, bezeichnet eigentlich das, was man zu seinen God-Siblings (»Patengeschwistern«) sagen würde, also zu seinen guten Kumpels.*

*Passion (»Leidenschaft«) bezeichnet inzwischen fast nur noch eine intensive und positive Emotion, bedeutet aber ursprünglich »Leiden«, besonders die Passion Christi am Kreuz. Ich zumindest finde es interessant, der Verbindung von der alten zur neuen Bedeutung nachzuspüren; ich denke, dass eine Passion jeder Art eben ein Erlebnis ist, das den Geist völlig beherrscht und dem wir nicht widerstehen können.*

*Humility (»Demut«) leitet sich letztlich vom lateinischen humus »Erdboden« ab; lateinisch humilitas ist wörtlich die Bodenhaftung oder Erdung. Aus derselben lateinischen Wurzel stammt auch der Name unserer eigenen Spezies im Englischen – human. Wir sind »Irdische«.*

*Und radical (»radikal«), das heutzutage eine extreme Abweichung von einer Norm bezeichnet, war ursprünglich genau das Gegenteil. Es ist das Adjektiv zu lateinisch radix »Wurzel« und beschreibt die Rückkehr zum Grundsätzlichen und Einfachen.*

Wegen dieser Verwurzelung in der Vergangenheit können wir mit alten Wörtern in der Gegenwart bei unserer Kommunikation mehr aussagen. Die alten Wörter bekommen, welche Sprache auch immer wir sprechen, durch ihre Geschichte ein Umfeld verwandter Bedeutungen, die wir uns bewusst oder unbewusst mitdenken, wenn wir sie verwenden, und die das Wort und uns selbst sozusagen verankern. Erfundene oder willkürlich umgedeutete Wörter können das nicht.

»Blockchain« zum Beispiel ist eine freie Erfindung, die eine bestimmte Art verschlüsselter Finanztransaktionen im Internet bezeichnet. Weil dieses Wort aber weder eine Geschichte noch eine inhärente Bedeutung hat, lässt es sich gut als eine Art Zauberwort verwenden, das einen sofort unbezweifelbar cool macht und deshalb für allen möglichen Unsinn missbraucht wird. Der Kryptoskeptiker* Zach Weinberg wollte vom Kryproevangelisten** Packy McCormick ein paar Beispiele für Nutzanwendungen der Blockchain als Belege für den revolutionären Durchbruch haben, den diese Technologie angeblich bedeutet.*** McCormick brachte daraufhin das Beispiel blockchainbasierter Immobiliengeschäfte. Mit ihnen, so sagte er, »könnten Sie Transaktionen sehr schnell durchführen, Sie könnten darauf einen Kredit aufnehmen, anstatt erst zur Bank of America gehen und eine Hypothek beantragen zu müssen – es wäre ein offeneres System, in dem man Transaktionen kreativer durchführen könnte«.

Diesem leichten Wortsalat als Vorspeise folgt dann, drei amüsante Minuten lang, Weinbergs ständig wiederholte Frage »Und wie würde das funktionieren?«, wobei McCormicks Antworten absolut nicht erklären, in welcher Hinsicht solche

---

* Ein *Skeptiker* war in der Antike jemand, der neugierig und nachdenklich war und selbstständig nachforschte, anstatt Behauptungen einfach zu akzeptieren, und hatte noch nicht die heutige Bedeutung eines prinzipiellen Anzweiflers.

** Wobei ein *Evangelist* im Griechischen ursprünglich der Überbringer einer »guten Nachricht« ist.

*** Er fragte tatsächlich nach »use cases«, ein weiteres Beispiel für unwirkliche Wörter – *uses* (»Anwendungen«), ein gutes altes kurzes Wort, hätte genügt. »Use cases« ist trotzdem längst nicht so schlimm wie »Blockchain«, wie wir gleich sehen werden.

Online-Transaktionen besser, billiger oder effektiver wären, sondern nur, wie Weinberg feststellt, »die gesamte bereits vorhandene Infrastruktur des Hypothekengeschäfts« noch einmal erschaffen würden. McCormick beendet den Satz eifrig für ihn mit »...und zwar in der Blockchain«, als ob Weinberg damit seinem Argument beigepflichtet habe. Man kann an diesem Scheinargument vielleicht die Reinheit des Dogmas bewundern: In der Blockchain ist alles besser, weil in der Blockchain alles besser ist. Aber hier in der wirklichen Welt erkennen wir, sowie McCormick seinen Einwurf »...in der Blockchain« bringt – und damit reflexartig sein Zauberwort anwendet –, dass sich hinter diesem Wort ein Betrug verbirgt, der dadurch erleichtert wird, dass dieses Wort erst kürzlich erfunden worden ist.

Natürlich brauchen neue Erfindungen neue Namen. Aber bei solchen neugeprägten Wörtern besteht eine deutliche Neigung – und eine deutliche Gefahr –, dass sie zur Deckung für unzureichendes Nachdenken werden. McCormick ist anständig genug, zuzugeben, er sei »mit diesem Hypothekenbeispiel abgestürzt, weil ich das vorher noch nie durchgespielt hatte«. Viele andere sind weniger selbstkritisch – oder weniger ehrlich.

In einem Artikel über dieses und andere Beispiele erklärt Charlie Warzel in *The Atlantic* auch, wie die Interviewer die Wahrheit ans Licht holen: Sie stellen »ganz einfache, vernünftige Fragen, und die Interviewpartner können sie nicht beantworten, ohne in Abstraktionen zu verfallen«. Die Interviewer fragen hartnäckig nach der Bedeutung der Wörter und weigern sich, die »hohlen Abstraktionen« einfach zu schlucken. *Sagen Sie uns, was das bedeutet. Wie funktioniert es?* Warzel – und mir auch – kommt es so vor, dass die Interviewten hinter dem Schutzschild ihrer erfundenen Wörter »gar nicht damit rechneten, solche Fragen je beantworten zu müssen«.[99] Aber die Interviewer lüften mit ganz einfachen Fragen nach dem Warum und Wie den Schleier der unwirklichen Wörter und zwingen die Befragten, sie in wirkliche Wörter zurückzuverwandeln und dadurch die Lücken in ihren eigenen Argumenten bloßzustellen.

Wenn wir vergessen, wie man wirkliche Wörter benutzt und sagt, was man meint, hält man nur sich selbst, andere oder sich selbst *und* andere zum Narren. Aber manchmal kommt das Problem mit den unwirklichen Wörtern nicht daher, dass man jemanden verwirren möchte, oder aus einer Neigung heraus, Wörter zu erfinden, um Platz für schlampiges Denken zu schaffen, sondern vielmehr aus dem Wunsch heraus, andere vor der harten Wirklichkeit der Welt zu schützen, in der wir leben. Manchmal sind die Schönfärbereien und Halbwahrheiten einfach ein Versuch, den Schock einer schlechten Nachricht abzufangen oder jemanden vor Ungewissheit zu schützen – also ihm ein Sicherheitssignal zu geben. In diesem Fall besteht das Gegenmittel darin, sich eine bessere Methode anzueignen, um mit der harten Wirklichkeit umzugehen.

Stellen Sie sich vor, Sie sind Mutter oder Vater oder ein Babysitter und sehen, wie sich ein kleines Kind den Kopf an einem Heizkörper anschlägt und heftig zu bluten anfängt. Was sagen Sie dem Kind?

Die meisten Menschen wollen in einem solchen Fall instinktiv beruhigen und trösten und versuchen, mit Worten den

Schmerz zu lindern. Wenn wir das Kind aufheben und versuchen, die Blutung zu stillen, sagen wir vielleicht, das sei nicht schlimm, es solle sich keine Sorgen machen, und die Wunde sei nur ganz leicht (Cheerleading für Kinder). Oder, wenn die Verletzung schwer genug ist, geben wir den Versuch zu trösten ganz auf und schalten auf Besorgnis und Ernsthaftigkeit um. Huch, sagen wir dann, das sieht aber gar nicht gut aus, da müssen wir sofort etwas tun, nur schnell, schnell, ach du meine Güte! Weder der eine noch der andere Ansatz hilft aber dem Kind. Im ersten Fall hat es keine Hinweise darauf, dass die Verletzung wirklich nicht schlimm sei, sondern sieht Blut und hat Schmerzen; im zweiten Fall macht die Panik des Erwachsenen dem Kind nur noch mehr Angst und bringt es um alle Sicherheitsgefühle.

Es gibt eine andere Methode. Das folgende Beispiel ist authentisch und stammt aus dem Buch *Verbal First Aid* (»Mündliche Erste Hilfe«) von Judith Simon Prager und Judith Acosta[100]. Das verletzte Kind heißt Oliver, und seine Mutter Donna sagte Folgendes zu ihm:

> *Oh, du hast dir den Kopf angeschlagen. Auuua! Aber ich bin ja bei dir und helfe dir. Aber wir müssen wohl direkt ins Krankenhaus, weil das nach einer Platzwunde aussieht, die bestimmt genäht werden muss. Die Ärzte wissen schon, was man da tun muss … Das kommt wieder ein Ordnung, Oliver, bei dir heilt ja alles schnell.*[101]

Das mag auf den ersten Blick nicht besonders umwälzend aussehen, aber hier wird eine genau durchdachte Methode angewandt, die eine ganz andere Kommunikation bewirkt.

Zuerst *beschreibt* Donna, was sie sieht (»du hast dir den Kopf angeschlagen«). Dann *erzählt* sie, was als Nächstes geschehen wird (»wir müssen direkt ins Krankenhaus«). Und dann gibt sie Oliver einen *Grund* an, um sich besser zu fühlen (»bei dir heilt ja alles schnell«). Sie gibt nicht vor, der Unfall oder die Verletzung sei gar nicht so schlimm, und erzählt dem Kind auch nicht, wie es sich fühlen soll. Sie spricht keine ausdrücklichen Trostworte, aber was sie sagt, ist unendlich viel tröstlicher.

Man spürt auch eine gewisse Demut. Donna scheint mit ihren Worten nicht das Problem lösen zu wollen, sondern nur zu beschreiben, was sie sieht, und mitzuteilen, was sie unternehmen will – also die Ungewissheit über den Vorfall und seine Folgen zu beheben. Sie braucht nicht allwissend zu tun, und das *erhöht* paradoxerweise die Wirksamkeit ihrer Worte.

Die Lehre aus *Verbal First Aid* ist, dass wir viel weiterkommen, wenn wir dem Gegenüber erzählen, was geschieht, anstatt ihm zu sagen, was er fühlen soll, wie man selbst sich fühlt und warum er sich so und so fühlen sollte; dass wirksame Kommunikation darin besteht, Aufmerksamkeit auf Tatsachen zu lenken, die wir für wichtig halten (»schau nur, wie…« ist der Schlüsselsatz hier), und damit andere dazu einzuladen, unsere Weltsicht zu teilen, ohne es aber zu befehlen; und dass Selbstsicherheit ohne Begründungen eine leere Hülle ist. Letzteres gilt auch für den übermäßigen Gebrauch von »begeistert«: Ich bin als Leser sehr viel weniger daran interessiert, das Adjektiv zu hören, mit dem Sie Ihre Gefühle beschreiben, als daran, zu hören, was diese Gefühle verursacht. Bei »begeistert« fehlt fast immer ein »weil«.

Unwirkliche Wörter bewirken oft das Gegenteil des Gewünschten. Wenn man jemandem sagt, er solle sich keine Sorgen machen, macht er sich nur noch mehr Sorgen. Wenn man ihm sagt, man sei zuversichtlich, was den Ausgang einer Sache angeht, wird er nur weniger zuversichtlich, außer, man sagt dazu, warum man zuversichtlich ist. Wenn man die Tatsachen hinter langen und wortreichen Abstraktionen versteckt, vermutet der andere das Schlimmste. Die Methoden aus *Verbal First Aid* dagegen – die sich leicht auf alle möglichen anderen Situationen übertragen lassen –, vermeiden jede *Lücke* zwischen den Worten, die der eine sagt, und der Erfahrung, die der andere gerade macht. Es gibt keinen Platz, um die Unwirklichkeitskeile einzuschlagen.

Christian, den wir bereits in Teil I kennengelernt haben, sagte mir, er habe gelernt, nachdem er versucht hatte, seine Firma durch eine Achterbahnfahrt des Wandels zu führen und schließlich selbst davon weggefegt wurde, dass »Menschen mit der Wahrheit ganz gut umgehen können«. Damit hat er natürlich recht. Wir vertragen die Wahrheit ganz gut, solange wir sie in Worten hören, die in der Wirklichkeit wurzeln, und solange wir genug davon bekommen, um die Situation selbst zu begreifen. Das Sicherheitssignal ist dabei nicht eine Behauptung, alles sei in Ordnung, sondern ein Grund zu glauben, alles sei in Ordnung. Und wenn auch das nicht möglich ist, hilft einem die Versicherung – in glaubwürdigen Worten formuliert –, dass die Welt wenigstens verständlich sei und andere sie genauso sehen wie man selbst, viel mehr, als man glauben könnte.

## *Rituale achten*

Verzeihen Sie mir einen kurzen Augenblick der Morbidität, aber nehmen wir einmal an, jemand sei gerade gestorben, und wir müssten entscheiden, was wir jetzt weiter tun. Und nehmen wir außerdem an, dass wir, nachdem wir die Sache besprochen haben, zu dem Schluss kommen, wir können den Toten einfach liegen lassen und mit unserem Alltag weitermachen.

Wie absolut und verblüffend seltsam das klingt! Wie verstörend abartig! Wie bizarr und verrückt!

Dabei ist das genau das, was wie die meisten Tiere tun. Sie lassen einen Kadaver einfach liegen und machen weiter wie immer. Die eine große Ausnahme – das Tier namens Mensch – tut das nie. Es gibt keine Kultur, die sich nicht um ihre Toten kümmert. Wir tun zwar nicht alle dasselbe mit unseren Toten – in manchen Kulturen werden sie mumifiziert, in anderen begraben, in wieder anderen eingeäschert; manche von uns kleiden sich dafür in Weiß, andere in Schwarz, und manchmal legen wir Muschelschalen um den Toten aus –, aber wir alle tun etwas, und dieses Etwas, das den Menschen so einmalig macht, nennt sich Ritual.

Das Wort stammt aus dem lateinischen *ritualis*, einem Adjektiv, das »zum Ritus gehörig« bedeutet, und das Wort *ritus* wiederum ist womöglich mit dem Sanskritwort *ṛta* verwandt, das »richtig« oder »in guter Ordnung« bedeutet und sich auf die angemessene Struktur kosmischer, weltlicher und menschlicher Ereignisse bezieht.[102] Im religiösen Zusammenhang wurde »Ritual« ursprünglich nicht für die Abfolge vorgeschriebener Handlungen selbst gebraucht, sondern für das

Buch, das die Anweisungen dafür enthielt. Erst seit relativ kurzer Zeit – in den letzten Jahrhunderten – wird es auch außerhalb der religiösen Sphäre auf jede regelmäßig wiederholte Handlung angewandt. Nicht nur der Sonntagsgottesdienst ist also ein Ritual, sondern auch der Sonntagsbraten, um den sich die Familie zum gemeinsamen Essen versammelt, oder die tägliche Runde Schwimmen. Oder wie der Händedruck am 18. Grün beim Golf, die Nationalhymne vor dem Länderspiel oder das Zerschlagen eines Glases bei einer jüdischen Hochzeit. Oder wie, am Arbeitsplatz, die tägliche Kurzbesprechung im Stehen, die Fotomontage zur Vorstellung eines neuen Teammitglieds oder der Abstecher ins Stammlokal, um den Abschluss eines Geschäfts zu feiern. Rituale sind nicht nur einmalig für den Menschen, sondern in allen menschlichen Kulturen allgegenwärtig – und zwar, weil sie eine bemerkenswert erfolgreiche Erfindung sind: Mit ihnen kontrollieren wir unsere Umwelt, verschaffen uns einen festen Ankerplatz in einer chaotischen Welt und wehren die Unsicherheit ab, die in der Zukunft liegt.

Anfangen sollten wir mit einer Definition – und dabei stoßen wir sofort auf die erste Merkwürdigkeit: Rituale sind bemerkenswert vielfältig. Die meisten Menschen haben eine ungefähre Vorstellung, was ein Ritual ausmacht, aber wenn man ein bisschen nachforscht, stellt man schnell fest, was auch einer der führenden Ritualforscher der Welt, Professor Michael Norton von der Harvard University, mir sagte: »Es gibt keine erforderlichen physischen Merkmale.« Kein Bestandteil, der zu einem Ritual gehören *kann*, ist unbedingt *erforderlich*, um es zu einem Ritual zu machen.

Nehmen wir als Beispiel die sogenannte *Instrumentalität* – das heißt, die Frage, ob zu einem Ritual etwas gehören muss, das sich klar auf seinen angestrebten Zweck bezieht. Wenn man genauer hinschaut, entdeckt man schnell, dass es haufenweise Beispiele für nichtinstrumentale Rituale gibt, von der Thronrede des britischen Königs bei der Parlamentseröffnung (die keinerlei Auswirkung auf die Führung der Staatsgeschäfte hat) bis zu dem Mann in Chicago, der es sich zu Anfang der Covid-Lockdowns zur Gewohnheit machte, täglich in einen See zu springen und die Videos seiner Kopfsprünge und Bauchklatscher auf Twitter zu posten (das hat keinerlei Auswirkung auf *irgendetwas*, ist aber trotzdem ein seltsam faszinierendes Stück menschlicher Kontaktpflege).* Andererseits gibt es auch haufenweise Beispiele sehr instrumentaler Rituale, von den Aufwärmübungen der Sportler bis zum täglichen Brainstorming in dynamischen Software-Entwicklerteams, wo es beim Ritual *ausschließlich* um die bevorstehenden Aufgaben geht. Und es gibt Rituale, die aus einer Mischung von beidem bestehen.

Oder muss ein Ritual erkennbar zu einem größeren archetypischen Muster gehören? Man möchte meinen, das sei sogar unbedingt erforderlich – wenn die morgendliche Kurzbesprechung plötzlich auf den Nachmittag verschoben und in eine Diskussion über Etymologie umgewandelt würde, was wäre dann vom Ritual noch übrig? Wenn der tägliche Sprung in den See eines Tages zur Bootsfahrt wird, wie kann das noch

* Die Videos kann man sich unter @TheRealDtox anschauen. Dan O'Conor, der sie einstellt, schrieb am 10. März 2023, inzwischen seien es »1000 Tage seit dem 13. Juni 2020, als ich verkatert & elend war & meine Frau sagte, ich solle in den See springen«. Und damit wurde ein Ritual geboren.

dasselbe Ritual sein? Das stimmt im Wesentlichen: Solange jeder einzelne Fall zu einem fortdauernden Zyklus gehört, kann man von einem Ritual sprechen. Der Ablauf eines Rituals kann sich zwar mit der Zeit ändern, aber sein Sinn besteht darin, dass man ihn wiedererkennen und voraussagen kann, sodass er einen festen Bezugspunkt für die Zukunft bietet. Ein Sonntagsgottesdienst (mit seiner fast vollständigen Festlegung des gesprochenen und gesungenen Worts) ist also ein Ritual. Und der Sonntagsbraten mit der Familie, wie ich ihn als Kind kannte (mit wechselnden Essenszeiten, verschiedenen Gerichten und auch, als meine Geschwister und ich älter wurden, wechselnden Teilnehmern), ist auch ein Ritual, weil wir trotz der Veränderungen alle wussten, dass es ihn gab. Aber es ist überraschend schwierig festzulegen, wie viel an Variation ein Ritual verträgt, bevor es seine Identität verliert und nicht mehr als Ritual wahrgenommen wird, also ist Beständigkeit als Kriterium nur bedingt tauglich.

Oder spielt es eine Rolle, ob ein Ritual von den Teilnehmern selbst geschaffen oder ihnen von außen angeboten oder aufgezwungen wird? Wird es durch diese Eigenschaften definiert? Es gibt allerdings Beispiele für echte Rituale in beiden Kategorien. In die erste fällt zum Beispiel das informelle morgendliche Kaffeekochen eines Arbeitsteams, das mit der Zeit zu einem Teil der Teamidentität wird und neuen Teammitgliedern erklärt werden muss (»Bei uns im Team kochen wir jeden Morgen…«). In die zweite Kategorie fällt ein Großteil der kirchlichen, staatlichen und sonstigen zeremoniellen Rituale.

Und wie steht es damit, ob es einen Auslöser gibt? Wird das Ritual als Reaktion auf ein Ereignis – eine Hochzeit oder einen Todesfall zum Beispiel – durchgeführt, oder weil es regelmäßig stattfindet und der nächste Termin da ist – wie der Sonntagsbraten aus meiner Kindheit? Auch hier gibt es gültige Beispiele für beides und weder ein konkreter Anlass noch ein regelmäßiger Termin sind Kriterien für ein Ritual.

Was schließlich ist mit der Teilnehmerzahl? Muss ein Ritual von mehreren Teilnehmern gemeinschaftlich durchgeführt werden, oder gibt es auch persönliche Rituale für den Einzelnen? Wieder finden wir zahlreiche Beispiele für Rituale in beiden Kategorien.

Rituale sind also durch einfache Definitionen kaum zu erfassen und man kann zwar ihre einzelnen Komponenten abgrenzen und jeweils deren Nutzen beschreiben – Gemeinschaftsrituale helfen wohl, so kann man annehmen, bei der Festigung der Gemeinschaft, selbst geschaffene Rituale bei der Identitätsbildung, regelmäßig wiederholte Rituale gegen die Ungewissheit –, aber die Merkmale eines Rituals mit ihren jeweiligen Nutzeffekten scheinen eher in einem losen Bündnis miteinander zu existieren als in einer festgelegten Beziehung.

Viele Menschen begegnen Ritualen zuerst im religiösen Zusammenhang und ich bin da keine Ausnahme: Ich bin ein Atheist, der Abendandachten mag. Als Kind sang ich im Kirchenchor unserer Gemeinde und nahm viele Jahre hindurch jeden Sonntag im weißen Chorhemd aus Spitze (wir nannten sie »Filtertüten«) an zwei Gottesdiensten teil. Ich wusste zwar schon als Elfjähriger, dass dieses ganze Gerede von Gott mir nichts sagte, aber ich mochte die sanften, kraftvollen Rhythmen der Liturgie, die poetische Sprache des Gesangbuchs, die Choreografie der Zelebranten und die kleine Insel der Ruhe und Erholung, die dadurch geschaffen wurde, besonders am Sonntagabend, wenn wieder eine Woche zu Ende ging. (Wenn ich die Möglichkeit habe, gehe ich immer noch gelegentlich in die Kirche.)

Ich fragte Michael Norton bei unserem Gespräch über Instrumentalität danach, weil mir auffiel, dass die Instrumentalität der Abendandacht für mich als Nichtgläubigen eine andere als für die gläubigen Kirchenbesucher sein müsse. Für mich war das ein wunderbarer, beruhigender Balsam aus Musik und Worten, der sich jeden Sonntagabend in völlig voraussehbarem Rhythmus abspielte, aber kein spirituelles Erlebnis im eigentlichen religiösen Sinne, während es anderen Teilnehmern sehr viel mehr bedeutete. Ich fragte also Norton, ob die Abendandacht für mich zu einer anderen Kategorie gehöre als für die anderen. Das sei das Problem, wenn man sich mit Ritualen befasst, meinte er. »Wenn ich mir nur die Teilnehmer anschaue, sehe ich, dass alle genau gleich handeln. Sie vollführen die gleichen Bewegungen, sprechen und singen zur gleichen Zeit die gleichen Texte – aber einige von ihnen fühlen dadurch eine tiefe Verbundenheit mit Gott, während das für andere, wie Sie zum Beispiel, keine Rolle spielt. Durch reines Beobachten kann ich beides nicht voneinander unterscheiden.«

Für mich war also die Abendandacht kein instrumentales Ritual, für andere Teilnehmer dagegen unbedingt. Aber das ist natürlich eine andere Frage als die, ob sie für die Teilnehmer ein Ritual darstellt. Das findet man nicht heraus, erklärte mir Norton, indem man nach der Instrumentalität oder anderen Komponenten fragt, sondern durch die einfache Frage: »Hat es für Sie eine Bedeutung?« Die entscheidende, definierende

Eigenschaft eines Rituals ist nämlich, wie sich herausstellt – ein bisschen frustrierend zunächst, aber, wenn man es begriffen hat, ist es ziemlich wunderbar –, ob es den Teilnehmern selbst bedeutungsvoll vorkommt. Das ist die zweite Merkwürdigkeit bei Ritualen. Sie existieren zwar in der physischen Welt und bestehen vollständig aus Handlungen, Bewegungen, Worten und Gesten, die ein Beobachter von außen vollständig dokumentieren könnte, aber ihr einziger entscheidender Bestandteil ist psychisch. Der Komponist und Dirigent Leonard Bernstein sprach einmal in einem seiner berühmten Young People's Concerts über die Bedeutung in der Musik und kam zu dem schönen Schluss, dass die Bedeutung der Musik das sei, »was man fühlt, wenn man sie hört«.[103] Ähnlich könnte man auch die Bedeutung von Ritualen definieren.

Aber Bedeutung ist nicht nur für die Definition des Begriffs wichtig. Wie man ein Ritual innerlich erlebt, ist auch ein wichtiger Faktor für seine Wirksamkeit. Norton führte mit einigen Kollegen 2021 eine Studie durch, die sich mit dem Zusammenhang zwischen dem Gefühl der Teilnehmer einer Aktivität, es handele sich dabei um ein Ritual, und ihrem Gefühl, sie sei bedeutungsvoll, befasste und außerdem untersuchte, ob die Teilnehmer in Abhängigkeit von diesen Gefühlen sogenannte »Bürgertugenden« innerhalb ihrer Gruppe zeigten, also zum Beispiel anderen, die gefehlt hatten, beim Aufholen halfen. Sie entdeckten eine starke positive Korrelation zwischen allen dreien: »Das Ausmaß, in dem die Teilnehmer die Gruppenaktivität als Ritual wahrnahmen, war ein signifikanter Indikator für die Bedeutung, die sie der Aktivität und ihrer Tätigkeit beimaßen, ebenso wie für ihre Bürgertugenden im Rahmen dieser Aktivität.«[104]

Aus diesem Grund – weil Rituale in der physischen Welt existieren, aber letztlich in der psychischen Welt definiert werden und wirken, dienen sie als eine Art Brücke zwischen Körper und Geist. Und das ist das Geheimnis ihrer außergewöhnlichen Macht.

Diese Macht erstreckt sich über das Ritual selbst in viele Richtungen hinaus.

Sie erstreckt sich auf unsere persönliche Leistung und steigert unsere Kompetenz: Beispielsweise ist eine positive Korrelation zwischen dem Erfolg von Freiwürfen im Basketball, gemessen in Prozent, und der Befolgung ritueller Routinen vor dem Wurf sowie zwischen dem Aufstieg eines Spielers in Basketball-Spitzenligen und dem Ausmaß festgestellt worden, in dem er solche Routinen vor seinen Würfen befolgt.[105]

Sie erstreckt sich auf unser Gefühl der Kontrolle über die Umwelt. Studien haben ergeben, dass »das Ausmaß, in dem Sportler und Fischer Rituale befolgen, mit der Unberechenbarkeit in ihrem Beruf zusammenhängt«.[106] Eine Teamleiterin, die ich zu den Auswirkungen von Wandel am Arbeitsplatz befragte, erzählte mir, wie sie als Vorbereitung auf eine bevorstehende Abspaltung vom Unternehmen auf Teamrituale gekommen war, um die anstehende Zusatzarbeit, die in absoluter Geheimhaltung durchgeführt werden musste, zu bewältigen: »Ich sagte mir irgendwann: Jetzt ist alles außer Kontrolle, was kann ich noch kontrollieren? Und was ich noch kontrollieren kann, ist das und das und das, und wir haben uns einfach ein paar Teamrituale ausgedacht.« Sie führte eine tägliche Kurzbesprechung für das Team ein, um festzulegen, was am betreffenden Tag zu tun war, und eine wöchentliche Besprechung mit einem weiteren Team auf der anderen Seite der Welt, das mit ihrem zusammenarbeitete – Letztere weniger, um für die Arbeit Relevantes zu besprechen, sondern mehr, um sich auszutauschen oder, wie die Befragte es formulierte, »um das Gegenüber zu sehen und ein bisschen miteinander zu quatschen«.

Die Macht der Rituale erstreckt sich auch auf die Beeinflussung von Gefühlszuständen. Viele Immobilienangebote enthalten die Beschreibung eines Orts im Haus, oft draußen im Garten, an dem man seinen Morgenkaffee trinken kann, und wenn man das liest, stellt man sich sofort vor, wie man das *jeden Tag* tut, ein Ritual, das einem schon in der Vorstellung wie ein beruhigender Ankerplatz am Beginn des Tages vorkommt.* Michael Norton erklärte mir, dass wir uns zu bestimmten Zeitpunkten oft ein bestimmtes Gefühl wünschen: »Wenn man trauert, möchte man weniger Trauer empfinden. Wenn man nervös ist, möchte man zur Ruhe kommen. Wenn man Sport treiben will, möchte man sich aufputschen.« Es wäre schön, wenn man diese Gefühle einfach nach Wunsch hervorrufen könnte, aber das geht aus verschiedenen Gründen nicht. »Man muss etwas *tun*, um seine Gefühle zu regulieren«, so Norton, »und einer der Mechanismen dafür sind Rituale«. Interessanterweise können wir mit Ritualen eine breite Palette

* Wenn dieses Ritual übrigens wie das Leben im Mixer abliefe, gäbe es an manchen Tagen ein Morgengetränk, an anderen nicht; manchmal wäre das Getränk Kaffee, manchmal Tee, manchmal Cola und manchmal geeiste Suppe; und der Platz, an dem man es einnähme, änderte sich jeden Tag – denn Wandel ist etwas Tolles! Es gibt keinen einzigen Immobilienmakler, der diese Version anpreist.

an Gefühlen steuern oder hervorrufen. Rituale sind geradezu Allzweckwerkzeuge, die dazu dienen können, einen zu beruhigen oder aufzuregen, die Konzentration zu fördern, Trauer zu dämpfen oder Ehrfurcht zu erwecken, und das ist noch lange nicht alles.

Die Macht der Rituale erstreckt sich auch darauf, der eigenen Arbeit mehr Bedeutung zu verleihen. Das ist besonders interessant, weil wir ja gesehen haben, dass Sinnfindung für den Menschen wichtig und ein ständiges Bemühen von Managern ist. Eine umfassende Strategie – und ganz sicher keine unvernünftige – besteht einfach darin, den Mitarbeitern sinnvollere Aufgaben zu erteilen. Ein anderer Ansatz dieser Art wäre, den Mitarbeitern zu erklären, worin die Bedeutung ihrer Arbeit besteht. Aber manchmal kann man die erteilten Aufgaben nicht groß ändern, und die Erklärungen bewirken auch nicht viel – und dann sind, wie sich herausstellt, Rituale enorm hilfreich, und zwar, weil das Gefühl der Bedeutsamkeit, das sie schaffen, sich auch auf nachfolgende Tätigkeiten ausdehnt. Norton und seine Kollegen stellten einen Zusammenhang zwischen dem Grad der Wahrnehmung einer Aktivität als Ritual, der Bedeutung, die dieser Aktivität zugemessen wurde, und der Bedeutung fest, die einer nachfolgenden Aktivität zugemessen wurde, die nicht damit zusammenhing.[107] Die Forscher schrieben, »Gruppenrituale können als einfache, aber wirksame Maßnahme dienen, um einer Aufgabe Bedeutsamkeit zu verleihen … ohne die Aufgabe selbst zu verändern«.[108] Es mag seltsam klingen, aber ein ritualisiertes Leben ist bedeutungsvoller.

Die Macht der Rituale erstreckt sich auch darauf, Menschen aneinander zu binden. Beim Begriff des Rituals denken viele Menschen zunächst an ein *Gruppenritual*, und solche Rituale tragen auch zur Identitätsbildung der Gruppe bei (»Wir sind das Team mit dem vierteljährlichen Trivia-Quiz«). Die meisten Gruppenrituale finden sich zweifellos in Familien, und wir finden diese Rituale so wichtig für die Gesellschaft, dass wir sie im Kalender eintragen und zu Feiertagen erklären. Jede Familie entwickelt nicht nur ihre eigenen Rituale, sondern auch ihre eigene Art und Weise, die allgemein gebräuchlichen Rituale durchzuführen. Nehmen wir zum Beispiel Weihnachten, das in meiner Heimat ebenso ein Familienritual und gesetzlicher Feiertag ist wie in dem Land, in dem ich heute lebe.* Als ich noch in Großbritannien mit meiner Familie zusammen feierte, lautete die Geschäftsordnung folgendermaßen: Aufstehen, Geschenkestrümpfe ausleeren, anziehen, spazieren gehen, zurückkommen und ein enormes Essen vertilgen, Ansprache der Königin anschauen, restliche Geschenke auspacken, zusammenbrechen. In meiner heutigen Familie in den USA musste ich eine andere Abfolge lernen: aufstehen, Geschenkestrümpfe ausleeren, anziehen, alle anderen Geschenke sofort auspacken, großes Essen vertilgen, zusammenbrechen. Als ich die amerikanische Weise, Weihnachten zu feiern, zum ersten Mal erlebte, kam sie mir wie Blasphemie vor. Was waren das für Barbaren, die *alle* Geschenke schon vor dem Essen auspackten? Und ich vermute, dass viele meiner Leser jetzt von dem einen oder anderen Aspekt meiner englischen oder amerikanischen Weihnachten denken, er sei nicht

* Und, ja, es ist auch ein religiöser Feiertag – aber ich vermute, Weihnachten hat sich für viele Menschen ebenso sehr von seinen religiösen Wurzeln entfernt wie für mich und ist mindestens ebenso sehr zu einem Familienfest geworden.

bloß *anders* als bei ihnen, sondern ganz klar *falsch.* Eines der auffälligsten Merkmale von Ritualen ist nämlich, dass wir uns ärgern – sogar aufregen –, wenn sie nicht korrekt durchgeführt werden (obwohl es nur selten ausdrücklich festgeschriebene Regeln gibt). Ein weiteres Merkmal ist, dass die Gruppe derer, die ein Ritual auf die nur ihr eigene Weise durchführt, dadurch in ihrem Zusammenhalt – und ihrem Zugehörigkeitsgefühl – gestärkt wird.

Und die Macht der Rituale erstreckt sich auch von der Gegenwart in die Zukunft. In ihrer vorhersehbaren Wiederholung oder auch ihrer vorhersehbaren nächsten Durchführung nach einem bestimmten Ereignis bieten die Rituale uns ein Gerüst für die Zukunft und wehren damit die Ungewissheit ab, die dort auf uns wartet.

Es gibt also diese merkwürdige Sache bei den Menschen – und nur bei den Menschen –, die man Rituale nennt und die durch eine Abfolge physischer Handlungen mit assoziierten psychischen Wirkungen enormer Bandbreite eine Brücke zwischen Körper und Geist schaffen. Diese verschiedenen Rituale wirken in bizarrer und alchimistischer Weise auf alle möglichen Arten und Weisen.

Aber sie sind nicht nur allgemein wirksam. Ihre Wirksamkeit ist immer von derselben Art, und in einer Welt, die sich ständig verändert, ist das eine sehr wichtige Kraft, denn sie bringt Ordnung ins Chaos.

Rituale vermindern die mögliche Varianz der Zukunft. Indem sie Ängste lindern, verringern sie das Risiko schlechter Leistungen bei der Aufgabe, die vor uns liegt. Indem sie

Trauer bewältigen helfen, verstärken sie unser Gefühl, in der kommenden Zeit die Dinge im Griff zu haben. Indem sie den Zusammenhalt des Teams oder der Familie vergrößern, bringen sie Ordnung und Gemeinschaftsgefühl in die Gruppe und helfen bei der Klärung, wer dazu gehört und wer nicht, wozu die Gruppe da ist und wie sie ihre Aufgabe in der unmittelbaren Zukunft und darüber hinaus lösen wird. Indem sie uns durch ihre Wiederholungen eine Abfolge von Ankerplätzen in der Zukunft bieten, impfen sie uns ein wenig gegen die Ungewissheit in dieser Zukunft. Rituale sind die großen Regulierer von Gefühlen und Zeitablauf.

Und so sehen sie am Arbeitsplatz aus.

Eines meiner Rituale bei Cisco war eine wöchentliche Versammlung aller Mitarbeiter, die mir unterstellt waren. Diese halbstündige Besprechung jeden Mittwoch hatte drei stehende Tagesordnungspunkte: zuerst Glückwünsche für alle Teammitglieder, die Geburtstag oder ein Firmenjubiläum feierten (nur in diesem Teil des Meetings verwendeten wir eine Dia-Folie); zweitens eine zwei- oder dreiminütige Zusammenfassung der mir direkt unterstellten Leiter, die berichteten, womit sie und ihre Teams in der laufenden Woche befasst waren, und drittens ein zehn- bis fünfzehnminütiger Bericht von mir, in dem ich allen Mitarbeitern so viel wie möglich davon weitergab, was in der Chefetage besprochen wurde, womit ich selbst gerade beschäftigt war, welche Prioritäten ich hatte, was ich in der vergangenen Woche interessant gefunden hatte und (auf Wunsch des Teams) auch ein paar Kleinigkeiten aus meinem Privatleben. Niemand musste an dieser Besprechung teilnehmen –

sie war völlig freiwillig –, aber trotzdem kamen jede Woche ungefähr 90 Prozent meiner Untergebenen dafür zusammen.

Das war übrigens nicht die erste Version der wöchentlichen Besprechung, die ich ausprobiert hatte. Anfangs hatte es mehr Planung und Aufwand gegeben, mit langen Tagesordnungen, Gastrednern, Projekt-Updates und vielen Diashows. Das funktionierte zwar, aber längst nicht so gut wie die ganz einfache Form, bei der wir schließlich anlangten. Ohne all das Zeremoniell eines klassischen »Meetings« hörte das Team nur noch, wie die Leiter in klaren, eindeutigen Worten darüber berichteten, was gerade vor sich ging – es war ein Gespräch, keine Präsentation. Wenn jemand einmal nicht viel zu sagen hatte, redete er auch nicht lange. Und ich merkte mit der Zeit, dass von meinen Berichten diejenigen am besten ankamen, bei denen ich nahe daran war, zu viel zu erzählen und Vertrauliches zu verraten. Je mehr ich mich zwingen musste, die diesbezüglichen Vorschriften einzuhalten, desto fruchtbarer war unsere Gesprächsrunde, sehr wahrscheinlich, weil es den Mitarbeitern dann so vorkam, als würden sie wirklich in Geheimnisse eingeweiht.

Ich bin jetzt schon ein paar Jahre nicht mehr in dieser Position und die Besprechungen gibt es nicht mehr – aber ich bekomme immer noch erzählt, wie sehr die Mitarbeiter sie vermissen. Ich übrigens auch.

Eine der Teamleiterinnen, die mir unterstellt waren, veranstaltete zusätzlich noch zwei weitere wöchentliche Mitarbeiterversammlungen für ihr Team – eine halbstündige Videokonferenz am Montag, in der jedes Teammitglied erzählte, was in der betreffenden Woche seine wichtigste Aufgabe war und wie viel es zu tun hatte (das war eine Gelegenheit für die Kollegen, gegebenenfalls Hilfe und Ermutigung anzubieten), und eine am Freitag, in der man die großartige Arbeit eines Kollegen loben oder sich für Unterstützung während der Woche bedanken konnte. In ihrem Wochenablauf ging es also nicht nur darum, dem Team Informationen zu vermitteln, sondern auch eine Grundlage (und eine sanfte Erwartungshaltung) für gegenseitige Hilfe unter den Teammitgliedern zu schaffen.

Nun gibt es viele Teams auf der Welt, die wenn sie (oder vielmehr ihr Teamleiter) sich mit Teamwork oder Vertrauen oder sonst einem arbeitspsychologischen Meta-Thema befassen wollen, dazu eine besondere Sitzung veranstalten, oft mit einem Gastmoderator oder Berater und manchmal sogar mit den, wenn man ehrlich ist, allgemein gefürchteten Teambuilding-Übungen. Das Merkwürdige an diesem Ansatz ist allerdings, dass er die Zusammenarbeit der Kollegen verbessern soll, der erste Schritt aber darin besteht, die gemeinsame Arbeit zu unterbrechen und über Vertrauen und solches Zeug zu reden, als ob man das dann dem Arbeitsalltag nachträglich aufsetzen könne. Die Teamleiterin, von der ich gerade erzählt habe, machte es genau andersherum. Anstatt darüber zu reden, wie sich die einzelnen Mitarbeiter im Team fühlten, wie man Vertrauen zueinander aufbauen könne oder welche Erkenntnisse man übereinander gewonnen habe, und zu hoffen, dass dadurch die Arbeit effektiver werde, führte sie ein Ritual ein, das den Teammitgliedern die konkrete Gelegenheit gab, einander zu unterstützen und besser zusammenzuarbeiten – sich zwanglos auszutauschen –, weil sie glaubte, dass sich dadurch im Lauf der Wochen Vertrauen und Gemeinschaftsgefühl von selbst einstellen würden. Das zeigt eine weitere Eigenschaft von Ritualen: Ihre Wirkung beruht oft auf einer Art listiger Täuschung. Was sie uns zu geben haben – Gewissheit,

Gemeinschaft, Sicherheit und so weiter –, wird oft nicht im Ritual selbst angesprochen, sondern ergibt sich mit der Zeit aus seiner verlässlichen Wiederholung und wird dadurch seltsamerweise umso stärker. Wir mussten in unserer wöchentlichen Teambesprechung nicht groß über ein Zugehörigkeitsgefühl reden, weil es aus der Besprechung selbst entstand. Wir haben beim Sonntagsessen auch nicht darüber geredet, dass wir »eine Familie waren«, aber die gemeinsame Mahlzeit verstärkte unsere Familienbindung trotzdem.

Kommunikation zu ritualisieren ist besonders bei erhöhter Stressbelastung nützlich. Es gibt viele Beispiele dazu aus der Anfangszeit der Covid-Epidemie, als Teamleiter und Mitglieder das Bedürfnis nach ein bisschen Struktur inmitten der Unsicherheit hatten, die um die Welt lief, und deshalb wöchentliche Videokonferenzen für alle Mitarbeiter oder wöchentliche E-Mail-Updates einführten, um den Angestellten zu sagen, was es Neues gab, ihnen alle möglichen Ratschläge zum Beispiel für die Organisation ihrer Heimarbeit zu erteilen und sie mit neuen Erkenntnissen über das Virus zu versorgen. Aber diese wöchentlichen Termine standen bald vor dem Problem, dass es oft nichts Neues mitzuteilen gab. Das ist auch in normaleren Zeiten nicht selten – die meisten von uns haben schon erlebt, dass ein regelmäßiger Besprechungstermin abgesagt wurde, weil es nichts zu besprechen gab, und viele von uns haben sich schon durch Meetings gequält, die aus ebendiesem Grund hätten abgesagt werden *sollen* –, aber mitten in einer Krise wirkt es sehr verunsichernd, wenn die wöchentliche E-Mail ausbleibt oder die wöchentliche Videokonferenz plötzlich abgesagt wird. Die Unterbrechung eines vorhersehbaren Rituals könnte so ausgelegt werden, als gehe hinter den

Kulissen etwas vor sich (wir erinnern uns an Roberto, für den es eine »Tsunamiwarnung« war, wenn seine Vorgesetzten sich plötzlich nicht mehr blicken ließen), und auf jeden Fall ginge der beruhigende Rhythmus einer wöchentlichen Rückversicherung verloren.

Ich kenne ein Unternehmen, das für dieses Problem eine elegante Lösung fand: Wenn es nichts Neues gab, schickte es die wöchentliche E-Mail trotzdem, aber darin stand dann eben einfach, dass es nichts Neues gab. Damit wurde nicht nur die Vorhersehbarkeit des Kommunikationsrituals gewahrt, sondern auch seine Glaubwürdigkeit. Wer schickt schon eine E-Mail, um mitzuteilen, dass es nichts mitzuteilen gibt? Eine Firma natürlich, die verstanden hat, wie wichtig Rituale sind.

Man könnte fast glauben, Rituale am Arbeitsplatz müssten immer wöchentlich stattfinden. Aber das stimmt nicht – es gibt genug Beispiele für andere Rhythmen und Anlässe. Denken Sie nur an die diversen Rituale zum Verkaufsstart eines neuen Produkts in der IT-Branche oder den Rollout eines neuen Modells bei Flugzeugbauern. Oder nehmen wir die beiden Chefs einer Firma, die sich jedes Jahr zu Halloween als ein berühmtes Paar aus der Popkultur (Batman und Robin, die Mario Brothers) verkleiden und so zur Arbeit erscheinen (aber wirklich jedes Jahr). Oder das Team, dessen Mitglieder sich während der Covid-Maßnahmen morgens nicht mehr zufällig im Korridor begegnen konnten, und das deshalb einen virtuellen Korridor einrichtete – einen Chatroom, in dem man sich morgens einloggen konnte, um »Hallo« zu sagen, und zum Feierabend, um sich zu verabschieden. Oder einen meiner ehemaligen Kollegen, der jedes Mal eine Webcam einrichtete, wenn er und sein Ehemann sich über einen neuen

Wurf ihrer Hunde freuen konnten, und den Link an sämtliche 1200 Mitarbeiter unserer Abteilung schickte, damit sie sich die Welpen anschauen konnten, und der damit die erstaunliche verbindende Kraft der PuppyCam auf uns alle losließ.

Allerdings scheint die Woche schon etwas Besonderes an sich zu haben. Sie ist eine sehr menschliche Zeiteinheit, die uns einen besonders sinnvollen Rhythmus zu geben scheint.* Das ist der Grund, warum wöchentliche Termine schwer zu schlagen sind, wenn man Berechenbarkeit, Stabilität und Erdung schaffen will.

Wie viele wirkmächtige Erfindungen des Menschen sind Rituale einfach zu verstehen und schwer durchzuhalten (und ihre Macht liegt auch darin, dass sie eben deswegen gemeinschaftliche Entschlossenheit demonstrieren, solange man an ihnen festhält). Vielleicht wegen ihrer Einfachheit aber fallen sie uns oft nicht einmal auf. Das ist die dritte seltsame Eigenschaft der Rituale: Sie sind der Klebstoff, der große Teile von Raum und Zeit zusammenhält, aber dennoch bemerken wir nicht, wie allgegenwärtig und wirkungsvoll sie sind und wie viele Menschen ihr Leben an ihnen ausrichten. Die Körper- und Ortsballette, die David Seamon beschrieben hat, sind in gewisser Hinsicht einfach eine Beschreibung der tiefen und unentrinnbaren Ritualisierung unseres Alltags. Wir Menschen

* Die Woche ist interessanterweise auch eine der wenigen Zeiteinteilungen, die ganz auf menschlicher Erfindung beruht und nicht durch die Himmelsmechanik vorgegeben ist wie das Jahr, der Monat und der Tag. Die Woche haben wir uns ausgedacht!

sind Gewohnheitstiere, aber weil uns unsere Gewohnheiten so vertraut sind, übersehen wir leicht ihre Allgegenwart und ihre Bedeutung für uns.

Unsere Rituale sind wichtig, nicht wegen ihrer Wirkungen, sondern weil sie schwer einzuführen sind. Viele von ihnen setzen sich nur langsam und allmählich durch, und man kann nicht sofort eins aus dem Nichts schaffen – und wenn doch, ist es sehr schwierig, daran festzuhalten, denn das erfordert Disziplin, und die aufzubringen ist mühsam. Aber vor allem kann man eine Aktivität, die sich wiederholen soll, eben nicht nach einem Durchgang als Ritual betrachten, auch nicht nach zwei oder sogar drei Durchgängen. Ein monatliches Ritual kann in einer Sekunde ausgelöscht werden, aber eingeführt ist es frühestens nach drei oder vier Monaten.

Es ist daher in unserem gemeinsamen Interesse, bereits bestehende Rituale zu respektieren. Rituale haben die komische Angewohnheit, sich unangekündigt in unser Leben einzuschleichen und sich unbemerkt im Gewebe unseres Alltags einzunisten, also muss man darauf achten, welche man schon hat, und sie dann ausbauen. Je mehr man sich bewusst ist, dass Rituale einen festen Ankerplatz bieten, desto besser verankern sie einen.

Aber diese Erkenntnis setzt voraus, dass man sich der Existenz von Ritualen überhaupt bewusst ist. Wir ärgern uns vielleicht, wenn unsere Rituale gestört oder verfälscht werden, aber folgen diesem Fluss der Verärgerung nicht zu seiner Quelle zurück, wo wir entdecken würden, dass er aus einer vorhersehbaren Beziehung zwischen Handlung und psychischer Wirkung entspringt, zwischen Ritual und Gefühl; dass wir, auf uns alleine gestellt, unser Leben hauptsächlich in Ritualen organisieren; und dass wir, wenn wir diesen verschlungenen Tanz des Lebens im Namen des Wandels abwerfen, nicht bloß unseren banalen Tagesablauf umstrukturieren, sondern vielmehr den geistigen Stoffwechsel des Wesens namens Mensch auf den Kopf stellen.

## *Teams sind am wichtigsten*

Das Arbeitsforscherteam bei Cisco hat im Lauf der vergangenen sechs Jahre eine der weltweit größten Datenbanken zum Mitarbeiterengagement angesammelt: Bei Redaktionsschluss dieses Buchs enthält sie knapp 900.000 individuelle Fragebögen mit ihren Antworten, nach Teams geordnet. Aus diesem Datenschatz sind bereits bemerkenswerte Erkenntnisse über das Wesen und die Quellen menschlicher Leistung gewonnen worden, zum Beispiel die über den Wert von Check-ins und des Vertrauens in die Zukunft, die wir bereits besprochen haben. Der tiefgreifendste Nutzen dieser Datensammlung besteht jedoch darin, dass wir mit ihr die wichtigste Organisationseinheit ausmachen können, wenn es um Leistung, Engagement, Zugehörigkeitsgefühl, Sinnfindung und viele andere Faktoren am Arbeitsplatz geht: das Team.

Der Ansatz zur Messung und Untersuchung des Engagements der Mitarbeiter bei Cisco baute auf dem von der Gallup Organization zuerst eingeführten auf (später von Marcus Buckingham überarbeitet und unter anderem von Deloitte, Mission Health und ADP übernommen), der die Leistung des ganzen Teams oder der Firma zugrunde legt und von da aus auf die Bedingungen in den Teams schließt, die am meisten dazu beitragen. Wir maßen also, um das Engagement der Mitarbeiter zu ermitteln, nicht einfach ihre Gefühle gegenüber dem Unternehmen und legten auch keine Beschreibung einer hypothetischen idealen Arbeitsumgebung zugrunde (wie es viele andere Messverfahren für Mitarbeiterengagement tun). Vielmehr stellten wir genaue Messungen der einzelnen Elemente im Arbeitsablauf eines Mitarbeiters an, die, wenn sie zum Zeitpunkt 1 verbessert wurden, zum Zeitpunkt 2 eine Leistungserhöhung zur Folge hatten. Während wir das Engagement der Mitarbeiter untersuchten, konnten wir beweisen, dass es positiv mit einem erhöhten Erreichen der Verkaufsquote, verringerter Erschöpfung, verbessertem Kundenservice und häufigerer sowie positiverer Teilnahme am Firmenbetrieb außerhalb der unmittelbaren Arbeitsumgebung sowie weiteren Faktoren korrelierte – und schon vor uns hatten andere Forscher auf diesem Gebiet bewiesen, dass Engagement, wenn es so gemessen wird, darüber hinaus zu vielen weiteren positiven Entwicklungen führte.[109]

Diese Eigenschaft unserer Engagementmessungen ist wichtig, weil ein Unternehmen nur sehr schwer die Ergebnisse beeinflussen kann, die direkt von Menschen geliefert werden. Wenn ich zum Beispiel Sie dazu bringen möchte, besseren Programmcode zu schreiben, kann ich Sie darum bitten oder – gemäß der Theorie, dass Sie ein Münzautomat sind – Ihnen in irgendeiner Form Geld dafür bieten (allerdings lässt sich »besser« nur schwer definieren, und es gibt kaum Hinweise darauf, dass finanzielle Anreize bei komplexen Aufgaben wirksam sind), aber weitere direkte Hebel, die man ziehen könnte, gibt es nicht. Das Unternehmen oder vielmehr seine Teamleiter können aber stattdessen ein Arbeitsklima schaffen, das zu besser geschriebenem Programmcode führt: ein Arbeitsklima mit hohen Qualitätsstandards, klaren Erwartungen, gegenseitiger Hilfe und den vielen anderen Elementen, die menschliche Leistung steigern. Unsere Engagement-Messgrößen sagten uns, welche Elemente es waren, die die Leistung steigerten, und außerdem viel über ihr Wesen und wie man sie steigern konnte.*

Eine erste Studie verglich die nach Angaben der Firmenleitung besten Teams bei Cisco mit den durchschnittlichen, und wir kamen zu dem Schluss, dass es acht Fragen – oder Stichpunkte – gab, die den größten Teil der Leistungsunterschiede zwischen den besten und den durchschnittlichen Teams definierten.** Acht Fragen, mit anderen Worten, die in sinnvoller Weise die Bedingungen beschreiben, unter denen ein Team bessere Leistungen brachte. Weitere Forschungen ergaben, dass sich diese acht in drei Gruppen zusammenfassen ließen, einmal auf Grundlage der gemeinsamen Veränderungen der Antworten (welche Angaben änderten sich gemeinsam nach oben oder unten) oder auf Grundlage der Veränderungen bei einem Teamwechsel. Diese drei Gruppen bieten einen faszi-

* Ich vermute, einer der Gründe, warum sich Messgrößen, die sich auf den Menschen statt auf Finanzen beziehen, so schwer tun, besteht darin, dass es für sie keine allgemein akzeptierten Definitionen gibt. Engagement ist ein Beispiel dafür. Dieser Begriff kann alles von einer positiven Einstellung bis zum Wunsch bedeuten, das Unternehmen anderen Menschen weiterzuempfehlen. Er bezeichnet nicht immer eine Voraussetzung für bessere Leistungen wie hier. Eine allgemein akzeptierte Liste von Messgrößen für diese spezielle Nuance des Begriffs Engagement wäre ein großer Fortschritt. Namensvorschläge sind willkommen!

** Diese acht Engagementsstichpunkte sind © ADP.

nierenden Einblick in die notwendigen Voraussetzungen für ausgezeichnete Arbeitsleistungen.

Die erste Stichpunktgruppe umfasst die Elemente des Engagements, die mit dem Unternehmen insgesamt zu tun haben:

»Ich bin wirklich begeistert von der Mission meiner Firma.«

»Ich habe großes Vertrauen in die Zukunft meiner Firma.«

Diese Stichpunkte beschreiben das Verhältnis des Mitarbeiters zum Unternehmen als Ganzes, zu seiner Richtung, seinem Wesen und seinem Charakter (und dem der Unternehmensleitung). Wie zu erwarten, veränderten sie sich kaum, wenn jemand innerhalb von Cisco von einem Team in ein anderes wechselte (ein wenig allerdings veränderten sie sich schon – dazu kommen wir gleich noch).

Die zweite Stichpunktgruppe beschreibt das Verhältnis des Mitarbeiters zu seinem Team:

»Die Kollegen in meinem Team teilen meine Werte.«

»Ich stehe für meine Teamkollegen ein.«

Wenn man Teammitglieder, die der ersten Aussage zustimmen, fragt, was sie ihnen bedeutet, nennen sie nicht nur politische, religiöse, ideologische oder moralische Werte, sondern ein gemeinsames Streben nach ausgezeichneter Arbeit und hohen Qualitätsmaßstäben. »Werte« in diesem Sinn bedeutet eher, die Deadlines einzuhalten und sein Bestes zu geben, als bei Themen übereinzustimmen, die man in Zeitungskommentaren findet – und diese Definition scheint für die Arbeitsleistung auch wichtiger zu sein. Die zweite Aussage – »Ich stehe für meine Teamkollegen ein« – bedeutet dagegen genau das, was sie wörtlich heißt, und ist als Aussage ebenso einfach, wie sie als Erlebnis großartig ist. Diese beiden Stichpunkte zusammen beschreiben, wie es sich anfühlt, als Gruppe so zusammenzuarbeiten, wie es, nach der Ansicht aller, der eigenen Identität gerecht wird. Wie zu erwarten, verändern sich die Zustimmungswerte für diese beiden Aussagen bei einem Teamwechsel am meisten – sie sind am stärksten vom Arbeitsklima in den jeweiligen Teams abhängig.

Die dritte Stichpunktgruppe beschreibt, wie der Mitarbeiter *persönlich* die Arbeitsumgebung erlebt:

»Ich weiß genau, was am Arbeitsplatz von mir erwartet wird.«

»Ich kann bei der Arbeit jeden Tag meine Fähigkeiten einsetzen.«

»Bei der Arbeit werde ich jeden Tag herausgefordert zu wachsen.«

»Ich weiß, dass ich für ausgezeichnete Arbeit Anerkennung bekomme.«

Diese Aussagen beschreiben im Kleinen den Ablauf einer Arbeitsaufgabe – von der Bitte, eine klar definierte Arbeit zu erledigen, über die Möglichkeit, die eigenen, einmaligen Talente und Kräfte dafür einzusetzen und die eigene Kompetenz zu steigern, bis hin zur Anerkennung nach erfolgreichem

Abschluss. Diese Stichpunkte ändern sich am meisten mit dem Verhältnis zwischen Teammitglied und Teamleiter.

Diese Daten bringen die Voraussetzungen für gute Arbeitsleistungen besser ans Licht: Wir möchten einen Ort, an dem wir uns wohlfühlen, eine Arbeit, die uns etwas bedeutet und etwas Bleibendes schafft (zwei »Firmen«-Stichpunkte). Wir arbeiten am besten, wenn wir helfende und schützende Beziehungen zu anderen Menschen haben – unsere offiziellen und inoffiziellen Teams (die beiden »Team«-Stichpunkte). Und wir suchen nach Gelegenheiten, das, was wir als Einzelne zu bieten haben, zeigen und mitteilen zu können und daran zu wachsen (die vier »persönlichen« Stichpunkte).

Aber eine kleine Komplikation ist dabei. Die Zustimmung zu den beiden Punkten, die die Ansichten des Mitarbeiters über das Gesamtunternehmen widerspiegeln, schwankt zwar am wenigsten beim Wechsel von einem Team zum nächsten, aber sie schwankt. Das ist ein bisschen überraschend – man sollte annehmen, dass die Einstellung des Mitarbeiters zum Unternehmen gleichbleibt, egal, wo er dort eingesetzt ist – schließlich ist es immer dieselbe Firma. Dem ist aber nicht so. Und man sollte auch annehmen, dass das Gefühl der Mitarbeiter, was von ihnen erwartet wird, oder die Einsatzmöglichkeit für ihre persönlichen Stärken oder ihr Gefühl, dass ihre Arbeit anerkannt wird, selbst innerhalb eines Teams stark schwanken sollte, weil es individuelle Messgrößen sind. Aber auch das trifft nicht ganz zu. Es stellte sich vielmehr heraus, dass sowohl die Einstellung des Mitarbeiters zum *Unternehmen* wie auch sein *persönliches* Empfinden der Arbeit davon geprägt wird, wie er das *Team* insgesamt erlebt. Die Daten zum Arbeitsengagement lassen daran keinen Zweifel: Unsere Erlebnisse im Team, unabhängig davon, ob es ein offiziell aufgestelltes Team ist oder nicht, überdecken alle anderen Aspekte unseres Arbeitslebens, was Produktivität, Innovativität und Bleibedauer in einem Unternehmen angeht.[110] Unser Team ist das Prisma, durch das wir unsere Arbeit sehen und das jedes Element der Arbeit einfärbt, bevor wir es sehen; es ist das Gefäß für den Ausdruck unserer Persönlichkeit und unseren Beitrag zum Unternehmen; es ist der Brutkasten unseres Gemeinschaftsgefühls und der zugehörigen sozialen Normen; und schließlich ist es der Vermittler unseres Verhältnisses zum Gesamtunternehmen.

Das liegt an der Wichtigkeit der persönlichen Nähe. Manches kann ein »Unternehmen«, so gerne es das vielleicht täte, einfach nicht von sich aus für die Mitarbeiter tun. Es kann sie nicht wirklich für seine Mission begeistern oder ihnen großes Vertrauen in die Zukunft vermitteln. Es kann ihnen alleine kein Gefühl der Anerkennung oder der produktiven Herausforderung geben. Es kann sie nicht auffordern, ihr Bestes zu geben. Alle diese Gefühle entstehen *lokal,* im täglichen Kontakt von Menschen, die eng miteinander zusammenarbeiten. Ein Unternehmen kann diese Gefühle aufrechterhalten, wenn sie erst einmal entstanden sind, aber die Entstehung kann nur in einer kleineren, vertrauteren Einheit erfolgen.

Und einer der Faktoren, die ein Unternehmen als Ganzes nicht vermitteln kann, ist Stabilität am Arbeitsplatz.

Schauen wir uns noch einmal die Stichpunkte zum Engagement an. Wir wissen bereits, dass sie eine Geschichte der Arbeitsleistung und der Bedingungen, aus denen sie entsteht, erzählen. Aber sie erzählen auch noch eine andere Geschichte. »Ich habe großes Vertrauen in die Zukunft meines Arbeitgebers« ist eine Geschichte der Berechenbarkeit. »Ich bin wirklich begeistert von der Mission unseres Unternehmens« ist eine Geschichte der Bedeutsamkeit und des Heimatgefühls. »Ich habe die Gelegenheit, jeden Tag bei der Arbeit meine Stärken einzusetzen« und »Bei der Arbeit werde ich stets herausgefordert zu wachsen« erzählen eine Geschichte der Handlungsfreiheit und Kompetenz und wie sie mit der Zeit zunehmen. »Bei der Arbeit weiß ich eindeutig, was von mir erwartet wird« ist eine Geschichte der Konkretheit. »Ich stehe zu meinen Teamkollegen« ist eine Geschichte sozialer Unterstützung. »In meinem Team bin ich umgeben von Kollegen, die meine Werte teilen« ist eine Geschichte sozialer Unterstützung und auch des Zugehörigkeitsgefühls. Diese Stichpunkte beschreiben größtenteils eine berechenbare, stabile und geerdete Welt. Sie implizieren sehr stark, dass Stabilität eine Voraussetzung für gute Leistungen ist.

Und sie implizieren auch, dass Stabilität im Team gegeben sein muss. Wenn es sie dort nicht gibt, dann woanders erst recht nicht.

Zunächst einmal kann das Team Stabilität bieten, indem es als Basis für Kompetenz dient – für ihren Einsatz und ihren Aufbau. Durch den Mini-Arbeitszyklus, den wir gerade entdeckt haben, bietet das Team einen Ort für die Identifikation, Ausführung und Bestätigung einer individuellen Arbeitsleistung – es definiert unsere Arbeit und hilft uns dabei, sie gut zu erledigen. Weil das aber vorwiegend persönliche Aspekte sind, stellt sich die Frage, wie ein *Team* dabei helfen kann. Die kurzgefasste Antwort lautet, dass Teams die persönlichen

Eigenheiten der Mitarbeiter – ihre Seltsamkeit also – nutzbringend einsetzen.

Mit »Seltsamkeit« meine ich das Gefühl, das einen unweigerlich beschleicht, wenn man jemandem bei etwas zusieht, das man selbst entweder unmöglich, langweilig oder abstoßend findet, und der Betreffende diese Arbeit aber freudig, leicht und begeistert erledigt, und man dann denkt: »Wie seltsam!« Es ist seltsam, dass andere Menschen andere Fähigkeiten als man selbst haben, andere Vorlieben und andere Abneigungen. Wir sind so vertraut mit unserem eigenen Wesen, dass wir es leicht als die einzig mögliche Art des Menschseins empfinden – und damit wird es kaum noch vorstellbar, dass ein anderer Mensch die betreffende (frustrierende) Arbeit wirklich gerne mag oder jene andere (unmögliche) Aufgabe mit Begeisterung löst. Wenn einem dann klar wird, dass der Betreffende diese Vorlieben und Neigungen nicht nur vorschützt, um einem Kollegen oder dem Team zu helfen, sondern weil er wirklich Freude daran hat, dann ist das sicher seltsam.

Und natürlich auch schön. Und wenn man komplexe Aufgaben zu lösen hat, sehr nützlich.

Wenn wir alle die gleichen Fähigkeiten und Neigungen hätten (und, um das klar zu sagen, die eigenen natürlichen Neigungen werden mit der Zeit auch viel eher zu Fähigkeiten als das, was einem nicht so liegt), dann hätte die Welt nicht viel davon, wenn sich Menschen zu Teams zusammenschließen. Sie könnten zwar einige wenige Dinge sehr gut erledigen, aber sowie die gestellte Aufgabe vielfältige Fähigkeiten und Sichtweisen erforderte, bekämen sie Schwierigkeiten. Dass jeder Mensch anders ist, heißt, dass wir diese menschliche Vielfalt in einem Team sinnvoll zusammenspannen können und dieses Team dann

Aufgaben bewältigen kann, die keines seiner Mitglieder einzeln schaffen könnte, wie viel Zeit man ihm auch gäbe. Ein Team, das dem einzelnen Mitglied jeweils die Arbeiten zuteilt, für die es im Rahmen des Gesamtarbeitsprozesses am besten geeignet ist, projiziert die menschlichen Fähigkeiten auf die Aufgaben, die individuelle Seltsamkeit auf die kollektive Nützlichkeit. (Das funktioniert übrigens nahezu von selbst, wenn man die einzelnen Mitglieder sich jeweils freiwillig für die Teile des Projekts melden lässt, die sie am meisten interessieren.)

Die Messgröße für die Qualität eines Teams ist der Grad der Zustimmung seiner Mitglieder zu der Aussage »Ich kann bei der Arbeit jeden Tag meine Stärken einbringen.« Die Fähigkeit des Teams zu dieser Projektion individueller Fähigkeiten auf die einzelnen Aufgaben ist der beste Anhaltspunkt für die Leistung des betreffenden Teams – sie ist also wichtiger als die anderen sieben Punkte zur Messung des Engagements – und damit auch die wichtigste Aufgabe, die jedes Team vor sich hat.

Aber daraus folgt auch, dass ein Team, wenn es den Mitgliedern die Aufgaben nach ihren Fähigkeiten zuteilt und diese Zuteilung sein einmaliges Merkmal ist, auch eine klare Erwartungshaltung hat, denn die einzelnen Mitglieder wissen dann genau, welche Leistung die Kollegen von ihnen erwarten. Weil man mehr Zeit mit dem verbringt, was man jeweils am besten kann – was wiederum dazu führt, sich in diesen Bereichen noch zu verbessern –, geht auch das Bewusstsein produktiver Herausforderung vom Team aus. Und wenn man dann gute Leistungen bringt, die auch geschätzt werden (was ebenfalls wahrscheinlicher ist, wenn das Team sich darauf verlässt, dass man diese Leistungen erbringt), dann bleibt auch das Gefühl, anerkannt zu werden, nicht aus.

Und so wiederholt sich der Zyklus immer wieder. Meine Seltsamkeit wird nützlich, ich kann sie einsetzen, was mich erdet, und ich kann mich erweitern, indem ich sie nutze, was denselben Effekt hat, nur verstärkt, und mein Team spendet mir Anerkennung für den Beitrag, den ich leiste, indem es mehr davon möchte.

So kommt es, dass die Erfahrung von Stabilität, die durch die Arbeit vermittelt wird, sich zwar in vier Stichpunkten zum Engagement widerspiegelt, die wir als »persönliches« Erleben behandelt haben (klare Erwartungen, Einsatz der eigenen Stärken, persönliches Wachstum und Anerkennung), aber trotzdem der erste und kennzeichnende Beitrag des Teams ist.

Der zweite ist sozialer Natur. Teams gehören zu den »kleinen Kompanien« nach Edmund Burke und seine Erkenntnis betrifft das Wesen der Zugehörigkeit. Das Zitat sei hier wiederholt: »Die kleine Kompanie zu lieben, zu der wir in der Gesellschaft gehören«, so Burke, »ist das Grundprinzip (sozusagen der Keim) der Zugehörigkeit zur Gesellschaft«. Er meint damit, dass der Mensch seine Zugehörigkeit vor allem lokal, für die unmittelbare Umgebung und vertraute Menschen empfindet, und dass es ohne eine starke lokale Bindung wirklich sehr schwierig ist, Bindungen zu einer größeren Gemeinschaft aufzubauen, sei es eine Stadt, ein Land oder heutzutage auch ein Unternehmen. Diese lokale Bindung, sagt Burke weiter, »ist das erste Glied in der Kette, die uns das Vaterland und die Menschheit lieben lässt«.[111]

Zugehörigkeitsgefühl ist, wie wir gesehen haben, sozusagen eine Schutzimpfung gegen die Wirkungen des Wandels, und wenn wir Burkes Argumentation folgen, kann niemand sich seinem Unternehmen zugehörig fühlen, der dieses Gefühl nicht zunächst seinem Team innerhalb des Unternehmens gegenüber empfindet. Das spiegelt sich in den beiden »Team«-Stichpunkten zum Engagement wider: »In meinem Team bin ich von Kollegen umgeben, die meine Werte teilen« und »Ich stehe für meine Teamkollegen ein«. Diese Fähigkeit, Zugehörigkeitsgefühl zu schaffen, ist der zweite entscheidende Beitrag eines Teams: Teams sind unser Zuhause im Betrieb.

Burke spricht von »platoons« und meint das im übertragenen Sinn, aber auch von den echten »platoons«, also Zügen beim Militär, können wir etwas lernen. Mehrere Züge werden jeweils zu einer Kompanie (im militärischen Sinn) zusammengestellt, mehrere Kompanien bilden ein Bataillon, mehrere Bataillone ein Regiment, und das geht so weiter über Brigaden und Divisionen bis zum Korps. Mehrere Korps bilden eine Armee, und Armeen werden in den Krieg geschickt, um für eine bestimmte Sache zu kämpfen. Man könnte daher glauben, der Kriegsgrund für die gesamte Armee werde auch zur Motivation für den einzelnen Zug ganz am unteren Ende der Hierarchie – der Grund, aus dem Schützenloch zu klettern und auf den Feind loszustürmen, liege also darin, dass der Feind eine Bedrohung für irgendein patriotisches oder demokratisches Ideal darstelle oder der Sieg irgendeinem Interesse des eigenen Landes diene. Damit zwingt man aber nur einem lokal erlebten Geschehen ein Denkschema von oben nach unten auf. Wie eine Anzahl Studien im Gefolge des Zweiten Weltkriegs nur zu deutlich gezeigt hat, klettert niemand aus dem Schützenloch, um abstrakte Vorstellungen von Moral und Bedeutung zu verteidigen, sondern man tut das ganz konkret, um seinen Kameraden beizustehen.[112] Kameradschaft, nicht Ideologie, ist die Motivation für die Soldaten wirklicher »kleiner Kompanien« – und Kameradschaft ist wieder eine Funktion persönlicher Beziehungen und Verbindungen. Lokale Bindungen sind die stärksten Bindungen.

Bei meinen Interviews für dieses Buch stellte ich meinen Gesprächspartnern, nachdem ich mit ihnen über ihre Erfahrungen mit Wandel am Arbeitsplatz geplaudert hatte, oft noch eine ganze andere Frage: »Wann haben Sie sich bei der Arbeit bisher am sichersten gefühlt?« Die Reaktionen darauf folgten immer einem deutlichen Muster. Der Interviewpartner hielt inne und blickte ein wenig erstaunt drein, als sei ihm der Gedanke, Arbeit und Sicherheit könnten koexistieren, völlig neu. Dann lächelte er oft ein bisschen oder schaute auf und hob die Augenbrauen. Und die Antwort, die er gab, enthielt im ersten Satz fast immer die Worte »mein Manager« oder »mein Team«. Niemand, mit dem ich darüber sprach, nannte eine größere Einheit als Quelle der Stabilität.

Ich erfuhr von einem Team, das bei einer großen Neuorganisation des Unternehmens intakt blieb und seinen Leiter behielt, während die anderen Teams aufgelöst und neu zusammengestellt wurden. Die Mitglieder der aufgelösten Teams taten sich sehr schwer – noch ein Jahr nach dem Anfang des Umbaus wussten sie oft nicht, wie sie sich in die neu aufgestellte Firma einfügen sollten. Das intakte Team dagegen litt nur kaum unter solchen Symptomen und musste einmal sogar ermahnt werden, Rücksicht auf die Schwierigkeiten der Kollegen zu nehmen. Das intakte Team gehörte zu einem Unternehmen, dessen Strategie, Abläufe, Ressourcen, Investitionen, Entscheidungsfindung und sogar Bezeichnungen sich verändert hatten; aber das Zugehörigkeitsgefühl seiner Mitglieder machte sie widerstandsfähig.

Aber solche kollektive Stärke entsteht nicht automatisch, wenn Mitarbeiter zu einem Team zusammengefasst werden. Sie ist sogar sehr schwierig zu erreichen. Ich habe mit vielen Teams zu tun gehabt, die sich zwar gut um ihre Mitglieder kümmern – deren Mitglieder hohe Werte für Klarheit der Erwartungen, Möglichkeit, ihr Bestes zu geben, Anerkennung und das Gefühl erreichen, produktiv herausgefordert zu werden und dabei zu wachsen –, die aber darin versagen, sich *umeinander* zu kümmern. Wenn man mit den Mitgliedern eines solchen Teams spricht, hört man immer ein leichtes Bedauern. *Wir werden hier sehr gut betreut,* sagen sie, *aber wir unterstützen uns eigentlich nicht gegenseitig.* Das erinnert an die Beobachtung, die Jon Katzenbach und Douglas Smith schon 1993 gemacht haben: Eine *Arbeitsgruppe* ist etwas anderes als ein *Team.*[113] Eine Arbeitsgruppe, stellten sie fest, ist eine Gruppe, deren Mitglieder sich nicht auf andere verlassen müssen, um in ihrer eigenen Rolle erfolgreich zu sein – jedes Mitglied hat seine eigenen Zuständigkeiten oder seine eigene Funktion, und sie kommen nur zusammen, um einander ihre Fortschritte mitzuteilen, aber nicht, um um Hilfe zu bitten. Die bestimmende Eigenschaft eines Teams dagegen ist, so die Forscher, eben die gegenseitige Abhängigkeit der Mitglieder voneinander. Das ist eine Parallele zur zweiten und dritten Kategorie des Engagements: Eine Arbeitsgruppe schneidet vielleicht bei den »persönlichen« Stichpunkten sehr gut ab, aber bei den »Team«-Gesichtspunkten wird ihr das ohne gegenseitige Unterstützung – die natürlich aus dem Bewusstsein, dass man einander braucht, und einem gründlichen Verständnis der Aufgaben der anderen

Mitglieder entspringt – kaum gelingen, und sie ist nur dem Namen nach ein Team.

Das Team ist auch die beste Instanz, um ein Gefühl zu schaffen, die Arbeit sei sinnvoll und bedeutsam. Wir haben ja bereits festgestellt, dass sämtliche verschiedenen Aspekte des Engagements durch das Team vermittelt werden, aber manche – wie zum Beispiel Vertrauen in die Zukunft oder Begeisterung für die Unternehmensmission – nicht aus dem Nichts im Team geschaffen werden können, sondern auf einer anderen Ebene und dann im Team verstärkt werden (oder eben nicht). So schafft man Bedeutsamkeit, und die Verstärkung wird dadurch bewirkt, dass man die Zusammenhänge erkennt. Den meisten von uns ist der Sinn unseres *Unternehmens* durchaus klar – die Aktivitäten vieler Menschen so aufeinander abzustimmen, dass etwas Wertvolles erreicht wird –, während der Sinn einer bestimmten Aufgabe, Entscheidung oder Anweisung *innerhalb des Teams* oder *innerhalb der Abteilung* weit weniger klar ist. Wir brauchen keine Hilfe, um herauszufinden, wozu das Unternehmen da ist, aber wir brauchen sie oft, um zu verstehen, was in unserer Umgebung vor sich geht und wie unsere Arbeit sich darin einfügt. »Sinnvoll« bedeutet meist, dass wir alle unsere jeweiligen Handlungen auf irgendeine Weise mit den gemeinsamen Zielen des Unternehmens in Verbindung bringen können. Um das besser zu verstehen, muss man nur daran denken, was man meint, wenn man etwas als »sinnlos« bezeichnet: Das heißt nicht, dass ihm ein Mission Statement fehlt, sondern dass es nicht in den größeren Zusammenhang passt. Das Gefühl, die eigene Tätigkeit habe einen Sinn, entsteht dann, wenn man weiß, wie sie sich in das größere Ganze einfügt, und darauf vertraut, dass sie einen bestimmten Wert dafür hat. Das ist in einem Team nicht nur wirkungsvoller, sondern auch – ironischerweise, wenn man bedenkt, wie viel Mühe Unternehmen darauf verwenden, der Gesamtheit der Mitarbeiter ein Gefühl der Bedeutsamkeit zu geben – viel einfacher. Die Verbindung zum Sinn des Ganzen ist daher der dritte entscheidende Beitrag des Teams.

Die Daten bestätigen das: Wir stellen fest, wenn wir uns die Antworten auf den »Unternehmens«-Erfahrungsstichpunkt »Ich bin wirklich begeistert von der Mission meines Unternehmens« ansehen, dass die Zustimmung zu diesem Punkt *innerhalb ein und desselben Unternehmens* stark schwankt. Das deutet darauf hin, dass die einzelnen Teams und ihre Leiter unterschiedlich erfolgreich darin sind, die Arbeit des Einzelnen mit der der Gemeinschaft zu verbinden.* Es kommt nicht darauf an, ob das Ziel des Unternehmens eine aufbauende Wirkung hat, sondern darauf, ob die Arbeit des Teams sinnvoll ist. Mangels einer besseren Bezeichnung für diesen Zusammenhang zwischen Begeisterung für die Unternehmensmission und dem Sinn der Arbeit des eigenen Teams können wir ihn »Bedeutung« nennen, sollten aber im Auge behalten, dass damit etwas ganz anderes gemeint ist als die »Bedeutung« oder »Vision«, der unsere Unternehmen mit

* Kurios ist auch, dass man erwarten würde, die Frage nach der Mission eines Unternehmens wäre in Unternehmen ohne offizielles Mission Statement schwieriger zu beantworten, dass das aber nicht der Fall ist: Die Mitarbeiter haben keine Probleme, den Grad ihrer Zustimmung zu dieser Aussage auszudrücken, auch wenn das Unternehmen kein solches Statement herausgegeben hat. Das sagt einiges darüber, wie unterschiedlich man »Sinn« definieren kann.

ihren Mission Statements immer nachzujagen scheinen. Eine optimistische Tagline hinter dem Unternehmensnamen wird viel weniger vermisst als das Fehlen einer klaren Begründung für das, was um uns herum jeden Tag abläuft.

Nehmen wir als konkretes Beispiel ein Team, dessen Leiter ich bei Cisco war. Die Aufgabe dieses Teams war die Personalanalyse und -forschung, und es erstellte auch die Daten zum Engagement, die wir uns hier angeschaut haben. Eine Gruppe innerhalb dieses Teams verbrachte viel Zeit damit, die Stichpunkte für die Befragungen besser zu formulieren. Das erfordert viele Probedurchläufe und Tests und hier und da ein bisschen Genialität. Der Zusammenhang zwischen dieser Tätigkeit und dem Geschäft des Unternehmens als Ganzes sah so aus: Bessere Stichpunkte führen zu verlässlicheren Daten; verlässlichere Daten verbessern die Qualität der Analysen; mit verbesserten Analysen können wir besser erkennen, was die Unternehmensleitung richtig macht und wo sie sich noch mehr Mühe geben muss; diese Erkenntnis führt zu verbesserter Zuweisung von Arbeitszeit und Ressourcen für die Unterstützung der Unternehmensleitung; bessere Zuordnung der Investitionen führt zu verbesserter Leistung der Teams; bessere Leistung der Teams führt zu mehr Erfolg des Unternehmens am Markt. Keine Firmen-Tagline auf der Welt kann erreichen, was diese Argumentationskette bewirkt – erstens, weil sie länger ist, als irgendeine PR-Abteilung je genehmigen würde, und zweitens (und ernsthafter), weil sie für jede Aufgabe, die ein Mitarbeiter oder ein Team im Unternehmen erledigt, anders lauten muss.

Wenn es um die Bedeutung der Arbeit geht, wünschen wir uns viel seltener etwas Großartiges – keine triumphalen

Fanfaren, sondern etwas Einfaches und Verständliches. Wir wollen natürlich schon wissen, wie das, was wir tun, zum Unternehmenserfolg beiträgt, aber diese Überzeugung kommt nicht vom Motivationsredner beim nächsten Mitarbeiterseminar, sondern aus dem bescheidenen Bewusstsein, zum Feierabend einen etwas besseren Zustand zurückzulassen, als man am Morgen vorgefunden hat. Das ist die Kette, die unsere Arbeit mit der Wirkung im Großen, ein bisschen außerhalb unseres Gesichtskreises, verbindet: kein Reklamespruch, sondern eine Erklärung.

Jane Jacobs' große Erkenntnis sowohl in ihren Schriften wie in ihrem Eintreten für eine bessere Stadtplanung lautet, dass viele Eigenschaften, die man gewöhnlich der Stadt als Ganzes zuschreibt, in Wirklichkeit für die einzelne Straße gelten und in diesem Zusammenhang viel besser zu verstehen und zu beobachten sind. Jane Jacobs' Straßen sind ein freundliches und lebendiges Zuhause, nicht nur für Menschen, sondern für ihre Rituale, ihre täglichen Routinen, ihre Beziehungen und ihr Vertrauen zueinander und ihr gemeinsames Interesse an einem gesunden und nützlichen Leben. In derselben Weise machen wir auch größere Fortschritte bei der Schaffung gesunder Unternehmen, wenn wir uns klarmachen, dass viele Eigenschaften, die man gewöhnlich dem Unternehmen als Ganzes zuschreibt, in Wirklichkeit viel eher auf die viel kleineren Gruppen zutreffen, die sie im Zusammenhang ihrer sozialen Beziehungen von selbst erzeugen.

Ein Unternehmen hat keine konkrete Bedeutung. Ein Team dagegen hat eine Bedeutung, ebenso wie die Beiträge, die wir mit unserer Arbeit dafür leisten. Ein Unternehmen hat keine Werte. Menschen haben Werte und Menschen in Teams haben Normen und gegenseitige Erwartungen aneinander und ganz sicher *gemeinsame* Werte. Ein Unternehmen hat keine Kultur, weil es in einem Unternehmen ab einer bestimmten Größe keine einheitliche Arbeitsweise mehr gibt; Teams dagegen haben immer ihre eigene Kultur. Ein Unternehmen hat vielleicht seine Rituale, aber die Rituale in den einzelnen Teams sind viel wirksamer und erden die Beteiligten viel besser. Das meiste Gute im Leben liegt nahebei. Das Leben einer Stadt findet lokal statt, auf den einzelnen Straßen. Das Leben eines Unternehmens findet lokal statt, in den einzelnen Teams.

Wir stellen uns Unternehmen zwar gewöhnlich als monolithische, einheitliche Institutionen vor, aber zutreffender wäre es, sie als ausgedehnte Netzwerke miteinander verbundener Teams zu betrachten, die jeweils ihre eigene Arbeitsumwelt schaffen. Teams sind außerdem nicht nur die Basis vieler menschlicher Aspekte, sondern auch – in entscheidendem Ausmaß – vieler Aspekte der Arbeit. Im Team überschneiden sich die menschliche Arbeitsumwelt und die übergreifende Organisation des Unternehmens am intensivsten. Das Unternehmen setzt sich eine Reihe Ziele und zerlegt sie – laienhaft ausgedrückt – in eine Reihe Komponenten, die jeweils bestimmte Fähigkeiten, Erfahrung und Investitionen erfordern, und verteilt sie an kleine Mitarbeitergruppen, die sie ausführen sollen. Der Weg des Unternehmens zu seinen Zielen führt zweifellos über diese kleinen Mitarbeitergruppen, und ob sie erreicht werden, hängt davon ab, ob die einzelnen Gruppen ihre Aufgabe ausführen können. Die Mitarbeiter sehen diesen Ablauf durch das andere Ende des Fernrohrs. Sie gesellen sich kleinen

Gruppen anderer Mitarbeiter zu, die allesamt unterschiedliche Persönlichkeiten, Fähigkeiten, Vorlieben, Abneigungen und Arbeitsweisen haben und die sich für eine Aufgabe zusammengefunden haben, die sie alleine nicht ausführen könnten. Wie sie diese anderen Menschen erleben, ist ein guter Näherungswert dafür, wie sie ihre Arbeit erleben.

Wenn es aber darum geht, wie wir mit all den Aspekten umgehen, in denen sich das Interesse des Unternehmens mit dem der Menschen überschneiden muss, sind die kleinen Menschengruppen seltsamerweise nicht mehr im Bild.

Das Unternehmen möchte seine Leistungskapazität erhöhen und macht sich daran, einen neuen Mitarbeiter einzustellen. Es erstellt eine Stellenbeschreibung, aber nicht für eine spezifische Rolle in einem spezifischen Team, sondern für eine Rolle, die für das Unternehmen allgemein gilt. Es heißt da etwa »zehnjährige Erfahrungen in dieser und jener Tätigkeit« und »Qualifikationen hier und da und dort auch«. Es heißt darin zum Beispiel *nicht:* »Dieses Team veranstaltet gerne alberne Feiern und braucht jemanden, dem es nichts ausmacht, dass der Chef manchmal nicht so genau sagt, was er eigentlich will, und gerne mit Leuten zusammenarbeitet, die zum Spaß die Spreadsheets der anderen korrigieren.« Also werden die Bewerber nach einer Standardbeschreibung der Arbeit bewertet, aber kaum nach einer Beschreibung des tatsächlichen Arbeitsplatzes. Diese Lücke mag zwar teilweise in den Einzelgesprächen mit dem Bewerber geschlossen werden, aber die konkrete Arbeitsumgebung im spezifischen Team spielt ganz klar nur eine Nebenrolle.

Oder das Unternehmen möchte den neueingestellten Mitarbeiter in die Firma einführen und erklärt sich selbst dafür zuständig, ihm seine Normen und Werte allgemeingültig zu erklären, anstatt das dem Team des neuen Kollegen zu überlassen, damit es die Einführung im Sinn ebendieses spezifischen Teams mit seiner spezifischen Arbeitsweise erledigt.

Oder das Unternehmen möchte seine Mitarbeiter für gute Arbeit belohnen und berechnet dazu für jeden einzeln einen Bonus, als ob er alleine gearbeitet hätte.

Oder das Unternehmen beschließt, Ziele für die kommende Arbeit festzulegen und lässt dafür jeden Mitarbeiter einzeln seine persönlichen Ziele formulieren, als ob er in Zukunft alleine arbeiten werde.

Oder das Unternehmen macht sich daran, seine Angestellten zu bewerten, und ordnet sie dazu in verschiedene Leistungskategorien ein, ohne aber die Teams ebenfalls so zu kategorisieren oder zu bewerten, wie die einzelnen Mitarbeiter die Leistung des Teams, in dem die Arbeit tatsächlich erbracht wurde, erhöht oder verringert haben.

Oder das Unternehmen findet, dass seine Mitarbeiter eine Fortbildung in Zusammenarbeit brauchen, und wählt daher einige aus, die eine Woche lang aus ihrem Team ausscheiden, um Zusammenarbeitsskills zu erlernen, in der Hoffnung, dass sie, wenn sie bessere Zusammenarbeit in Abwesenheit derer geübt haben, mit denen sie tatsächlich zusammenarbeiten müssen, besser mit ihnen zusammenarbeiten, wenn sie dann wieder anwesend sind – vermutlich gemäß einer Theorie, Zusammenarbeit hänge ausschließlich von Skills ab und nicht vom Verhältnis zu einer bestimmten Menschengruppe.

Wenn das Unternehmen sich über seine Mitarbeiter Gedanken macht, dann in der überwältigenden Mehrzahl der

Fälle über den einzelnen Angestellten. Aber wenn diese Angestellten zur Arbeit kommen, wird ihr Erfolg bei den Aufgaben, die ihnen das Unternehmen überträgt, zum allergrößten Teil von ihren Teams bestimmt.

Teams sind auf seltsame Weise für das Unternehmen unsichtbar. Natürlich wissen die Chefs, dass es diese Teams in der Unternehmenshierarchie gibt und wissen auch, dass sie oft ad hoc für verschiedene Projekte und dergleichen zusammengestellt werden. Aber die Liste dessen, was Unternehmen über ihre Teams *nicht* wissen, ist lang. Sie wissen zum Beispiel nicht, wie viele es jeweils zu einem bestimmten Zeitpunkt davon gibt, weil sie die ad hoc zusammengestellten, dynamischen Teams nicht nachverfolgen können, und das heißt, sie wissen auch nicht, wie viele Teamleiter sie jeweils haben. Sie wissen nicht, wie groß ihre Teams sind und wie viele Mitarbeiter ein Teamleiter führen und betreuen kann. Sie wissen nicht, wie lange ihre Teams jeweils bestehen und wie sich ihre Lebensdauer auf die Innovativität und Stabilität oder ihr Engagement auswirkt. Sie wissen nicht, in welchem Team man am besten arbeiten kann oder welches Team den Mitgliedern am besten den Sinn ihrer Arbeit vermittelt, welches Team am besten die Vielfalt seiner Mitglieder ausnutzt, ihnen Freiraum schafft oder ihnen Gelegenheit gibt, ihre Stärken einzusetzen, einander zu unterstützen oder die vielen anderen Einzelheiten, die nur im Team machbar sind.

Das ist nichts weniger als kriminell. Unternehmen haben keine Ahnung von ihrer wichtigsten organisatorischen Untereinheit und sind auch nicht neugierig darauf. Wenn ein Unternehmen seinen Investoren sagte, es habe keine Ahnung, wie viel Betriebskapital es zu einer gegebenen Zeit habe oder wie viel Umsatz ein bestimmtes Produkt oder eine Dienstleistung jeweils einbrächten oder aus welcher Region die Einnahmen kommen oder wie viel Rendite eine bestimmte Initiative erbracht habe, gäbe es wahrscheinlich einen Aufschrei. Aber es ist völlig normal, dass einem Unternehmen nicht nur eine detaillierte, sondern sogar die grundlegende Kenntnis seiner Teams zu einem gegebenen Datum fehlt. Angesichts der Wichtigkeit der Teams für das Arbeitsleben der Angestellten und für unser Stabilitätsgefühl überrascht es kaum, dass der Mixer fröhlich immer weiter rotiert.

Vielleicht deswegen – weil ihre wesentlichen Funktionen unsichtbar sind – lösen Unternehmen Teams auf, ohne sich groß Gedanken darum zu machen. Viele Geschichten über das unerfreuliche Erlebnis eines von oben verordneten Wandels sind letztlich Geschichten von zerschlagenen Teams. Zu versteckten Kosten des Wandels gehören daher auch die viele Zeit und Mühe, die wir investieren müssen, um unsere Teamkollegen mit ihren Fähigkeiten, Vorlieben und Abneigungen kennenzulernen, eine gemeinsame Sprache und gemeinsame Geschichte mit ihnen aufzubauen, eine gemeinsame Arbeitsweise und gemeinsame Prioritäten zu entwickeln. Sie umfassen auch die Zeit und die Mühe, die wir investieren müssen, um einander über unsere Arbeitsmethoden kennenzulernen – etwas, das man nicht in einem Augenblick nachholen kann, sondern das in einem neuen Team neu aufgebaut werden muss. Und zu diesen Kosten gehört auch, dass die Auflösung eines Teams uns der Quelle für Kompetenz und Wachstum und für unser Zugehörigkeitsgefühl und der Verortung des Sinns unserer Arbeit beraubt.

Wir nehmen gerne an, dass Stärke unter schwierigen Umständen, Standfestigkeit und Widerstandsfähigkeit vom einzelnen Menschen aufgebracht werden. Aber das stimmt nicht: Sie werden *kollektiv* aufgebracht. Wir beziehen unsere Stärke von den Menschen unserer Umgebung; unsere Liebe zu den kleinen Kompanien ist die Liebe zu unseren Kollegen und diese Liebe stärkt uns. Wenn es um unsere Fähigkeit geht, das Leben im Mixer zu überleben, macht weniger die Zähigkeit den Unterschied aus oder die Hartnäckigkeit oder selbst die Befähigung, sondern ob wir alleine sind oder nicht.

## *Die Personalabteilung radikalisieren*

Wenn man jemanden aus der Personalabteilung nach den grundlegenden Zielen seiner Tätigkeit fragt, hört man früher oder später in irgendeiner Form das Folgende: »Das Ziel der Personalabteilung ist, das Unternehmen strategisch zu beraten und einen Platz am Tisch zu bekommen.«

Diese letzten sechs Wörter tauchen immer wieder auf. Die *Harvard Business Review* gibt Ratschläge, »was Personaler für einen Platz am Tisch tun müssen«.[114] *Forbes* nennt »Vier Gründe, warum die Personalabteilung einen Platz am Tisch verdient«.[115] EY fragt sich, »Was macht sich die Personalabteilung fit für einen Platz am Tisch?«[116] Wenn Sie überlegen, Personaler zu werden, gerade angefangen haben und sich eine Karriere aufbauen wollen oder neugierig sind, was man mitbringen muss, um es bis an die Spitze der Abteilung zu bringen, wird Ihnen alle Welt sagen, dass irgendwo ein Tisch steht, an dem wichtige geschäftliche Angelegenheiten abgemacht werden, und dass Sie mit an diesem Tisch sitzen müssen, damit alles gut für Sie läuft.

Diese Formulierung fand ich schon immer seltsam unterwürfig – das Ziel besteht anscheinend darin, irgendwie dabeizusitzen, während die wichtigen Angelegenheiten abgemacht werden, aber nicht darin, aktiv die Fragestellungen oder den richtigen Weg zu ihrer Lösung mit zu definieren oder eine andere gestaltende Rolle zu spielen. Und die diesen Erwartungen zugrunde liegende Auffassung über die angemessene Rolle der Personalabteilung und ihre Stellung in der Unternehmenshierarchie – ob sie von den Personalern selbst geteilt oder ihnen von außen aufgezwungen wird – hat durchaus einen Bezug zum Problem mit dem Wandel und mit dem Leben im Mixer.

Um den Grund dafür zu erkennen, schauen wir uns einmal die verschiedenen Interessen an, die in einem Unternehmen zusammenwirken. Stellen Sie sich die Schnittmenge zweier Kreise vor, deren erster die Interessen einer bestimmten Firma enthält. Die Elemente dieser Menge sind uns vertraut: Marktanteile gewinnen, bessere Produkte schaffen, in neue Möglichkeiten investieren, effizienter werden, die Bilanz verbessern. Der erste Kreis enthält das, worüber an dem Tisch gesprochen wird, an dem wir alle angeblich gerne sitzen möchten.

Diesen ersten Kreis meinen auch die Unternehmensberater, wenn sie sich Personalstrategien ausdenken wie etwa »Einen neuen Blickwinkel in den Vorstand einbringen« oder »Das Unternehmen optimieren, nicht nur die Prozesse« oder »Unternehmenskultur als Wachstumsfaktor sehen«.[117] Das sind, anders ausgedrückt, Strategien, mit denen die Personalabteilung aufgefordert wird, die Interessen des Unternehmens zu fördern. Andere Elemente mit Personalbezug im ersten Kreis sind etwa, sicherzustellen, dass die Mitarbeiter die richtigen Skills haben, die Lohnkosten niedrig zu halten oder eine Mannschaft fähiger Manager aufzubauen. Um sich mit solchen Themen auszukennen, sollen Personalprofis »wie ein Unternehmer denken, der den Hut eines Personalers trägt«, um ein weiteres geläufiges Schlagwort zu zitieren. Das alles ist natürlich notwendig, um eine Firma erfolgreich zu machen, besonders ein größeres Unternehmen, und schon in Ordnung. Aber, wie wir in diesem Buch immer wieder festgestellt haben, ist das nicht *alles*, worauf es ankommt.

Schauen wir uns also den zweiten Kreis an. Die Menge der Elemente darin stellt nicht die Interessen des Unternehmens dar wie die im ersten, sondern die seiner Beschäftigten. Sie enthält einige extrinsische Faktoren – angemessene Bezahlung, Aufstiegschancen – und sehr viel mehr intrinsische – mit seiner Arbeit etwas bewirken, zu einem Team gehören, das zusammenhält, interessante und gleichzeitig anspruchsvolle Aufgaben erledigen, seine Kenntnisse verbessern und so weiter. Der zweite Kreis enthält alle Gründe des Beschäftigten, seiner Arbeit nachzugehen. Dabei muss man zunächst bedenken, dass die beiden Kreise sich natürlich nicht decken. Manche Punkte im Interesse des Arbeitgebers sind absolut *nicht* im Interesse des Arbeitnehmers (Entlassungen, Umstrukturierungen, E-Mails am späten Abend, Großraumbüros, langer Arbeitsweg im Bus), und es gibt andererseits viele Punkte, die im Interesse des Arbeitnehmers, aber nicht des Arbeitgebers sind (Lohnerhöhungen, Urlaub, Schlaf). In der guten alten Zeit wurde die fehlende Deckung der beiden Kreise durch

Bezahlung und betriebliche Leistungen ausgeglichen, die den Mitarbeitern eben einen »Ausgleich« für das bieten sollten, was ihnen am Arbeitsplatz missfiel. Das ist ein Ansatz, der ganz vernünftig klingt: Weil wir (das Unternehmen) wissen, dass die Arbeit bei uns auch Aspekte hat, die euch (den Beschäftigten) nicht so gefallen, müssen wir uns etwas ausdenken, um euch zum Bleiben zu bewegen, ob das nun Geld, betriebliche Sonderleistungen, Wellness-Gurus, Tischfußball oder sonst etwas aus dem Bereich »Brot und Spiele« ist.

Sollte dieser Ansatz aber jemals ausreichend gewesen sein – heute ist er es jedenfalls nicht mehr. Denken Sie nur an die anschwellende Woge aktivistischer Angestellter bei vielen Unternehmen oder die zunehmende Verbreitung von Gewerkschaften in den letzten paar Jahren. Denken Sie an den aktuellen Streit über die Fortdauer der Heimarbeit oder an die *Great Resignation*, die große Kündigungswelle besonders in der IT-Branche, die während der Covid-Maßnahmen um sich griff. Das alles zeigt, wie wichtig die Elemente im zweiten Kreis sind, also die Interessen der Mitarbeiter, und auch die allgemeine Ansicht, dass Unternehmensleitungen und Personalabteilungen diese Bedenken nicht ausreichend berücksichtigen. Es erinnert uns auch daran, dass bisher dazu tendiert wurde, die Spannungen zwischen dem ersten und zweiten Kreis zu bereinigen, indem jeweils eine Gruppe für die Elemente eines der beiden Kreise eintritt und beide miteinander streiten, bis sie sich auf einen Kompromiss einigen.

Gegenwärtig sehen sich Personalabteilungen als ausführender Arm der menschlichen Aspekte im ersten Kreis – und das ist wohl auch die Rolle, die ihnen von den meisten Unternehmen zugedacht wird. In vielen Firmen ist die Personalabteilung heute entweder ein Agent der Unternehmensleitung oder ein etwas unbeholfener Vermittler zwischen Mitarbeitern und Managern, der versucht, Ersteren zu erklären, was vor sich geht, und dabei Letzteren eine etwas bessere Marschrichtung zu geben versucht.

Um noch auf eines der bekannten Beispiele zurückzukommen: Wenn also ein Unternehmen seine ständige Befürchtung ausräumen möchte, dass die Manager der mittleren Ebene sich bei den Mitarbeitern lieb Kind machen wollen und sich vor ihrer Verantwortung drücken, gegebenenfalls auch mit Härte zu führen, setzt die Personalabteilung ein neues Leistungsmanagement-Programm in Kraft. Wir wissen, dass es im ersten Kreis anzusiedeln ist, weil wir nämlich, wenn wir zu den Mitarbeitern vor Ort gehen und sie fragen, ob es ihnen hilft, ihre Jahresziele ausformulieren, Fragebögen zur Selbstbewertung ausfüllen und sich auf einer Punkteskala einstufen lassen zu müssen, als Antwort ein Nein bekommen. Und wenn wir sie fragen, was ihnen helfen würde, ihre Arbeit effizienter zu erledigen, zählen sie Faktoren wie Aufmerksamkeit, Vertrauen, klarere Entscheidungsprozesse im Unternehmen und bessere Berechenbarkeit auf, die alle nicht zum Leistungsmanagement gehören und in den zweiten Kreis gehören und mit denen sich die Personalabteilung bisher auch nicht befasst.

Angestellte wenden sich an die Personalabteilung, wenn sie Hilfe in Fragen der Einstellung oder Entlassung brauchen, aber niemand zweifelt groß daran, wessen Interessen diese Abteilung letztlich vertritt. Deshalb ist die Personalabteilung in einem Unternehmen selten beliebt – auch wenn viele ihrer Mitarbeiter den Beruf des Personalers aus dem ehrlichen Wunsch heraus gewählt haben, anderen Menschen helfen zu können. Sie sind der verlängerte Arm des ersten Kreises, und dort findet man nicht die Interessen der Beschäftigten.

Aber das bringt uns zum zweiten wichtigen Punkt, nämlich, dass die beiden Kreise, auch wenn sie sich nicht decken, sich doch überschneiden. Es gibt Punkte, die ganz natürlich im Interesse sowohl des Unternehmens wie der Beschäftigten liegen. Das Unternehmen möchte Mitarbeiter, die möglichst gut in ihrem Beruf sind, und die Mitarbeiter tun am liebsten das, was sie am besten können. Das Unternehmen möchte bessere Produkte und die Mitarbeiter arbeiten gerne an Verbesserungen. Das Unternehmen möchte gute und stabile Beziehungen zu seinen Kunden und Partnern und Menschen bauen gerne gute und stabile Beziehungen auf.

In einer Welt, in der es für die Manager nur zu einfach ist, nach den Schaltern des Mixers zu greifen, wenn sie mit dem nächsten geschäftlichen Problem oder einer technischen Neuerung konfrontiert werden, und damit, wie geschildert, die menschlichen Produktivkräfte ihres Unternehmens zu gefährden, muss die Personalabteilung sich vor allem um die Elemente im zweiten Kreis kümmern. Sie sollte zu einem lautstarken Fürsprecher der Mitarbeiter und ihrer Interessen umgebaut werden. Sie sollte Experte für die quantitative wie qualitative Bewertung des Arbeitserlebnisses der Mitarbeiter vor Ort werden (und sich nicht auf die Schilderungen durch die Unternehmensleitung verlassen), sie sollte Experte für die Bedürfnisse der Mitarbeiter sein, damit sie ihr Bestes geben und ihren größtmöglichen Beitrag leisten können, sie sollte Teamleiter ausbilden und beraten (denn, wie wir gesehen haben, sind die Teams die zentrale Instanz unseres Arbeitslebens), und sie sollte ihre Verantwortung ernst nehmen, die Abrissbagger der Aufmischer aufzuhalten, oder wenigstens eine Gegenkraft dazu bilden.

Eine gute Methode, um dieser Verantwortung gerecht zu werden, besteht darin, die Schnittmenge der beiden Kreise so weit wie möglich zu vergrößern – alles zu fördern, was im Interesse beider Seiten ist, und mehr Investitionen, Programme, Systeme und andere Initiativen zu finden, die beiden Seiten dienen. Eine Methodologie zur Förderung guter Teams zu schaffen, ist ein Beispiel dafür – gute Teams erzeugen Innovationen und Leistung und alle möglichen anderen Elemente des ersten Kreises, während sie gleichzeitig allen Mitgliedern eine menschliche Umgebung bieten und damit auch ein Element des zweiten Kreises. Programme anzubieten, mit denen Mitarbeiter ihre Stärken einsetzen und weitergeben können, ist ein weiteres Beispiel – wenn die Mitarbeiter mehr Zeit mit dem verbringen, was sie am besten können, leisten sie bessere Arbeit (erster Kreis) und erhalten mehr intrinsische Belohnungen dafür (zweiter Kreis). Wie inzwischen klar sein sollte, stellen diese Elemente in der Schnittmenge beider Kreise einen Großteil dessen dar, was wir bisher in diesem Buch besprochen haben.

Damit möchte ich dafür eintreten, dass die Personalabteilung zu ihren Wurzeln zurückkehren und sich nicht nur mit dem befassen soll, was die Mitarbeiter *trifft* (und zwar oft negativ), sondern damit, was die Mitarbeiter *brauchen*. In diesem Sinn einer Rückkehr zu den Wurzeln sollte die Personalabteilung radikalisiert werden. Durch die Konzentration darauf, sich einen »Platz am Tisch« zu sichern, hat sie sich in die

Rolle eines Untergebenen und Unterwürfigen drängen lassen; es wird Zeit, sie wieder wichtiger zu nehmen. Es wird Zeit für uns alle in diesem Beruf, dass wir uns als diejenigen ernst nehmen, die am besten wissen, welche Bedingungen wesentlich dafür sind, dass Mitarbeiter sich am Arbeitsplatz wohlfühlen, und die am besten in der Lage sind, für sie einzutreten und damit Leistung, Innovation und Produktivität freizusetzen.

Und zwar so.

Die Neudefinition fängt, wie wir gesehen haben, damit an, dass man aufhört, nur an den ersten Kreis zu denken, und sich mit dem zweiten befasst. Allerdings unterscheiden sich die menschlichen Elemente im ersten Kreis grundsätzlich von den menschlichen Elementen im zweiten Kreis, also müssen die Personaler auch neue Fähigkeiten entwickeln. Die menschlichen Elemente im ersten Kreis sind oft von oben nach unten gesehen formuliert – wir (das Unternehmen) haben nicht genug Programmierer und müssen weitere einstellen; wir finden unsere Lohnkosten zu hoch; wir müssen unseren Anteil an freien Mitarbeitern gegenüber dem der Festangestellten erhöhen. Die menschlichen Elemente im zweiten Kreis dagegen sind von unten nach oben formuliert – die Mitarbeiter wollen die Chance, ihr Bestes zu geben, sie wollen ihre Kenntnisse und Fähigkeiten verbessern. Und das wiederum erfordert, dass die Personalabteilung und das Unternehmen vorausschauend investieren – nicht als Reaktion auf Probleme, sondern damit sie gar nicht erst entstehen; nicht als Reaktion auf eine bestimmte Malaise des Unternehmens, sondern um das Unternehmen von Anfang an gesund zu erhalten.

Die erste solche Investition sollte in Datenerhebung und Analyse erfolgen, um ein detaillierteres, verlässliches und aktuelles Bild der Belegschaft zu gewinnen. Wenn die Personalabteilung für die Bedürfnisse der Mitarbeiter eintreten soll, damit diese gute Arbeit leisten können, braucht sie laufend Informationen über den Stand der Dinge vor Ort.

In vielen Unternehmen werden Mitarbeiterdaten heute in Form einer jährlichen großen Talentsuche für alle Beschäftigten erhoben. Dazu werden 50 oder 60 Fragen zu allen Aspekten des Arbeitslebens in einem Fragebogen zusammengestellt, dann zwei Monate lang alle Empfänger immer wieder daran erinnert, ihn auszufüllen, und dann weitere zwei Monate lang die Ergebnisse ausgewertet, um schließlich verkünden zu können, der Engagementindex liege jetzt bei 71 (oder vielmehr lag er fünf Monate zuvor dort, als die ganze Erhebung begann). Was die Qualität der erhobenen Informationen und ihre Nützlichkeit angeht, ist das problematisch.

Die 50 oder 60 Fragen im typischen jährlichen Fragebogen resultieren leider nicht aus Untersuchungen über den Antrieb zur Leistung oder einem anderen erwünschten Ergebnis. Wäre das so, gäbe es weniger solcher Fragen, und zwar weil die meisten echten Erhebungen auf diesem Gebiet zunächst verschiedene Fragen auf ihr Potenzial hin testen, einen anderen Faktor zu berechnen (zum Beispiel die Arbeitsleistung oder die Verweildauer im Unternehmen), damit Fragen, die nur wenig zum Verständnis beitragen, gestrichen werden können und die Liste damit auf zehn oder zwölf Punkte gekürzt werden kann.* Ein umfangreicher, langer Fragebogen ist ein Alarmzeichen – er zeigt an, dass niemand wirklich *weiß*, ob die Fragen relevant sind, sondern dass man es bloß *annimmt* und zur Sicherheit noch ein paar mehr stellt.

Bei langen Fragebögen dauert auch das Ausfüllen lange, und deshalb nehmen es weniger Mitarbeiter auf sich. Wenn aber nicht die beträchtliche Mehrzahl der Mitarbeiter an einer Umfrage teilnimmt, kann niemand sagen, inwieweit diejenigen, die geantwortet haben, für die Gesamtheit der Belegschaft repräsentativ sind. Wenn diejenigen, die antworten, sich in irgendeiner Weise von der Gruppe unterscheiden, die wir verstehen wollen – wenn sie eher X tun oder eher nicht Y oder sich nicht für Z interessieren –, kommen wir zu falschen Ergebnissen. Schlimmer noch, wir können nicht erkennen, dass sie falsch sind. Eine repräsentative Auswahl der Befragten ist unabdingbar für ein repräsentatives Ergebnis. Trotzdem ignorieren die *meisten* Befragungen am Arbeitsplatz diese einfache Tatsache, weil es entweder zu viel zusätzliche Arbeit ist, eine repräsentative Gruppe auszuwählen und sicherzustellen, dass alle darin den Fragebogen ausfüllen, oder wegen der irrigen Ansicht, dass eine sehr *große* Gruppe Befragter immer auch eine *repräsentative* Gruppe sei. Das ist durchaus ein echtes Problem. Jedes Unternehmen befragt gerne seine Mitarbeiter

---

* Diese Darstellung, wie psychometrische Instrumente wirklich erstellt werden, ist stark vereinfacht. In Wirklichkeit erfordert ihre Entwicklung zahlreiche Durchgänge und viel mehr an statistischer Analyse. Der wichtigste Punkt bleibt aber, dass sie nicht wie viele der jährlichen Mitarbeiterfragebögen durch Brainstorming nach dem Motto »Was können wir denn dieses Jahr sinnvoll abfragen?« zustande kommen.

und Kunden, aber die meisten so gewonnenen Daten sind aus genau diesem Grund unbrauchbar.

Nicht repräsentative Datenerhebung ist allerdings nicht das einzige Problem mit dem jährlichen Fragebogen. Die Ergebnisse der Umfrage werden auf eine Art gesammelt und vorgestellt, die es sehr schwer macht, daraufhin konkrete Maßnahmen zu ergreifen. Die Ergebnisse der jährlichen Talentumfrage werden gewöhnlich zusammengezählt und mehrere Monate nach der Umfrage veröffentlicht. Sie geben also keinem Teamleiter eine Antwort darauf, was in seinem Team jetzt gerade vor sich geht, damit er sofort darauf reagieren kann. Wir haben ja gesehen, wie wichtig Teams sind, und weil ihre Leiter wichtig sind, um die Ergebnisse der Teamarbeit nach oben weiterzureichen, ist das ein tödlicher Fehler.

Diese Mängel der jährlichen Umfrage muss man verstehen, um einen besseren Weg zur effektiven und relevanten Datenerhebung von den Mitarbeitern zu finden. Um genügend Antworten zu bekommen und sicherzustellen, dass die Daten, die wir von einem kleinen Teil der Mitarbeiter bekommen, uns eine gute Vorstellung von den Ansichten eines Großteils der Mitarbeiter geben, müssen wir uns derselben Methoden bedienen, die Meinungsforschungsinstitute seit Jahrzehnten benutzen, und damit eine *repräsentative* Auswahl aus der Gruppe treffen, die wir analysieren wollen, und dann dafür sorgen – indem wir mehr Menschen befragen, als wir brauchen, um unsere Quote zu erfüllen –, dass wir 100 Prozent Rückmeldungen bekommen. Um so ein Gefühl für das Gesamtbild zu bekommen, befragen wir vielleicht sogar jedes Quartal eine andere Gruppe von 5 Prozent der Mitarbeiter unseres Unternehmens.*

Eine Methode, um Zeitnähe und Nützlichkeit der Daten sicherzustellen, besteht in einer Engagementumfrage, die die Teamleiter selbst und nur für ihr Team durchführen, sodass sie die Ergebnisse bekommen, ohne dass alles über die Personalabteilung läuft. Das bewirkt Folgendes: Erstens heißt es, dass die Aufforderung, den Fragebogen auszufüllen, von einem Vorgesetzten kommt – was die Rücklaufquote enorm steigert. Zweitens kommt man schnell an die Ergebnisse – nach meiner Erfahrung innerhalb weniger Tage –, was bedeutet, das Team erfährt in Echtzeit, was gut läuft und was nicht. Und drittens landen die Daten dort, wo man direkt etwas mit ihnen anfangen kann – in den Teams selbst, die sie durchsprechen und sich eine Reaktion darauf ausdenken können. Mit der Zeit baut dieser rasche Zyklus von Umfrage und Reaktion Vertrauen in das Team und seinen Leiter auf.

Sowie man dieses Verfahren anwendet, sieht man sich starkem Druck ausgesetzt, die Punktzahlen der einzelnen Teams weiter nach oben in der Firmenhierarchie zu melden, damit die Leiter »verantwortlich« für die Verbesserung des Arbeitserlebnisses gemacht werden können. Leider fangen dann die vergebenen Bewertungen relativ rasch an, vom tatsächlichen Arbeitserlebnis der Mitarbeiter abzuweichen, weil die Team-

* Zum Vergleich sei gesagt, dass politische Umfragen typischerweise etwa 1000 Befragte umfassen, was in einem Land von der Größe der USA nur 0,0003 Prozent der Bevölkerung entspricht. Wenn man sich die Befragten sorgfältig genug aussucht, kann man mit sehr viel kleineren Gruppen repräsentative Aussagen gewinnen, als wir es meistens in Unternehmen tun – und deshalb solche Umfragen häufiger durchführen und damit auch kontinuierlichere und aktuellere Daten gewinnen.

leiter sie mehr oder weniger subtil auffordern, möglichst hohe Punktzahlen zu vergeben, weil sie keinen Ärger mit der Chefetage wollen, oder die Mitarbeiter sogar von selbst höhere Bewertungen vergeben, um ihrem Boss Ärger zu ersparen – weil er den prompt an seinem Team auslässt.* Um diesen Effekt zu vermeiden, darf der Teamleiter die Tatsache der Umfrage nach oben melden, aber nicht ihre Ergebnisse. Lassen Sie die Teamleiter alle paar Monate eine Umfrage durchführen und die Ergebnisse mit ihren Teams besprechen, und stellen Sie fest, ob sie sich daran halten, aber sorgen Sie dafür, dass die Punktzahlen selbst nur dem Team bekannt sind – und sagen Sie den Chefs auch, warum das der sinnvollere Ansatz ist.

Wer vom ersten Kreis ausgeht, denkt nur in Messgrößen und Verantwortlichkeit (und will im Extremfall EAN-Mitarbeiter). Wer vom zweiten Kreis ausgeht, gibt den Mitarbeitern sinnvolle Methoden zur Bewertung an die Hand und – sowas aber auch – *vertraut* ihnen dann, dass sie sie vernünftig einsetzen.

Das Ziel der effektiven Datensammlung besteht darin, möglichst brauchbare Daten in die Hände derer zu geben, die am besten etwas damit bewirken können – was nachweisbar im

* Das ist ein Beispiel für das sogenannte Goodhartsche Gesetz. Der britische Wirtschaftswissenschaftler Charles Goodhart schrieb 1975: »Jede beobachtete statistische Regelmäßigkeit bricht zusammen, sowie sie zu Kontrollzwecken unter Druck gesetzt wird.« Direkter ausgedrückt: Wenn wir jemanden nach Zahlenwerten beurteilen, die er selbst manipulieren kann, dann wird er das auch tun. Das Goodhartsche Gesetz erklärt den Emissionsskandal bei VW, die vielen Probleme mit dem CompStat-Programm der New Yorker Stadtpolizei und zahlreiche ähnliche Fälle.

Interesse sowohl des Unternehmens wie der Mitarbeiter ist. Die zweite Investition auf dem Weg zur radikalen Personalabteilung dagegen befasst sich mit dem Verhältnis der Personaler zum Rest des Unternehmens, das neu durchdacht wird. Allgemein gibt es heute zwei Arten Personaler. Die erste sind die *Generalisten,* auch *kundenorientierte Personaler* oder *Personal-Businesspartner* genannt, und wird jeweils einer bestimmten Abteilung innerhalb des Unternehmens zugeordnet. Das sind diejenigen, die Ihnen wahrscheinlich einfallen, wenn Sie an die Personalabteilung denken, und an die Sie sich bei Problemen mit Mitarbeitern wenden, vom Gehalt über Beschwerden wegen Belästigung bis zur Leistung. Um einen Generalisten aus der Personalabteilung zugeteilt zu bekommen, muss eine Abteilung innerhalb des Unternehmens gewöhnlich eine bestimmte Größe erreichen, und der Generalist ist sozusagen ihr Berater für Personalfragen.

Die zweite Sorte Personaler schreibt die ganzen Sachen, die aus der Personalabteilung kommen. Das sind Grundsätze, Programme, Initiativen, Technologien – alles, was große Kompetenz in einem bestimmten Bereich erfordert, wie zum Beispiel ein jährliches Kompensationsprogramm und die dazugehörigen Trainingseinheiten und Techniken. Diese Personaler heißen *Spezialisten, Kompetenzzentren* (ein bisschen unbescheiden) oder *Exzellenzzentren* (sehr unbescheiden). Diesem Stamm gehöre auch ich an.

Theoretisch soll ein Problem, das den Generalisten auffällt, zu einem neuen oder umgeschriebenen Programm der Spezialisten führen, das dann wieder von den Generalisten in der Abteilung, für die sie jeweils zuständig sind, eingesetzt wird.

(Das ist etwas vereinfacht ausgedrückt, genügt aber für unsere Zwecke.)

So arbeiten Personalabteilungen seit Jahrzehnten, und diese Arbeitsweise hat im Licht des Denkens vom ersten oder zweiten Kreis her einige interessante Züge. Bedarf an Maßnahmen wird dabei hauptsächlich ermittelt, indem man das Unternehmen fragt, was es braucht. Diese Arbeitsweise verwendet ihre Ressourcen, um die Bedürfnisse des Unternehmens auf einer ziemlich hohen Entscheidungsebene abzufragen, und sie zu erfüllen. Sie soll hauptsächlich auf Anforderungen im Gefolge konkreter Probleme reagieren können, und das heißt, dass sie nicht primär auf die Bedürfnisse der Mitarbeiter ausgerichtet ist. Selbst wenn Daten vorliegen, die zum Beispiel erkennen lassen, dass das Engagement der Mitarbeiter zurückgeht und Fälle von Burn-out zunehmen, reagiert dieses Arbeitsmodell der Personalabteilung nur damit, dass es die Daten der Geschäftsleitung vorlegt und nachfragt, ob sie deshalb etwas unternehmen möchte. Das System bewegt sich im ersten Kreis – ganz nach der Vorstellung, dass es die Rolle der Personalabteilung sei, mit am Tisch zu sitzen und das Unternehmen zu beraten.

Um es deutlich zu sagen: An diesem Modell ist auch viel Gutes, nicht zuletzt, weil die Personalpolitik ohne das Fachwissen der Personalabteilung bei Beratung und Durchführung personalrelevanter Maßnahmen viel weniger human aussähe und die Unternehmen einem größeren Risiko von Leistungsabfall und Gerichtsklagen aussetzte. Eine neuere Studie am ADP Research Institute zum Verhältnis zwischen der Wahrnehmung der Personalabteilung durch die Mitarbeiter und verschiedenen anderen Werten gibt uns allerdings eine Vorstellung davon, was dem gegenwärtigen Modell fehlt.[118] Das ADP-Team fand heraus, dass die Art, wie die Mitarbeiter die Personalabteilung erleben und bewerten, eng mit mehreren anderen wichtigen Faktoren verknüpft ist, zum Beispiel damit, was die Mitarbeiter von ihrem Arbeitgeber hielten, ob sie ihn gerne wechseln würden oder ob sie tatsächlich das Unternehmen verließen. Wenn sie die Personalabteilung positiv erlebten, korrelierte das wiederum damit, wie viele ihrer Angebote oder Dienste sie genutzt hatten, wie oft sie mit ihr zu tun gehabt hatten und ob sie einen bestimmten Mitarbeiter der Personalabteilung als Ansprechpartner bekommen hatten. Mit anderen Worten: Je vertrauter ihnen die Personalabteilung und ihre Arbeit war, desto wertvoller fanden sie sie. Und wie zeigte sich eine positive Meinung über die Personalabteilung im Wohlbefinden der Mitarbeiter? Sie korrelierte unter anderem mit gesteigertem Vertrauen, einem gesteigerten Gefühl von Entscheidungsbefugnis und Handlungsfreiheit, persönlichem Wachstum und Fortschritt, Zugehörigkeit und Sicherheit – eine Liste, die inzwischen vertraut klingen dürfte.

Zusammenfassend kann man also sagen, die Studie hat ergeben, dass die Mitarbeiter umso besser im Unternehmen verwurzelt waren, je mehr Kontakt sie zur Personalabteilung hatten. Die Personalabteilung hat das Zeug dazu, Stabilität zu fördern.

Aber sie ist nicht damit beauftragt und schon gar nicht dafür aufgestellt. Die meisten ihrer Generalisten sind, wie gesagt, höheren Hierarchieebenen zugeordnet. Es kann passieren, dass ein Manager der mittleren Ebene, ein Teamleiter oder ein Teammitglied monatelang keinem Personaler über den Weg läuft. Die radikalere Lösung wäre also, Personalprofis – nicht bloß Generalisten, sondern alle – den einzelnen Teams zuzuordnen, und sogar *jedem einzelnen Vorgesetzten innerhalb der Unternehmenshierarchie*. Jeder Teamleiter hätte dann einen designierten Personaler, an den er sich wenden kann, wenn er Ratschläge oder Anleitung braucht oder mitteilen möchte, was in seinem Team vorgeht. Manche Personaler würden die Zuständigkeit für mehrere Teams als Vollzeittätigkeit ausüben, andere zusätzlich zu ihren sonstigen Aufgaben, aber jeder in der Personalabteilung hätte so die Gelegenheit, sich direkt mit den Bedürfnissen der Mitarbeiter zu befassen und sie erfüllen zu helfen.

Leider bewegt sich die Aufstellung der Personalabteilung heutzutage in die *entgegengesetzte* Richtung. Es wird jetzt viel Wert auf Effizienz, Eignung für die Anwendung im großen Maßstab, Automatisierung und Selbsthilfe der Mitarbeiter (was im Grunde bedeutet: »Schau's halt im Netz nach.«) gelegt – alles vom ersten Kreis her und nicht sehr menschlich gedacht. Man kann darüber streiten, ob das daran liegt, dass die Personalabteilung nicht die Macht hat, andere Prioritäten durchzusetzen, oder ob sie sich allzu sehr dem ersten Kreis angepasst hat, aber die Folgen sind jedenfalls alarmierend. Eine derjenigen, die ich über die Folgen des Wandels interviewte, war Carol aus der Personalabteilung eines Unternehmens, das vor einigen Jahren von einem größeren aufgekauft wurde. Bei ihrem früheren, kleineren Arbeitgeber war sie genau die Art stabilitsätsfördernder Personalerin gewesen, die ich hier beschreibe – sie war für jeden zu sprechen und sah ihre Rolle vor allem als Dienstleistung für die Mitarbeiter. Nach dem Aufkauf wurde sie in die Personalabteilung des größeren Unternehmens übernommen, und plötzlich galten neue

Regeln. Die Mitarbeiter durften sie nicht mehr kontaktieren und sollten stattdessen eine Hotline anrufen oder eine Webseite konsultieren. Carol erzählte, dass ihre neue Abteilung »allen Ernstes jemanden vor meiner Tür postierte, weil sie fanden, ich beantworte zu viele Mitarbeiterfragen. Jemand von der Firmenleitung kam zu mir, um mir den richtigen Umgang mit den Angestellten zu erklären.« Sie solle den Leuten keine Fische schenken, hieß es, sondern ihnen beibringen, wie man angelt. »Aber ich habe doch die Antworten!«, sagte sie sich im Stillen. »Ich kann doch ihre Fragen beantworten!«

Es ist wirklich weit gekommen, wenn man jetzt schon dafür kämpfen muss, dass Menschen, die eine Frage haben, eine Antwort von einem anderen Menschen bekommen. Aber diesen Kampf muss man immer öfter führen, wie jeder, der schon mal im Voice-Mail-System eines Konzerns festhing, bestätigen kann. Menschen wollen mit anderen Menschen sprechen, nicht mit einem Chatbot, vor allem, wenn es um menschliche Anliegen geht. Verständnis und Unterstützung, wie sie nur ein Mensch bieten kann, helfen den Mitarbeitern, ihr Bestes zu geben – und gleichzeitig kann die Personalabteilung sich mit den gewonnenen Erkenntnissen über die Probleme der Mitarbeiter besser für sie einsetzen. Die Automatisierung der Kontakte zu Menschen ist die kurzsichtigste aller Sparmaßnahmen.

Eine solche Neuaufstellung der Personalabteilung müsste auch die zentrale Bedeutung des Teams für Leistung und Wohlergehen des Gesamtunternehmens berücksichtigen. Das dritte Element einer Radikalisierung der Personalabteilung erweitert diesen Ansatz über die Unterstützung für Teamleiter hinaus darauf, ihnen beizubringen, wie man ein Team richtig leitet. Bisher behandeln wir Teams als zufälliges Nebenprodukt einer komplexen Welt anstatt als Grundbaustein eines gesunden Unternehmens und den Posten des Teamleiters quasi als Nebenberuf – man bekommt ihn als Belohnung für gute Leistungen im eigentlichen Job. Aber weil das Team so wichtig für die menschliche Gesundheit am Arbeitsplatz – und für die Leistung des Unternehmens – ist, müssen wir die Auswahl, Ausbildung und Unterstützung der Teamleiter überdenken. Auch das ist Aufgabe der Personalabteilung.

Wenn man sich anschauen möchte, wie man das richtig gut hinbekommt, sucht man sich die Beispiele am besten dort, wo es auf gute Leistungen wirklich ankommt – in Berufen, in denen es um Leben und Tod geht wie Pilot oder Chirurg (und, um das klar zu sagen, ich finde, dass es auch auf die Leistung des Teamleiters entscheidend ankommt – wir erkennen das nur bisher nicht an). Als Berufspilot zum Beispiel wird man für ein größeres Flugzeugmodell ausgewählt, wenn man die Befähigung zum Steuern eines kleineren nachgewiesen hat – es gibt also eine klare Steigerung der Komplexität und Verantwortung und man arbeitet sich wie auf einer Leiter nach oben. Die Ausbildung in Theorie und Praxis dauert Monate, manchmal Jahre, sodass der Pilot jedes Element des Flugzeugtyps, den er fliegt, versteht und unter allen denkbaren Umständen beherrscht. Einmal im Jahr gehen die Piloten zurück in den Simulator und werden mit den häufigsten Fehlfunktionen und Unfallursachen konfrontiert. Und hin und wieder sitzt ein sogenannter Prüfpilot während eines normalen Flugs hinter ihnen und kontrolliert, ob sie in der Realität ihrem Job gewachsen sind. Hier sehen wir einen Ansatz, bei dem die

Maßstäbe für Auswahl, Ausbildung und Unterstützung des Piloten genau definiert sind. Als Teamleiter in einem Unternehmen wählen wir dagegen einfach denjenigen aus, der als Teammitglied die beste Arbeit leistet. Manchmal bekommen sie eine Ausbildung, bevor sie den Posten antreten, manchmal eine Einladung zu einem mehrtägigen Lehrgang irgendwann im ersten Jahr, manchmal lassen wir sie auch einfach selbst herausfinden, wie man die Arbeit erledigt – so schwierig kann es ja schließlich nicht sein, sich um ein paar Mitarbeiter zu kümmern, oder? Und die Unterstützung, die wir ihnen geben, erschöpft sich meist in einer Einführung in die Software, mit der sie Prämienzahlungen empfehlen und Leistungspunkte vergeben können.

Stellen Sie sich vor, wir würden Piloten so ausbilden wie unsere Teamleiter. Wir würden den besten Flugbegleiter auswählen und ihn ins Cockpit versetzen. Dort wäre er alleine auf sich gestellt – in unseren Teams am Arbeitsplatz gibt es ja auch keine Co-Piloten. Wir würden ihn sofort ans Steuer einer Maschine voller Passagiere lassen, aber er müsste auch wieder als Flugbegleiter aushelfen, wenn er ein paar freie Minuten hat, und jederzeit kurz in die Kabine springen, um einem Fluggast seinen Tee zu bringen. Irgendwann im ersten Jahr würden wir ihn zu einem einwöchigen Fluglehrgang einladen, aber wenn ein Passagier ein dringendes Problem oder einen Wunsch hat, dürfte er den Lehrgang auch überspringen. Und seine Fortschritte bei der Arbeit würden wir bewerten, indem wir Beschwerden der Fluggäste und Flugzeugabstürze zählten.

Und jetzt stellen Sie sich vor, wir würden unsere Teamleiter wie Piloten ausbilden. Zunächst einmal dürften Anfänger auf diesem Posten nur Teams bis zu einer bestimmten Größe führen (damit sie besser auf die Bedürfnisse der einzelnen

Teammitglieder eingehen können). Wenn ein Teamleiter zeigt, dass er erfolgreich ein Team von, sagen wir, vier Mitarbeitern ein Jahr lang führen kann, bekommt er als Nächstes ein Team mit sieben Mitgliedern, wieder ein Jahr später eines mit zehn Mitgliedern und irgendwann danach ein kleines Team, dessen Mitglieder selbst Teamleiter sind, damit er sich allmählich die Kompetenz für seine Führungsrolle erarbeiten kann. Unsere Teamleiterausbildung würde Theorie – was wir aus der Soziologie darüber wissen, was Menschen antreibt – und Praxis in der Form von Übungen umfassen, wie man zum Beispiel ein Teammitglied als Coach unterstützt oder eine schwierige Situation mit ihm bewältigt. Diese Ausbildung würde der Tätigkeit als Teamleiter *vorausgehen*. Wir würden auch regelmäßige Auffrischungslehrgänge in der Art der Simulatorprüfungen für Piloten – zu den wichtigsten Skills und für aktuelle Entwicklungen in der Personalführung einrichten, und hin und wieder käme auch ein Führungscoach vorbei und würde den Teamleiter eine Woche lang beobachten, um zu sehen, wie er sich im Alltag schlägt.

Das alles tun wir bisher nicht, entweder weil wir glauben, die gegenwärtige Praxis reiche aus, oder weil wir glauben, Teamleitung sei nicht wichtig genug dafür. Eine radikalisierte, auf den zweiten Kreis ausgerichtete Personalabteilung, die sich der menschlichen Bedürfnisse einer Organisation und der Vorteile für alle Beteiligten bewusst ist, wenn diese Bedürfnisse erfüllt werden, würde auf nichts Geringerem bestehen.

Bei der Herausforderung für die Personalabteilung geht es nicht um Tische und Plätze daran, sondern um ihren Aufbau und ihre Identität. Der Beruf des Personalers bezieht seine Stärke aus der Verantwortung gegenüber den Mitarbeitern, nicht bloß gegenüber der Unternehmungsleitung, und aus dem Einsatz für die Bedürfnisse der Mitarbeiter, nicht bloß dem für das Geschäftsinteresse. Außerdem sollten Unternehmensleitungen ihrer Personalabteilung den ausdrücklichen Auftrag erteilen, im Interesse aller Beteiligten diese Rolle auszufüllen: Der Einsatz für Mitarbeiter und Teams ist kein Nullsummenspiel, das den Gewinn schmälert, sondern wesentliche Voraussetzung für Gesundheit und Gedeihen eines Unternehmens. Stabilität für die Mitarbeiter schafft Wachstum für den Arbeitgeber.

Hier ein Beispiel aus der Realität: Eine andere Personalerin, die ich interviewte, erzählte mir von einem Lokaltermin, den sie veranstaltet hatte. Sie hatte eine der Produktionsstätten ihres Unternehmens besucht und alle Mitarbeiter, die mit ihr sprechen wollten, zum Mittagessen eingeladen. Viele kamen auch, und es fehlte ihnen nicht an Fragen zur Karriereplanung, zu internen Aufstiegsmöglichkeiten, der Strategie des Unternehmens und der Anwerbung der richtigen Mitarbeiter. Meine Interviewpartnerin dachte bei sich, solche Gespräche wünsche sie sich öfter – offen, interessiert und engagiert. Gegen Schluss meinte einer der Mitarbeiter zu ihr: »Sie glauben jetzt bestimmt, wir wollen Ihnen schmeicheln, aber die Personalabteilung in diesem Unternehmen ist ganz anders als die bei jedem anderen Arbeitgeber, die wir kennen.«

»Was meinen Sie?«, fragte sie – sie wollte mehr darüber wissen, erklärte sie mir, weil sie einige Jahre zuvor noch keine solchen Rückmeldungen bekommen hatte. »Wieso ist die Personalabteilung hier anders?«

»Also«, erwiderte der Mitarbeiter, »Sie helfen uns! Wir melden uns bei Ihnen und danach ändert sich tatsächlich etwas. Sie bitten um Feedback von uns, wir geben Ihnen welches, und dann passiert wirklich etwas.«

Diese Personalabteilung zeichnete sich, mit anderen Worten, einfach dadurch vor allen anderen Personalabteilungen in der Erfahrung dieses Angestellten aus, dass ihre Mitarbeiter nach den Bedürfnissen der Belegschaft fragten und dann etwas unternahmen, um sie zu erfüllen, mit dem Ergebnis, dass sich die Angestellten ernst genommen fühlten. Für die Personaler unter uns ist das peinlich genug, weil die Qualitätsmaßstäbe, an denen die Mitarbeiter uns messen, offenbar viel niedriger sind, als wir uns einbilden. Aber es ist jedenfalls ein guter Ausgangspunkt für eine Neuaufstellung der Personalabteilung.

## *Den Weg ebnen*

Die ewige Spannung zwischen den Gestaltern unserer Welt einerseits und ihren Bewohnern andererseits zeigt sich an einer bestimmten interessanten Erscheinung in unseren Stadtlandschaften, zum Beispiel auch an einer Abzweigung in der Nähe meines Hauses. Hier treffen zwei Straßen im spitzen Winkel aufeinander, mit einem schmalen Dreieck aus Rasen zwischen den beiden aufeinandertreffenden Bürgersteigen. Fußgänger, die quer über den Rasen abkürzen, anstatt bis zur Spitze des Dreiecks zu gehen, haben hier einen schmalen Trampelpfad geschaffen, der Neuankömmlingen sagt: »Ja, hier kannst du abkürzen, das haben schon viele vor dir getan, und es ist ja auch sinnvoll«. Diese Art von den Benutzern selbst geschaffener Fußwege hat im Englischen einen besonderen Namen, der den Konflikt zwischen vorgeschriebenen Routen und unseren Wünschen ausdrückt: Sie heißen *desire path* (»Wunschpfad«).

Wenn man einmal auf diese Trampelpfade – die auch *desire lines, social trails* oder *cow paths* heißen, oder, in J.M. Barries fantastischer Wortprägung »Pfade, die sich selbst erschaffen« –, aufmerksam geworden ist, sieht man sie überall: in Parks, an Bushaltestellen, um Behördenhäuser, zwischen Universitätsbauten auf dem Campus und überall in frischgefallenem Schnee, und am besten erkennt man sie aus der Vogelschau.[119] Wenn man sich ein Luftbild oder eine Satellitenaufnahme zum Beispiel des großen Rasens vor einem Universitätsgebäude anschaut, kann man leicht einige Merkmale dieser *desire paths* festmachen.

Erstens gibt es viele davon: Man kann sich auf vielen Wegen von einem Ort zum anderen bewegen und die Planer einer Außenanlage denken nicht immer an alle. Zweitens sind sie meistens nicht gerade – selbst wenn wir ein ebenes Stück Boden überqueren, beschreiben wir eher sanfte Bögen statt gerader Linien, weil sich der Weg nach dem Ziel ausrichtet. Und drittens sind sie nicht besonders ordentlich oder symmetrisch. Sie kürzen zum Beispiel diagonal über Rasenflächen ab oder bevorzugen eine Seite eines Gebäudes vor der anderen – selbst wenn das Gebäude symmetrisch angelegt ist –, sodass ein Trampelpfad zu einer Seitentür führt, aber nicht zur anderen gegenüber, die ihr genau gleicht. Das liegt dann wohl daran, dass die eine Tür in einen interessanteren oder häufiger aufgesuchten Gebäudeteil führt als die andere, und die schrägen Wege über den Rasen deuten darauf hin, dass zu beiden Seiten des Rasens, und zwar an entgegengesetzten Ecken, Bereiche mit hohem Fußgängeraufkommen liegen. Solche improvisierten Trampelpfade berücksichtigen also mehr Informationen, als eine ordentliche, symmetrische Außenanlage liefert. Weil sie nach den Wünschen der Menschen entstehen, spiegeln sie unsichtbare menschliche Bedürfnisse wider. Sie sind Ortsballette, die in die Landschaft gezeichnet sind. Und sie sind auch ein Beleg dafür, dass die Menschen vor Ort mehr als die Gartenarchitekten über die Nutzung eines Gebäudes oder die Orte wissen, die am häufigsten aufgesucht werden.

Eine naheliegende Reaktion der Planer auf das Auftreten von *desire paths* wäre, bei der Eröffnung eines Gebäudes erst einmal gar keine Zugangswege anzulegen, sondern abzuwarten, wo sich welche entwickeln, und diese dann zu pflastern – bekannte Beispiel dafür gibt es an der Michigan State University und am Swarthmore College in Pennsylvania. Diese Umkehr der üblichen Reihenfolge – konkrete Maßnahmen als Reaktion auf das tatsächliche Verhalten der Nutzer, anstatt einfach hier oder dort Beton zu verlegen – führt zu einer interessanten Frage: Wie können wir unsere *desire paths* am Arbeitsplatz pflastern? Wie können wir die Methoden und Verhaltensweisen, die die Menschen von selbst entwickeln, besser berücksichtigen, anstatt ihnen unsere Lösungen von oben aufzuzwingen? Wie können wir ein Unternehmen von unten nach oben anstatt von oben nach unten aufbauen und führen?

Der erste Schritt in diese Richtung besteht in der Erkenntnis, dass improvisierte Trampelpfade und ihre Entsprechungen am Arbeitsplatz eine gute Sache und kein Fehler sind, der behoben werden müsste. Aber das muss man leider erst ausdrücklich verkünden. Jedes Unternehmen sieht mit großem Argwohn, wenn die Mitarbeiter anfangen, auf nicht offiziell genehmigte Weise zu arbeiten, und befürchtet Gefahren, sinkende Qualität und vor allem Verletzung der Standards. Es befürchtet, wenn die Mitarbeiter Aufgaben auf andere Weise erledigen als die sorgfältig entworfene, kontrollierte und auf sie zugeschnittene des Unternehmens – wenn sie also sozusagen quer über den Rasen laufen, weil das offensichtlich der einfachste Weg auf die andere Seite ist –, dann kann alles mögliche Böse und Schlechte passieren, und das Unternehmen wird darunter leiden. In der Realität gibt es genug Beispiele für improvisierte Trampelpfade, die mit Trassenband abgesperrt werden, und für Schilder, die einem untersagen, vom befestigten Weg abzuweichen. In der Arbeitswelt gilt dasselbe für improvisierte Trampelpfade im übertragenen Sinn, außer dass es hier kein Trassenband und keine Warnschilder gibt, sondern Software, die nicht genehmigt wird, oder nicht dem Standard entsprechende Mikrowellenöfen, die entfernt werden, oder Regeln und Grundsätze, die verhindern sollen, dass jemand auf gefährlichen Boden gerät.

Alle diese Verbote und Gegenmaßnahmen setzen voraus, dass die Gefahr, ein Mitarbeiter könne mit einer nicht vorgesehenen Arbeitsmethode Schaden anrichten, die Vorteile, die sich ergeben, wenn man den Mitarbeitern ihre Arbeit stärker selbst zu gestalten erlaubt, automatisch weit übertrifft. Das erscheint zunehmend übervorsichtig. Denken wir nur an die Apple-Angestellten, die, wie auch die zahllosen anderen Büroarbeiter in zahllosen anderen Unternehmen auf der ganzen Welt leidenschaftlich dafür plädierten, selbst entscheiden zu dürfen, wann sie zur Arbeit ins Büro kommen und wann sie lieber zu Hause arbeiten. Die Reaktion der Arbeitgeber auf diese Bitten waren zumindest bei Redaktionsschluss dieses Buchs ziemlich einheitlich: *Wir sehen den Trampelpfad, den ihr euch während der Covid-Maßnahmen angelegt habt,* sagen sie, *als wir keine andere Wahl hatten, als euch zu Hause arbeiten zu lassen. Aber diese Zeit ist jetzt vorbei, also sperren wir den Trampelpfad ab und stellen ein großes Schild davor, das euch mindestens drei Arbeitstage pro Woche im Büro vorschreibt. Wir haben entschieden, dass es so am besten für uns ist, und wir haben außerdem entschieden, dass alles, was gut für uns ist, auch gut für euch ist, und was auch immer ihr jetzt vorbringt, die Sache ist entschieden.* Diejenigen Mitarbeiter, die um die Möglichkeit bitten, sich so sehr wie möglich für das Unternehmen einzusetzen und zwar so, wie es ihnen am sinnvollsten vorkommt – »lassen Sie uns unser Bestes tun« – werden ohne Ansehen des Einzelfalls zum Gehorsam verpflichtet, und ihr ausdrücklicher Wunsch, ihr Unternehmen zu unterstützen, wird abgewiesen und als lächerlich abgetan.

Wie aber, wenn eine andere Einstellung vorherrschte? Was wäre, wenn Arbeitgeber die Ideen der Arbeitnehmer für neue Methoden, Problemlösungen oder Regeln als Zeichen des Engagements für das gemeinsame Interesse (anstatt als Zeichen von Aufmüpfigkeit) und als Gelegenheit sähen, etwas dazuzulernen? Dadurch würde der Weg geöffnet, rasch auf neue Entwicklungen vor Ort am Arbeitsplatz zu reagieren, Informationen in Echtzeit zu bekommen und die Ideen derjenigen zu nutzen, die tatsächlich die Arbeit tun. Wir würden anerkennen, dass die Mitarbeiter, wenn sie einen anderen Weg als den vorgeschriebenen nehmen, das wahrscheinlich tun, weil sie etwas über ihre Arbeit wissen, das den Chefs entgangen ist, und den Weg von A nach B besser kennen als sie.

Es würde alleine schon viel ausmachen, wenn sich die Unternehmen einfach dazu durchringen könnten, die improvisierten Trampelpfade der Mitarbeiter zu akzeptieren. Aber anzuerkennen, dass es sie gibt, geht noch nicht weit genug. Schritt 2 besteht darin, sie zu pflastern – sich zu überlegen, wie man die Arbeitsmethoden, die sich die Mitarbeiter selbst ausgedacht haben, zu erleichtern und abzusichern und sie vielleicht zu formalisieren. Um beim Beispiel der Heimarbeit zu bleiben – der Arbeitgeber würde dann seinen Angestellten vielleicht sagen: *Ihr wisst besser als wir, wo ihr am besten arbeiten könnt – aber weil die meiste Arbeit im Team stattfindet, sollten statt der einzelnen Mitarbeiter die Teams jeweils für die nächsten Monate entscheiden, wie oft ihre Mitglieder zu Hause oder im Büro arbeiten. Wir haben ein Programm ins Netz gestellt, mit dem ihr diese Entscheidung treffen und unserer Gebäudeverwaltung sagen könnt, wie viel Büroraum ihr braucht (falls überhaupt) und wann ihr ihn braucht, und das sicherstellt, dass alle Betroffenen ihre Meinung dazu sagen können. Trefft eure Entscheidung mithilfe dieses Programms und wir akzeptieren sie.* Würde ein Unternehmen diesen Ansatz wählen, wäre damit das Bedürfnis der Mitarbeiter, sich selbst auszusuchen, wo sie arbeiten, anerkannt und akzeptiert und wäre mit einem einfachen Ritual abgesichert, damit jeder sich an der Entscheidung beteiligen kann. Der Trampelpfad wäre sozusagen gepflastert.

In vielen Bereichen, die wir uns in diesem Buch bisher angeschaut haben, ist ein solcher improvisierter Trampelpfad verborgen, und viele Lösungsvorschläge, die wir besprochen haben, zeigen eine Möglichkeit auf, diese Wege zu pflastern. Das meine ich so:

Unser Bedürfnis nach Autonomie, das sich zum Beispiel im Widerstand der Mitarbeiter gegen einen Mikromanager oder dem Wunsch nach mehr Entscheidungsfreiheit zeigt, kann »gepflastert« werden, indem man mehr Freiraum schafft, indem man Rituale wie das Check-in einführt, die dann aber auch nicht sofort wieder gestrichen werden sollten, wenn viel zu tun ist und Hektik aufkommt, und indem man die Tagesordnung dieser Meetings auf den Kopf stellt, sodass die Untergebenen bestimmen, was besprochen wird.

Unser Bedürfnis nach Anerkennung von Kompetenz, das sich zum Beispiel zeigt, wenn ein Mitarbeiter von seinen Leistungen nicht erzählt, um damit anzugeben, sondern einfach, weil er sich darüber freut, kann »gepflastert« werden, indem man Beispiele ausgezeichneter Leistungen aus so vielen Bereichen und auf so viele verschiedene Arten wie möglich hervorhebt.

Unser Bedürfnis nach Zugehörigkeit und sozialen Beziehungen, das sich zum Beispiel zeigt, wenn ein neues Projekt mit einer Arbeitssitzung eingeleitet wird, bei der sich das neue Team im Büro trifft, kann »gepflastert« werden, indem man dabei ein paar Anekdoten aus der neueren Firmengeschichte erzählt.

Unser Bedürfnis nach einer Zukunft, der man vertrauen kann, wie es sich in der Stressbelastung in Zeiten des Wandels und unserer raschen Anhänglichkeit an unverwechselbaren Führungspersönlichkeiten zeigt, kann »gepflastert« werden, indem wir Manager einsetzen, die wissen, wie wichtig Berechenbarkeit und Verlässlichkeit in der Entscheidungsfindung und im Umgang mit den Mitarbeitern sind, und die erkennen, dass Unverwechselbarkeit bei einem Vorgesetzten, die ihn berechenbar macht, ihn bei Weitem beliebter macht als glatte Umgänglichkeit.

Unser Bedürfnis danach, die wirklichen Verhältnisse und Ereignisse zu kennen, das sich im Augenrollen angesichts der Floskeln des Managersprechs und den anschließenden Versuchen in Chatrooms zeigt, auszubaldowern, was sie jeweils zu bedeuten haben, kann »gepflastert« werden, indem man den Mitarbeitern in klaren Worten sagt, was vor sich geht, anstatt ihnen weismachen zu wollen, wie sie das finden sollen.

Unser Bedürfnis nach einer Strukturierung der Zukunft, das sich in festen wöchentlichen Terminen für dies und monatlichen Terminen für das äußert, kann »gepflastert« werden, indem man bestehende Rituale beachtet und die Mitarbeiter auffordert, sich eigene zu schaffen.

Und unser Bedürfnis, zu einer kleinen Kompanie zu gehören, in der unsere Fähigkeiten sich am besten entfalten können, und die uns mit den darin entstandenen persönlichen Beziehungen in Zeiten des Umbruchs einen Rückhalt bietet, kann »gepflastert« werden, indem wir das Team in den Mittelpunkt unserer Konzeption der Arbeit stellen und die Personalabteilung in den Dienst dieser Teams stellen.

Nur zu oft verordnet das Unternehmen den Mitarbeitern einen anderen Weg als denjenigen, den sie sich bereits selbst geschaffen haben, zwingt sie, ihn zu benutzen, und preist das dann als Verbesserung an. Stattdessen muss man den bereits bestehenden Trampelpfad verbessern, der längst die Verhältnisse vor Ort berücksichtigt. Das fängt immer damit an, dass die Manager sich fragen, was ihre Untergebenen brauchen, nicht, was sie selbst wollen, und sich, um das herauszufinden, anschauen, wie die Untergebenen arbeiten, wenn man sie sich selbst überlässt.

Der größte aller improvisierten Trampelpfade ist einer, der in eine neue Welt führt, der einen Ausweg aus dem bietet, was uns frustriert und aufhält. Das ist der Weg, der oft als »Wandel« bezeichnet wird, und es ist der Weg, den die Befragten meinten, wenn sie mir so optimistisch von »Möglichkeiten« und »Potenzial« erzählten. Aber wenn positive Veränderungen der größte aller improvisierten Trampelpfade sind, dann liegt letztlich die größte Ironie unserer Bemühungen um Wandel darin, wie oft diese Bemühungen gerade den positiven Wandel verhindern – wie oft sie in Chaos und Verwirrung resultieren und kaum je in Verbesserungen gegenüber dem Ausgangspunkt; wie oft sie bloß ein funkelnagelneues Gebäude sind, das mitten auf unseren ausgetretenen und geliebten Pfad gestellt wird und ihn völlig blockiert. Manager neigen oft dazu, ihre eigene Voraussicht, ihren Durchblick und ihre Genialität zu überschätzen, und unterschätzen dafür die umfassende kollektive Weisheit der Mitarbeiter am Arbeitsplatz, und im Ergebnis haben wir dann das endlose Durcheinander des Lebens im Mixer, das wir mit der schwachen Begründung erdulden sollen, das sei alles irgendwie eine gute Sache.

Echte Verbesserungen entstehen aus Stabilität, aus wohlverstandenen Bedingungen heraus, unter denen jeder Betroffene sein Bestes geben kann. Sie entstehen aus der Erkenntnis dessen heraus, was die menschliche Natur bereits vorgibt und wie man es am besten fördert. Und sie entstehen aus dem Eingeständnis heraus, dass andere Menschen möglicherweise einen besseren Weg als man selbst gefunden haben und dass unsere Aufgabe als Manager darin besteht, diesen Pfad, nachdem er durch die Schritte eines Benutzers nach dem anderen immer deutlicher in die Landschaft graviert worden ist, so gut wie möglich zu ebnen.

# Epilog: Verwurzelt

Es ist noch nicht lange her, dass ich an einem Frühlingstag zu einem Gespräch mit Laura Roberts fuhr.

Sie ist die Leiterin der Gartenbauabteilung am Van Vleck House and Gardens, einem ehemaligen Gutshaus, das jetzt eine wohltätige Stiftung beherbergt und dessen prachtvolle Gartenanlagen der Öffentlichkeit zugänglich sind – und das außerdem zufällig ganz in der Nähe meines Wohnorts liegt. Ich wollte mit ihr über eine Idee sprechen, die ich im Zusammenhang mit diesem Buch schon von Anfang an gehabt hatte, schon bevor ich auf die Geschichte von dem Bauern aus Sung gestoßen war, der dem Getreide wachsen helfen wollte, schon bevor ich anfing, mit Menschen aus der ganzen Welt über ihren Arbeitsalltag zu sprechen, und sogar schon, bevor ich angefangen hatte, über Arbeit, Wandel, Chaos und Stabilität nachzudenken. Ich wollte mit Laura Roberts über Wurzeln sprechen.

Kaum jemand kann, wie mir aufgefallen war, lange über Stabilität sprechen, ohne die Metapher der Wurzel zu bemühen. Wir sehnen uns nach Stabilität, schon – das sagt die

Forschung –, aber »Stabilität« klingt irgendwie mechanisch, künstlich, steril. Was wir wirklich wollen, ist das Gefühl, *verwurzelt* zu sein, am Boden verhaftet, sicher getragen. Wir wollen uns mit der Vergangenheit verbunden und gegenüber der Zukunft widerstandsfähig fühlen, eins mit der Natur und mit der Umwelt verwoben, einem Ort zugehörig und Teil eines gesunden Ökosystems sein.

Ich wollte mit Laura Roberts sprechen, um zu erfahren, ob es von den Wurzeln über die Bezeichnung für unser Bedürfnis hinaus noch mehr zu lernen gab – ob sie uns vielleicht noch mehr über das Aufmischen und das Wohlergehen von Unternehmen und Menschen sagen konnten.

Wir setzten uns in den Schatten vor ein Gewächshaus, wo wir die Vögel und die Gespräche anderer Besucher in der Ferne hören konnten, während Laura sprach. Zuerst müsse man verstehen, sagte sie, was für ein unzutreffendes Bild wir von Wurzeln oft haben. Vielleicht, weil wir sie nur sehen, wenn sie ausgegraben werden, denken wir an einen im Vergleich zur Pflanze selbst ziemlich kompakten Ballen – oder manchmal, aus der Überlegung heraus, dass ein großes senkrechtes Ding über der Erde auch ein großes senkrechtes Ding unter der Erde erfordere, um sich aufrechtzuhalten, eine einzige dicke Wurzel, die senkrecht in große Tiefe führt. Beides stimmt nicht. Stellen Sie sich ein Weinglas vor, so Laura, dessen Kelch die Krone darstellt, der Stiel den Stamm und der Fuß die Wurzeln eines Baums. Aber dann müsse man sich »den Fuß des Weinglases viel *breiter* als den Kelch« vorstellen. Dann sieht man die wahre Ausdehnung der Wurzeln vor sich.

Sie breiten sich flach im Boden aus, flach wie der Fuß des Weinglases, und es sind sehr viele, und sie reichen »mindestens bis zur Grenze der Tropfenzone« – also so weit wie die Zweige der Krone – »und gewöhnlich noch ein ganzes Stück weiter«.

Diese Wurzeln haben mehrere wichtige Funktionen. Einmal verankern sie die Pflanze natürlich im Boden und halten sie aufrecht und stabil. Sie dienen auch als Speicher für die bei der Fotosynthese erzeugten Zuckermoleküle; sie wandern in die größeren Wurzeln und werden dort eingelagert. Über die Wurzeln nimmt die Pflanze auch Wasser und Nährstoffe aus dem Boden auf, und zwar mithilfe von Fadenwurzeln mit nur einer Zelle Durchmesser. Wurzeln befördern das aufgesogene Wasser und die aufgenommenen Nährstoffe und eingelagerten Zuckermoleküle auch in die anderen Teile der Pflanze und sie dienen auch der Verständigung mit anderen Pflanzen. Gemeinsam mit symbiotischen Pilzen im Boden, den sogenannten *Mycorrhizae*, übertragen sie Signale in die Wurzelgeflechte von Nachbarpflanzen, wie Laura erklärte: »Wenn ein Baum von einer Insektenart befallen wird, reagieren die Bäume um ihn herum auf seine chemischen Alarmsignale, indem sie selbst verstärkt Abwehrstoffe bilden, bevor der Insektenbefall sie erreicht. Diese chemischen Signale werden manchmal in Form von Aerosolen durch die Luft ausgesandt, manchmal aber auch durch das Wurzelsystem. Bäume können einander auch helfen: Wenn ein Baum erkrankt, ernähren ihn die anderen, die über das Wurzelsystem und durch die Pilzmyzel mit ihm verbunden sind, weiter mit.«

Ich stellte die naheliegende Frage: Was geschieht mit einer Pflanze, deren Wurzelsystem auf irgendeine Weise geschädigt wird? Anstatt zu antworten, zeigte sie mir zwei Bäume.

Der erste Baum sah für meinen laienhaften Blick völlig in Ordnung aus. Er war ein bisschen über drei Meter hoch. Der Stamm wirkte am unteren Ende ein bisschen knubbelig – vielleicht zehn Zentimeter im Durchmesser –, auf Brusthöhe dagegen nur noch ungefähr halb so dick. Aber abgesehen davon hatte er Äste, Zweige und Blätter und alles, was man an einer Pflanze erwartet, und wirkte insgesamt ganz zufrieden, soweit eine Pflanze zufrieden sein kann.

Laura zeigte mir an einem der Äste die kleinen Narben – sie bezeichnete sie als *Endknospennarben* –, die anzeigten, wie weit der Baum in den vergangenen Jahren jeweils gewachsen war. Im laufenden Jahr hatte er, wie man erkennen konnte, ungefähr 10 Zentimeter zugelegt, im vergangenen Jahr dagegen 45 Zentimeter, im Jahr davor etwa 8 Zentimeter und davor um die 15 Zentimeter. Die Knospennarben für die Jahre davor waren inzwischen in der Rinde verschwunden. Aber dieser Baum hatte ganz offensichtlich kürzlich einen Wachstumsschub durchgemacht, nachdem er zuvor jedes Jahr nur wenig gewachsen war.

Dieser Baum, erklärte mir Laura, war vor ungefähr fünf Jahren umgepflanzt worden, nachdem er sich an seinem ehemaligen Standort schon gut eingelebt hatte.

Dann führte mich Laura einige Schritte weiter zu einem weiteren Baum derselben Art – aber er glich dem ersten so wenig, dass ich erst, als wir direkt davorstanden, merkte, dass er unser Ziel war. Dieser Baum war ungefähr genauso hoch wie der erste, vielleicht ein klein wenig höher, aber verblüffend viel massiver und dichter. Die Krone wirkte voller, der

Stamm war glatt und hatte vom Boden bis zu den ersten Ästen den gleichen Durchmesser. Hatte ich den ersten Baum für ganz gut in Schuss gehalten, so bot dieser Baum hier ein ganz anderes Bild davon, was gut in Schuss zu sein für eine Pflanze bedeutet. Er schien es beim Wachsen und Gedeihen viel leichter zu haben, und er schien mir auch viel mehr zu wachsen und besser zu gedeihen. Er wirkte, um es mit dem Wort zu beschreiben, das mir unwillkürlich dazu einfiel, *gesund.* Als Laura mir die Endknospennarben an diesem Exemplar zeigte, sah man, dass er jedes Jahr um ein Viertel mehr und viel gleichmäßiger als der andere Baum gewachsen war.

Auch dieser Baum war vor fünf Jahren umgepflanzt worden, erklärte Laura, aber da war er noch jung gewesen. Dieses Muster der unterschiedlichen Wachstumsraten bei verpflanzten Bäumen sei wohlbekannt und sogar in einem kleinen gereimten Merkspruch festgehalten, der genau das Wachstumsmuster beschreibt, das wir am ersten Baum gesehen hatten: Ein umgepflanzter Baum »sleeps, then creeps, then leaps« (»schläft erst, dann kriecht er, dann springt er«).

Laura erklärte weiter, einem Baum, der entwurzelt wird, um verpflanzt zu werden, könne noch mehr zustoßen. Die Symptome werden unter dem Namen *Verpflanzungsschock* zusammengefasst: der Baum kann austrocknen, die Blätter verfärben sich, oder er fällt in eine Art Dämmerzustand, in dem er zwar nicht stirbt, aber auch nicht richtig gedeiht, sondern vor sich hinkümmert. Alle diese Symptome seien letztlich auf das Wurzelsystem zurückzuführen, das bestimme, ob eine Pflanze ihre Bedürfnisse erfüllen kann. Das Wachstumsmuster des ersten Baums ging unmittelbar auf die Schäden zurück, die seinen Wurzeln beim Umsetzen zugefügt worden waren. Weil das Wurzelsystem so ausgedehnt ist, sind solche Schäden unvermeidlich, wenn man den Wurzelballen ausgräbt. Etwa 80 Prozent der Wurzeln eines Baums – oder jeder anderen Pflanze, die umgesetzt wird , werden dabei gekappt.

Der Grund, warum jüngere Bäume nach einer Umpflanzung schneller wieder gedeihen, liegt darin, dass ihr Wurzelgeflecht noch nicht so weit entwickelt ist und sie daher weniger Versorgungskapazität verlieren. Außerdem brauchen sie weniger Nährstoffe und Wasser als große Bäume, weil sie kleiner sind. Wenn dagegen ältere Bäume verpflanzt werden, die bereits besser eingewurzelt sind, verlieren sie von allem mehr – mehr Stabilität, mehr Speicher, mehr Wasseraufnahme, mehr Leitungskapazität, mehr Kommunikation. Bevor sie oberirdisch weiterwachsen können, müssen sie zuerst ihr Wurzelgeflecht neu aufbauen, um unterirdisch die Voraussetzungen dafür zu schaffen.

Je länger man einen Baum in Ruhe lässt, desto stärker ist sein Wurzelgeflecht. Und je länger man einen Baum in Ruhe lässt, desto mehr tut er für die Umwelt. Er hilft beim Kampf gegen Umweltverschmutzung, erzeugt Sauerstoff, bindet Kohlendioxid, nimmt Hochwasser auf, kühlt die Umgebung und bietet Schutz und Nistplätze für Vögel und andere Tiere. Für viele Tierarten spielt er eine entscheidende Rolle in der Nahrungskette, weil er zahlreiche Insektenarten beherbergt und außerdem Samen, Früchte, Nüsse oder Nektar als Futter bietet. Ein alter Baum ist ein ungeheuer produktives Mitglied des Ökosystems, mit anderen Worten – und zwar, weil er Zeit hatte, seine Rolle darin aufzubauen.

Und auch, was die Schönheit angeht, sind ältere, gut eingewurzelte Bäume überlegen, weil sie Zeit gehabt haben, schön zu werden. Laura erklärte: »Wenn man einen Setzling pflanzt und ihm Zeit zu wachsen, sich zu entwickeln und zu reifen gibt, kommt der wahre Charakter der Pflanze zum Vorschein – die natürliche Form, ihre absolute Schönheit. Man verliert einfach ungeheuer viel, wenn man ihn verpflanzt.«

Das also haben mich die Wurzeln gelehrt: Wenn man einem lebenden Wesen die Verwurzelung in dem Boden, dem es seine Gesundheit verdankt, nimmt, dann leidet es und muss kämpfen, und dessen Gemeinschaft leidet ebenso.

Wurzeln leisten ihren Beitrag im Unsichtbaren, unter der Erde. Ebenso ist auch vieles, was der menschlichen Gesundheit dient, unsichtbar im Gehirn am Werk. Aber diese psychischen Wurzeln unterstützen uns in vieler Hinsicht ebenso wie die physischen Wurzeln eine Pflanze – unsere menschlichen Beziehungen, unsere Handlungsfreiheit, die Erkenntnis des Sinns und das Vertrauen in die Zukunft unterstützen unsere Gesundheit und Produktivität. Unsere menschlichen Wurzeln brauchen wie Baumwurzeln Zeit, um sich zu entwickeln, und nehmen leicht Schaden. Wie der erste Baum, den ich mir ansah, können wir uns von einer Entwurzelung erholen, aber es dauert lange, die Lebenskraft zurückzugewinnen und unser volles Wachstum wiederaufzunehmen.

Dass all das unsichtbar bleibt, ist allerdings ein Problem, weil wir dazu neigen, das, was man nicht sieht, gering zu schätzen. Wir können die Gesundheit einer blühenden Pflanze erkennen, aber nur als erfahrener Gärtner kann man wirklich erkennen, welchen entscheidenden Beitrag ihre Wurzeln zu ihrer Gesundheit leisten. Wir können die Schönheit eines gut eingewurzelten Baums erkennen, aber wenn man nicht weiß, wo man schauen muss, ist man sich seines Beitrags zum Ökosystem nicht bewusst. Bei der Arbeit schafft fehlendes Bewusstsein dafür, was Menschen Halt gibt, und dafür, wie die einzelnen Menschen allmählich zu einem Ökosystem zusammenfinden, die Voraussetzungen für ständigen Wandel und Aufmischerei, die deshalb wiederum so schädlich sind.

Der Grund, warum Unternehmen existieren, besteht darin, dass sie Leistungen erbringen können, die kein einzelner Mensch schafft. Die wertvollsten Aspekte an einem Unternehmen sind wie in einem Garten die Gesundheit der einzelnen Pflanzen darin und das Ergebnis dieser Gesundheit: die Verflechtung und die Netzwerke, die aus einzelnen Menschen eine Gemeinschaft machen. Beide beruhen auf Stabilität – auf Verwurzelung.

Heutzutage werden wir von der Arbeit entwurzelt, oft genug sinnlos und in noch viel mehr Fällen rücksichtslos. Wir leiden an der menschlichen Version des Verpflanzungsschocks – wir versuchen unaufhörlich, neue Quellen für Stabilität und Nährstoffe zu finden, bevor die nächste Entwurzelung zuschlägt.

Das ist es, was 25 Jahre der Besessenheit vom Wandel nicht beachtet haben. Wir sind keine austauschbaren, seelenlosen EAN-Mitarbeiter. Wir sind lebende Wesen, mit all dem Improvisationstalent, der Erfindungsgabe und Wärme, den Enttäuschungen, der Unordnung und den Ängsten und den seltsamen Eigenheiten, Gewohnheiten, Bedürfnissen und

Freuden, die zu lebenden Wesen gehören. Sie als lästig abzutun, funktioniert nicht, weil der Mensch, wenn man nicht auf diese universellen Bedürfnisse achtet, längst nicht so gut arbeitet, wie er könnte.

Auch wenn unsere Chefs das manchmal zu glauben scheinen, kann man Gesundheit und Wachstum der Mitarbeiter nicht vorschreiben. Wenn man an den Setzlingen zieht, um dem Getreide beim Wachsen zu helfen, wie es der alte chinesische Bauer tat, reißt man ihnen nur die Wurzeln ab, sodass sie welken statt zu wachsen. Wir, die wir uns um stärkere Arbeitsplätze, stärkere Familien und eine stärkere Gesellschaft bemühen, haben daher die Pflicht, uns um die Wurzeln zu kümmern – die Bedingungen zu erkennen und zu schaffen, unter denen Menschen gedeihen – und dann zurückzutreten und die Menschen in Ruhe gedeihen zu lassen.

Ich fragte Laura, ob sie ihre Rolle auch so verstehe – dass sie nicht primär die Aufgabe habe, die Pflanzen zum Wachsen zu bringen, sondern den Pflanzen zu geben, was sie brauchen, um von selbst zu wachsen. »Das stimmt«, meinte sie. »Man kann immer nur bis zu einem gewissen Grad von außen einwirken und sagen: ›Das habe ich getan.‹ Die Pflanze muss von selbst ihren Teil tun, wenn ich ihr gegeben habe, was sie braucht.«

*Was* aber sagt sie dann zu sich selbst, wollte ich wissen, wenn sie beim Blick über die Landschaft um sich herum nicht sagen kann: »Das habe ich getan«?

Laura lächelte; die Antwort kam schnell und war so fröhlich und sonnig wie der Garten, in dem wir standen:

»Ist das nicht wunderschön?«

# Danksagung

Bücher werden im Team geschrieben. Vielleicht nicht in dem Sinn, wie eine Sportmannschaft als Team spielt oder ein neues Produkt von einem Team erarbeitet wird – jeder kennt die Identität und die Rolle aller Teamkollegen von Anfang bis Ende des Prozesses – , aber doch in dem Sinn, dass man etwas Bestimmtes in die Welt setzt, das keiner der Beteiligten alleine geschafft hätte, und vor allem im Sinn einer Gruppe Menschen, die die stabile Grundlage bilden, auf der das Unterfangen überhaupt möglich wird.

Meinen tiefsten Dank daher an alle Mitglieder des Teams »Das Problem mit dem Wandel«.

Crystal Hawks und Reed Kojic danke ich fürs Zuhören, als ich ihnen die ersten Fünkchen einer Idee vorstellte und sie mich ermutigten, etwas daraus zu machen.

Jean McAskill und Myda Acevedo danke ich für die Fortsetzung unserer Check-ins auch nach meiner Zeit bei Cisco, sodass ich mein wertvollstes Arbeitsplatzritual beibehalten konnte – und für ihre grenzenlose Begeisterung für dieses Projekt.

Roxanne Bisby Davis danke ich, weil sie darauf geachtet hat, dass ich die Cisco-Daten zuverlässig wiedergegeben habe. Und ich danke ihr für den Beweis, dass eine vertrauensvolle berufliche Zusammenarbeit und eine tiefe, dauerhafte Freundschaft oft ein und dasselbe sind.

Mary Williams danke ich für ihren Fleiß, ihre Gründlichkeit und ihre Hartnäckigkeit bei der Cisco-Studie zur Unverwechselbarkeit von Managern. Ohne sie wäre diese Studie nicht zustande gekommen.

Fran Katsoudas danke ich für ihre Erkenntnis, wie wichtig Teams sind, und weil sie mir gestattet hat, den wertvollen Bestand an Forschungsdaten bei Cisco der Öffentlichkeit zugänglich zu machen.

Adam Grant danke ich für seine Anleitung in Fragen der sozialwissenschaftlichen Fachliteratur – und für die unermüdliche Aufmerksamkeit und Großzügigkeit, die er dabei bewies.

Adrienne Fretz danke ich für ihre tiefe Freundschaft und echte Partnerschaft und für die vielen Stunden, die sie damit verbracht hat, den Text durchzugehen und zu kommentieren. Hoffentlich arbeiten wir noch lange zusammen!

Marcus Buckingham danke ich für das Gegenlesen der ersten Fassung meines Manuskripts. Er hat sofort erkannt, was ich sagen wollte. Und ich danke ihm für viele Jahre einer Freundschaft, die wertvoller sind, als sich mit Worten sagen lässt.

Shilpa Batra danke ich für die unermüdliche Ermutigung und das viele Brainstorming unterwegs.

Stacia Garr und Dani Johnson von RedThread Research danke ich für ihre Neugierde, ihre Begeisterung und ihre grenzenlose Großzügigkeit des Geistes, von der ich neben so vielen anderen profitieren durfte.

Marin Alsop, Elise Keith, Todd Jick, Michael Norton und Laura Roberts danke ich für ihre Zeit, ihre Erkenntnisse und ihr Fachwissen.

Allen meinen ungenannten Interviewpartnern danke ich für die Einblicke in ihre Arbeitswelt, die mich den Text mit Beispielen beleben ließen.

Rafe Sagalyn, meinem unvergleichlichen Agenten, danke ich für seine Vision, seine Klugheit, seinen Glauben an mich und dafür, dass er immer nur mit dem Besten zufrieden war. Seine geniale Gabe, die großen Zusammenhänge zu erkennen, hat dieses Buch geformt. Danke auch für die E-Mail vom 1. Juni 2022, 10:41 Uhr, die mich zu Tränen rührte.

Talia Krohn, meiner unvergleichlichen Redakteurin, danke ich für ihre unheimliche Fähigkeit, besser als ich selbst zu wissen, was ich ausdrücken wollte, für ihre stets paraten Erkenntnisse und Ideen und für die Sorgfalt, mit der sie auf den Zusammenhang der Darstellung und der Argumentation geachtet hat. Die Zusammenarbeit mit ihr hat vom ersten Tag nur Freude gemacht.

Katherine Akey, Julianna Lee, Karina Leon, Michael Noon, Lauren Ortiz, Richard Slovak und dem ganzen Team beim Verlag Little, Brown Spark danke ich für ihre umfassende Professionalität. Sie ließen eine schwierige Aufgabe sehr leicht aussehen.

Geraldine Collard von Ebury danke ich, weil sie immer Zeit hatte, mir zuzuhören und Ratschläge zu geben – und weil sie die besten Lokale in London kennt, wo man einander zuhören und beraten kann!

Mark Fortier, Lisa Barnes, Rebecca Proulx und allen anderen bei Fortier PR danke ich, dafür, dass sie vom ersten Augenblick an dieses Projekt geglaubt und es mit so viel ansteckender Energie betrieben haben.

Sarah, Adam, Jacob und Izzie sowie Hannah, Nigel, Thomas und Holly danke ich dafür, dass sie mir gezeigt haben, wie sich in guten Team-Familien alle umeinander kümmern, komme was wolle.

Meiner Mum danke ich dafür, dass sie immer wieder nachgefragt hat, wie das Buch vorangehe, fürs Häkchensetzen und dafür, dass sie – einmal Englischlehrerin, immer Englischlehrerin – den Tippfehler gefunden hat, der allen anderen entgangen war.

William danke ich für Hilfe in Computerfragen und dafür, dass er uns allen Hoffnung gegeben hat, die Zukunft der Arbeitswelt werde besser aussehen als die Gegenwart.

Und Tina, meiner wunderbaren und angebeteten Frau, danke ich dafür, dass sie der Faden ist, der sich durch dieses ganze Buch und seine Entstehung zieht. Sie hat sich als Erste dafür ausgesprochen, es zu schreiben, und in ihrer Unterstützung nie nachgelassen. Ohne sie gäbe es dieses Buch nicht, und es ist mir eine Ehre, es ihr zu widmen.

# Über den Autor

**Ashley Goodall** ist Experte für Personalführung und hat seine Karriere der Erforschung des Innenlebens großer Unternehmen gewidmet, zuletzt als Manager bei Cisco. Mit seinen aus den Verhältnissen in der realen Welt gezogenen Lehren möchte er Mitarbeitern und Teams helfen, gute Arbeit zu leisten, und zur menschlicheren Gestaltung der Arbeitswelt beitragen.

Ashley Goodall hat gemeinsam mit Marcus Buckingham *Neun Lügen über die Arbeit* verfasst, das von der Zeitschrift *Strategy + Business* 2019 zum Managementratgeber des Jahres gewählt wurde und im selben Jahr bei Amazon auf die Bestenliste in der Sparte Business und Unternehmensführung kam. Außerdem hat er zwei Titelgeschichten für die *Harvard Business Review* verfasst: »The Feedback Fallacy« – der meistgelesene Artikel 2019 in der *Harvard Business Review* – und »Reinventing Performance Management«.

Seine ersten Erfahrungen mit Teams und ihrer Führung machte er als Musiker und Dirigent während des Studiums. Fasziniert beobachtete er hier das instinktive Zusammenspiel von Menschen, die gemeinsam musizieren, und später genauso fasziniert das von Teammitgliedern am Arbeitsplatz, die gemeinsam eine Aufgabe lösen. Zuletzt war er sechs Jahre lang stellvertretender Leiter der Personalabteilung bei Cisco, wo er sich an führender Stelle mit einigen der schwierigsten Probleme in der Personalführung, der Teamarbeit und der Arbeitsforschung befasste: Was macht ein Team hervorragend? Warum folgen wir dem einen Manager, aber nicht dem anderen? Wie kann man verlässlich messen, wie Angestellte ihre Arbeitsumgebung erleben? Welche Faktoren kann man am Arbeitsplatz überhaupt messen, und auf welche davon kommt es an? Und wie können wir die Erkenntnisse daraus in unseren Umgang mit Menschen und Systemen einbauen?

Vor seiner Zeit bei Cisco war Ashley Goodall 14 Jahre lang als Unternehmensberater und als Chief Learning Officer for Leadership and Professional Development bei Deloitte tätig.

Seine bahnbrechenden neuen Ansätze in der Arbeitsforschung wie in den Bereichen Leistungsmanagement, Kritik und Rückmeldungen, technische Verfahren zur Verbesserung des Engagements im Team, Beobachtung von Teamarbeit in Echtzeit, Kartierung sozialer Netzwerke und an persönlichen Stärken orientierter Personalführung stellen einen Großteil der konventionellen Weisheiten der heutigen Arbeitswelt infrage.

# Endnoten


1 Mencius, trans. D. C. Lau, rev. ed. London: Penguin 2004, 33. Deutsche Fassung aus: Mong Dsi (Mong Ko). Aus dem Chines. verdeutscht u. erläutert v. Richard Wilhelm. Jena: Eugen Diederichs 1916, 29.

2 Jill Lepore, »The Disruption Machine«, New Yorker, 23. Juni 2014. https://www.newyorker.com/magazine/2014/06/23/the-disruption-machine.

3 Siehe »Stanford LEAD Online Business Program«, Stanford Graduate School of Business, eingesehen 6. Juni 2022, https://www.gsb.stanford.edu/exec-ed/programs/stanford-lead/curriculum/courses/design-disruption; »Change, Disruption, and Growth«, eCornell, eingesehen 6. Juni 2022, https://ecornell.cornell.edu/courses/leadership-and-strategic-management/change-disruption-and-growth/; »Digital Disruption & Technology Transformation«, ColumbiaBusiness School, eingesehen 28. August 2023, https://courses.business.columbia.edu/B8601; »Disruptive Strategy«, Harvard Business School Online, eingesehen 6. Juni 2022, https://online.hbs.edu/courses/disruptive-strategy/.

4 Ted Cross, »Disruptive Innovation Goes to Business School: Is the MBA Dead?«, The Evolllution: A ModernCampus Illumination, 3. März 2020. https://evolllution.com/programming/program_planning/disruptive-innovation-goes-to-business-school-is-the-mba-dead.

5 Alan Lewis und Dan McKone, »So Many M&A Deals Fail Because Companies Overlook This Simple Strategy«, Harvard Business Review, 10. Mai 2016. https://hbr.org/2016/05/so-many-ma-deals-fail-because-companies-overlook-this-simple-strategy

6 Roger L. Martin, »M&A: The One Thing You Need to Get Right«, Harvard Business Review, Juni 2016. https://hbr.org/2016/06/ma-the-one-thing-you-need-to-get-right.

7 Jeffrey Pfeffer, Interview in Melissa de Witte, »Why Are There So Many Tech Layoffs, and Why Should We Be Worried? Stanford Scholar Explains«, Stanford News, 5. Dezember 2022. https://news.stanford.edu/2022/12/05/explains-recent-tech-layoffs-worried/.

8 Arnoud Arntz, Marleen van Eck und Peter J. de Jong, »Unpredictable Sudden Increases in Intensity of Pain and Acquired Fear«, Journal of Psychophysiology 6 (1992), 54–64. https://www.researchgate.net/publication/235929210_Unpredictable_sudden_increases_in_intensty_of_pain_and_acquired_fear.

9 Archy O. de Berker et al., »Computations of Uncertainty Mediate Acute Stress Responses in Humans«, Nature Communications 7 (2016). https://doi.org/10.1038/ncomms10996.

10 Martin E. P. Seligman, Helplessness: On Depression, Development, and Death, San Francisco: W. H. Freeman 1975, 112.

11 Ebd., 115.

12 Ebd., 113.

13 Arie W. Kruglanski und Donna M. Webster, »Motivated Closing of the Mind: ›Seizing‹ and ›Freezing‹«, Psychological Review 103 (1996), 264. https://doi.org/10.1037/0033-295X.103.2.263.

14 Ebd., 265.

15 Das Milgram- und das Stanford-Gefängnis-Experiment, die inzwischen beide infrage gestellt worden sind. Siehe zum Beispiel Tori DeAngelis, »Psychologists Add Caveat to ›Blind Conformity‹ Research«, Monitor on Psychology 44 (2013), 9. https://www.apa.org/monitor/2013/02/blind-conformity.

16 Seligman, Helplessness, 22.

17 Herbert M. Lefcourt, Locus of Control: Current Trends in Theory and Research (Hillsdale, NJ: Lawrence Erlbaum Associates, 1976), 3–6, zitiert in Thomas J. Peters und Robert H. Waterman, Jr., In Search of Excellence: Lessons from America's Best-Run Companies, New York: Harper & Row 1982, xxi.

18 Seligman, Helplessness, 22 f.

19 Spencer Johnson, Who Moved My Cheese? New York: G. P. Putnam's Sons 1998. Dt. Ausgabe: Die Mäusestrategie für Manager. München: Ariston 2019.

20 Seligman, Helplessness, 32.

21 Johnson, Cheese, 44.

22 Jeffrey Pfeffer, Dying for a Paycheck, New York: Harper Business 2018, 46 f. , 149.

23 Jonathan Haidt und Judith Rodin, »Control and Efficacy as Interdisciplinary Bridges«, Review of General Psychology 3 (1999), 326. https://doi.org/10.1037/1089-2680.3.4.317.

24 Ebd., 327.

25 Erik Gonzalez-Mulé und Bethany Cockburn, »Worked to Death: The Relationships of Job Demands and Job Control with Mortality«, Personnel Psychology 70 (2016), 73–112. https://doi.org/10.1111/peps.12206.

26 Chris H. J. Hartgerink et al., »The Ordinal Effects of Ostracism: A Meta-Analysis of 120 Cyberball Studies«, PLoS ONE 10 (2015), 2. https://doi.org/10.1371/journal.pone.0127002.

27 Siehe ebd., 4, zu den verschiedenen Messgrößen.

28 Ebd., 10.

29 Roderick Floud, Height, Weight and Body Mass of the British Population since 1820 (Historical Paper 108), National Bureau of Economic Research, Cambridge, MA, Oktober 1998, 9. https://www.nber.org/system/files/working_papers/h0108/h0108.pdf.

30 Roy F. Baumeister und Mark R. Leary, »The Need to Belong: Desire for Interpersonal Attachments as a Fundamental Human Motivation«, Psychological Bulletin 117 (1995), 497. https://doi.org/10.1037/0033-2909.117.3.497.

31 Ebd., 500.

32 Ebd., 507.

33 Sarah D. Sparks, »Student Mobility: How It Affects Learning«, Education Week, 11. August 2016. https://www.edweek.org/leadership/student-mobility-how-it-affects-learning/2016/08.

34 Debra Viadero, »Findings«, Education Week, 4. September 1996. https://www.edweek.org/leadership/findings/1996/09/.

35 R. I. M. Dunbar, »Gossip in Evolutionary Perspective«, Review of General Psychology 8 (2004), 109. https://doi.org/10.1037/1089-2680.8.2.100.

36 Roy F. Baumeister, Liqing Zhang und Kathleen D. Vohs, »Gossip as Cultural Learning«, Review of General Psychology 8 (2004), 113, 119. https://doi.org/10.1037/1089-2680.8.2.111.

37 Dunbar, »Gossip«, 109.

38 Edmund Burke, Reflections on the Revolution in France (1790), ND New York: Oxford University Press 2009, 47. Dt. Ausgabe: Edmund Burke, Betrachtungen über die Französische Revolution. Gedanken über die französischen Angelegenheiten (Bibliothek des skeptischen Denkens), Warendorf: J.G. Hoof 52017.

39 Joseph K. Barnes (Hg.), The Medical and Surgical History of the War of the Rebellion (1861–65), Bd. 1, Buch 1, Washington, DC: Government Printing Office 1870.

40 Susan J. Matt, »Home, Sweet Home«, New York Times, 19. April 2012. https://archive.nytimes.com/opinionator.blogs.nytimes.com/2012/04/19/.

41 Maria Lewicka, »Place Attachment: How Far Have We Come in the Last 40 Years?«, Journal of Environmental Psychology 31 (2011), 216. https://doi.org/10.1016/j.jenvp.2010.10.001.

42 John Bowlby, A Secure Base (New York: Basic Books, 1988), 62.

43 Lewicka, »Place Attachment«, 225.

44 Lewicka, »Place Attachment«, 218; siehe auch Maria Lewicka, »On the Varieties of People's Relationships with Places: Hummon's Typology Revisited«, Environment and Behavior 43, no. 5 (September 2011): 676–709. https://doi.org/10.1177/0013916510364917.

45 Jane Jacobs, The Death and Life of Great American Cities, rev. ed. (New York: Modern Library, 2011), 66–67.

46 David Seamon, »Body-Subject, Time-Space Routines, and Place-Ballets«, in: The Human Experience of Space and Place, hg. v. Anne Buttimer und David Seamon, London: Routledge 1980, 160.

47 Ebd., 163.

48 Lewicka, »Place Attachment«, 226.

49 Steven J. Heine, Travis Proulx und Kathleen D. Vohs, »The Meaning Maintenance Model: On the Coherence of Social Motivations«, Personality and Social Psychology Review 10 (2006), 89. https://www.researchgate.net/publication/7014223_The_Meaning_Maintenance_Model_On_the_Coherence_of_Social_Motivations.

50 Ebd., 90.

51 Ebd., 95.

52 Thomas Gilovich, How We Know What Isn't So: The Fallibility of Human Reason in Everyday Life, New York: Free Press 1991, 9.

53 Nancy Pennington und Reid Hastie, »Explaining the Evidence: Tests of the Story Model for Juror Decision Making«, Journal of Personality and Social Psychology 62 (1992), 189–206. https://doi.org/10.1037/0022-3514.62.2.189.

54 Niklas Karlsson, George Loewenstein und Jane McCafferty, »The Economics of Meaning«, Nordic Journal of Political Economy 30 (Februar 2004): 69. https://www.cmu.edu/dietrich/sds/docs/loewenstein/economicsMeaning.pdf.

55 Viktor E. Frankl, Man's Search for Meaning: An Introduction to Logotherapy, Boston: Beacon Press 1962. Dt. Ausgabe: ...trotzdem Ja zum Leben sagen. Ein Psychologe erlebt das Konzentrationslager, München: Kösel 2024.

56 Abraham H. Maslow, The Farther Reaches of Human Nature, New York: Viking 1971, 279.

57 Brent D. Rosso, Kathryn H. Dekas und Amy Wrzesniewski, »On the Meaning of Work: A Theoretical Integration and Review«, Research in Organizational Behavior 30 (2010), 96–97.

58 Ebd., 100.

59 Ebd., 101.

60 Ebd., 109.

61 Tami Kim et al., »Work Group Rituals Enhance the Meaning of Work«, Organizational Behavior and Human Decision Processes 165, no. 4 (Juli 2021): 199. https://doi.org/10.1016/j.obhdp.2021.05.005.

62 Karlsson, Loewenstein und McCafferty, »The Economics of Meaning«, 68.

63 Accenture, eingesehen 17. Oktober 2024. https://www.accenture.com/us-en/about/inclusion-diversity-index.

64 EY, eingesehen 10. Februar 2022. https://www.ey.com/en_us/purpose.

65 KPMG, eingesehen 17. Oktober 2024. https://kpmg.com/xx/en/about/our-values.html.

66 Milton Friedman, »A Friedman Doctrine — the Social Responsibility of Business Is to Increase Its Profits«, New York Times, 13. September 1970, SM17 https://www.nytimes.com/1970/09/13/archives/a-friedman-doctrine-the-social-responsibility-of-business-is-to.html.

67 Thomas J. Peters und Nancye Green, Tom Peters' Compact Guide to Excellence, Washington, DC: Ideapress Publishing 2022, Introduction.

68 Marcus Buckingham und Ashley Goodall, Nine Lies About Work, Boston: Harvard Business Review Press 2019, 153.

69 Elon Musk, in einer Textnachricht, die im Rahmen der Beweisaufnahme für den Prozess um die Twitter-Übernahme veröffentlicht wurde: Twitter, Inc. v. Elon R. Musk et al., Beweisstück H: Textnachricht vom 7. April 2022, 19:40:18 (CDT). https://www.documentcloud.org/documents/23112929-elon-musk-text-exhibits-twitter-v-musk, 16.

70 Chip Heath, »On the Social Psychology of Agency Relationships: Lay Theories of Motivation Overemphasize Extrinsic Incentives«, Organizational Behavior and Human Decision Processes 78 (1999), 25–62.

71 Trackingprogramme überwachen jede Sekunde der Aktivität eines Nutzers an seinem Computer. Sie verfolgen, ob er sich auf den Bildschirm konzentriert, zählen Tastenanschläge und Mausklicks mit und berechnen den Anteil der aktiven Arbeitszeit. Seit der Covid-19-Epidemie sind sie sehr im Kommen. Eine beklemmende Vorführung bieten Jodi Kantor und Arya Sundaram, »The Rise of the Worker Productivity Score«, New York Times, 14. August 2022. https://www.nytimes.com/interactive/2022/08/14/business/worker-productivity-tracking.html.

72 Josh Bivens und Jori Kandra, »CEO Pay Has Skyrocketed 1,460% since 1978«, Economic Policy Institute, 4. Oktober 2022. https://www.epi.org/publication/ceo-pay-in-2021/.

73 Dacher Keltner, »The Power Paradox«, Greater Good Magazine, 1. Dezember 2007. https://greatergood.berkeley.edu/article/item/power_paradox.

74 Ebd.

75 Jerry Useem, »Power Causes Brain Damage«, The Atlantic, Juli/August 2017. https://www.theatlantic.com/magazine/archive/2017/07/power-causes-brain-damage/528711/.

76 Seligman, Helplessness, 42.

77 Rutger Bregman, Humankind: A Hopeful History, New York: Little, Brown 2020, 69.

78 »Thoughts on Office-Bound Work«, Apple Together, eingesehen 14. Mai 2022. https://appletogether.org/hotnews/thoughts-on-office-bound-work.html.

79 Emma Goldberg, »Laid Off in Your Living Room: The Chaos of Remote Job Cuts«, New York Times, 25. Januar 2023. https://www.nytimes.com/2023/01/25/business/layoffs-remote-work.html.

80 Zitiert in Jeff Himmelman, »The Red Flag in the Flowerpot«, New York Magazine, 27. April 2012. https://nymag.com/news/features/ben-bradlee-2012-5/.

81 Robert I. Sutton, »Why Bosses Should Ask Employees to Do Less – Not More«, Wall Street Journal, 25. September 2022. https://www.wsj.com/articles/bosses-staff-employees-less-work-11663790432.

82 Siehe Buckingham und Goodall, Nine Lies, Kap. 6, für eine detaillierte Besprechung.

83 Marcus Buckingham und Ashley Goodall, »The Feedback Fallacy«, Harvard Business Review, März/April 2019. https://hbr.org/2019/03/the-feedback-fallacy.

84 Pfeffer, Dying for a Paycheck, 158.

85 Albert Bandura, »Self-Efficacy: Toward a Unifying Theory of Behavioral Change«, Psychological Review 84 (1977), 195. https://doi.org/10.1037/0033-295X.84.2.191.

86 Salvador Rodriguez und Jeff Horwitz, »Facebook+ Parent Meta Gives Thousands of Workers Subpar Reviews«, Wall Street Journal, 17. Februar 2023. https://www.wsj.com/articles/og-mark-returns-at-meta-as-facebook-parent-gives-thousands-of-staff-subpar-reviews-56e648b4.

87 Priyanka Mehrotra und Stacia Garr, »Final Report: 2023 Performance Management Trends: The Rise of Employee Expectations«, RedThread Research, 24. Januar 2023. https://members.redthreadresearch.com/posts/performance-management-trends-the-rise-of-employee-expectations.

88 David Remnick, »Postscript: Benjamin C. Bradlee (1921 – 2014)«, New Yorker, 21. Oktober 2014. https://www.newyorker.com/news/news-desk/postscript-benjamin-c-bradlee.

89 Robyn Fivush, Marshall Duke und Jennifer Bohanek, »›Do You Know…‹: The Power of Family History in Adolescent Identity and Well-Being«, Studie am Marial Center der Emory University, Atlanta, 23. Februar 2010. https://ncph.org/wp-content/uploads/2013/12/The-power-of-family-history-in-adolescent-identity.pdf

90 John McPhee, The Headmaster, New York: Farrar, Straus and Giroux 1966, 18.

91 Mike Isaac and Sheera Frenkel, »Out with the Facebookers: In with the Metamates,« New York Times, 15. Februar 2022. https://www.nytimes.com/2022/02/15/technology/metamates-meta-facebook.html.

92 Lewis Carroll, Through the Looking Glass, New York: Dodge Publishing Company, ca. 1909, 103.

93 »Digital Transformation«, Bain & Company, eingesehen 28. Januar 2022. https://www.bain.com/consulting-services/digital-transformation/.

94 Apollo Global Management, Anzeige im Internet, 14. November 2022.

95 Sylvia Varnham O'Regan, »Meta Exec to Managers: ›Exit‹ People Who Can't Get on Track«, The Information, 12. Juli 2022. https://www.theinformation.com/brief ings/meta-exec-to-managers-exit-people-who-cant-get-on-track.

96 Andrew Beaton, »LIV Golf COO Departs at Key Moment for the Saudi-Backed Circuit's Future«, Wall Street Journal, 16. Dezember 2022. https://www.wsj.com/articles/liv-golf-coo-departs-at-key-moment-for-the-saudi-backed-circuits-future-11671222723.

97 Andrew Beaton, »LIV Golf COO Departs at Key Moment for the Saudi-Backed Circuit's Future«, Wall Street Journal, 16. Dezember 2022. https://www.wsj.com/articles/liv-golf-coo-departs-at-key-moment-for-the-saudi-backed-circuits-future-11671222723.

98 George Orwell, »Politics and the English Language«, Orwell Foundation, eingesehen 8. März 2023. https://www.orwellfoundation.com/the-orwell-foundation/orwell/essays-and-other-works/politics-and-the-english-language/.

99 Charlie Warzel, »The Petty Pleasures of Watching Crypto Profiteers Flounder«, The Atlantic, 28. Juni 2022. https://www.theatlantic.com/newsletters/archive/2022/06/web3-crypto-movement-uses-marc-andreessen/676848/.

100 Judith Simon Prager und Judith Acosta, Verbal First Aid: Help Your Kids Heal from Fear and Pain – and Come Out Strong, New York: Berkley Books 2010.

101 Ebd., 6.

102 Monier Monier-Williams, A Sanskrit-English Dictionary, Oxford: Clarendon Press 1960, 223b; William K. Mahony, The Artful Universe: An Introduction to the Vedic Religious Imagination, Albany: State University of New York 1998, 3; Barbara Boudewijnse, »British Roots of the Concept of Ritual«, in: Arie L. Molendijk und Peter Pels (Hg.), Religion in the Making, Leiden: Brill 2018, 278 Fn. 4. https://doi.org/10.1163/9789004379039_018.

103 Leonard Bernstein, »Young People's Concert: What Does Music Mean?«, CBS (Fernsehsender), Erstausstrahlung 18. Januar 1958. Transkript unter https://leonardbernstein.com/lectures/television-scripts/young-peoples-concerts/what-does-music-mean.

104 Kim et al., »Work Group Rituals«, 202.

105 Brooks et al., »Don't Stop Believing«, 72.

106 Michael I. Norton und Francesca Gino, »Rituals Alleviate Grieving for Loved Ones, Lovers, and Lotteries«, Journal of Experimental Psychology: General 143 (2014), 266. https://doi.org/10.1037/a0031772.

107 Kim et al., »Work Group Rituals«, 203.

108 Ebd., 206.

109 Siehe zum Beispiel Marcus Buckingham und Curt Coffman, First, Break All the Rules: What the World's Greatest Managers Do Differently, New York: Simon & Schuster 1999.

110 Siehe zum Beispiel Buckingham und Goodall, Nine Lies, Kap. 1.

111 Burke, Reflections, 47.

112 Bregman, Humankind, 206.

113 Jon R. Katzenbach und Douglas K. Smith, »The Discipline of Teams«, Harvard Business Review, März/April 1993. https://hbr.org/1993/03/the-discipline-of-teams-2.

114 Carol Anderson, »What HR Needs to Do to Get a Seat at the Table«, Harvard Business Review, 27. November 2014. https://hbr.org/2014/11/what-hr-needs-to-do-to-get-a-seat-at-the-table.

115 Ruchi Kulhari, »Four Reasons HR Deserves a Seat at the Table«, Forbes, 10. September 2021. https://www.forbes.com/councils/forbeshumanresourcescouncil/2021/09/10/four-reasons-hr-deserves-a-seat-at-the-table/.

116 Werner Braun und Daniel Agerbech Petersen, »What Does It Take for HR to Be Ready for a Seat at the Table?«, EY, 16. August 2022. https://www.ey.com/en_dk/workforce/what-does-it-take-for-hr-to-be-ready-for-a-seat-at-the-table.

117 Alle aus David Reimer und Adam Bryant, »Superhuman Resources: How HR Leaders Have Redefined Their C-Suite Role«, strategy+business, 28. Oktober 2020. https://www.strategy-business.com/article/Superhuman-resources-How-HR-leaders-have-redefined-their-C-suite-role.

118 Mary Hayes, Frances Chumney und Marcus Buckingham, »The HRXPS: How to Measure the Performance and Impact of HR Through the Lens of the Employee Experience«, ADP Research Institute, 30. September 2021. https://www.adpri.org/assets/the-hrxps/.

119 Reddit bietet unter r/DesirePath eine große Auswahl an Beispielen; eingesehen 6. Juli 2023. https://www.reddit.com/r/DesirePaths/.

# Index

**S**



**T**



**U**



**V**



**W**



**Z**